Management that Respects
Human Rights

人権尊重の経営

SDGs時代の新たなリスクへの対応

櫻井洋介
Yosuke Sakurai

日本経済新聞出版

はじめに

昨今、「企業の人権侵害」や「人権リスク」といったようなキーワードが、新聞をはじめとするメディアにも登場するようになってきました。これまで、企業の社会的責任（ＣＳＲ）やサステナビリティの領域では主に環境問題に焦点が当たっており、人権の問題は、どちらかといえばＮＧＯやＮＰＯ等が取り組むべき課題と認識されていたのではないかと思います。しかし、企業活動がグローバル化するなかで、人権との関わりも大きくなってきたことに伴い、企業の責任として「人権尊重の経営」を求める動きが加速しています。

しかし、「環境経営」に比べて、「人権尊重の経営」についてはまだ十分に認知されておらず、企業の取り組みもあまり進んでいるとはいえません。では、両者の違いはどこにあるのでしょうか。そして、人権尊重の経営を阻んでいる原因は何なのでしょうか。

筆者は、人権という概念の曖昧さと、それに対する理解の不十分さにその原因があるのではないかと考えています。環境問題、特に気候変動については、国連の気候変動に関する政府間パネル（ＩＰＣＣ）が報告書の中で、「人間の活動が温暖化を招いていることに疑いはない」と宣言し、温室効果ガス（ＧＨＧ）の削減や脱炭素に向けた動きが国際的に加速しています。これに呼応するように、日本政府も２０５０年にカーボンニュートラルを目指すと宣言し、企業としても

ＧＨＧ排出量の削減やネットゼロを達成するための取り組みを進めているところです。もちろん、目標年次の設定や達成に向けての方法論等に関しては多様なアプローチがあるとは思いますが、少なくとも気候変動の問題については、いわば課題対処のための「脱炭素」という方向性と、「ＧＨＧ排出量」という明確かつ定量的な指標があるのです。

しかし、人権の領域については、脱炭素に相当するような明確な対応策も、ＧＨＧ排出量に相当するような定量的な指標も存在しません。そのため、人権に取り組むためには、人権概念そのものをきちんと理解することが不可欠です。人権概念を理解しないまま、ただ表面的に国際規範やルールをなぞったところで、その取り組みの本質をとらえることはできず、真の意味で「人権尊重の経営」を実現することはできません。

本書は、このような問題意識の下で、人権概念そのものを理解したうえで、「ビジネスと人権」に取り組んでいただくことを念頭に置いた構成としています。ビジネスと人権に関する国際文書は記載が曖昧なものも多く、一読しただけではなかなかその内容を理解することは難しいかもしれません。そこで本書では、読者の皆さんに具体的なイメージを持ってもらえるように、筆者の専門領域である「人権×労働」の観点から、現場における事例等をご紹介しながら解説を試みています。読者の皆さんには、本書を通じて、ビジネスと人権に関する具体的な取り組みイメージを持っていただければ幸いです。

目次

第2章　企業に求められる人権尊重責任とは――73

第3章 指導原則に基づく企業の取り組み事例――175

第4章

労働者の人権――中小企業にも求められる国際労働基準の遵守――217

第5章 「ビジネスと人権」に関する国内外の政策動向 ―― 335

第**1**章

ビジネスと人権とは

1 人権とは何か

(1) 人権に関する日本の理解

まず、読者の皆さんは「人権」という言葉を耳にしたとき、どのようなイメージを抱くでしょうか。「やさしさ」や「思いやり」、「他者への配慮」等[1]といった、日本人が重視する道徳的価値観と関連付けて考える方もいれば、女性や外国人、障害者への差別や、同和問題、ハラスメント等といった特定の課題をイメージする方もいらっしゃるかもしれません。なかには、「抽象的すぎて具体的に何を指す概念なのかよく分からない」と思っている方や、「何となく胡散臭い」と感じる方もいるかもしれません。

人権とは重要なもの、大切なものであるという漠然とした共通認識はあるかもしれませんが、「人権とは何か」という問いに対して、明確な回答を用意できる方は少ないと思います。日本国憲法の中にも基本的人権に関する記載がありますが、それが何を指すのかは明確に定義されているわけではありません。「ビジネスと人権」というテーマを考えるにあたり、そもそも人権とは何かについて、考える必要があると思います。

国際社会と比較しても、日本の社会は人権に関する理解が不十分であるとされています。大手グローバル・マーケティング・リサーチ会社のイプソス（Ipsos）が、２０１８年に世界28カ国を対象に実施した調査によれば、日本では、人権に関して「よく理解している」と回答した国民はわずか18％、「ほとんど理解していない、全く理解していない」が65％と、調査対象国の中では最も理解が進んでいないという結果も出ています[2]（図表1）。日本人は諸外国に比べて人権意識が低いといわれていますが、それを裏付ける結果といえるかもしれません。

ビジネスと人権について理解を深めていくためには、当然のことながら人権への理解が前提であり、必要不可欠です。そこで、本書においてビジネスと人権を取り上げるにあたり、まずは「そもそも人権とは何か」という根本的なテーマについて、冒頭で簡単に説明をしておきたいと思います。

人権概念を理解するためには、人権の成り立ちを知ることが重要です。そのため、本項では、

【図表1】 人権に関する一般的な理解度の国際比較

グローバルマーケティングリサーチ会社であるイプソス(Ipsos)が、2018年に世界28カ国を対象に人権への一般的知識に関する調査を行ったところ、人権について「あまり知らない/何も知らない」と回答する人の割合は日本が最も高く(65%)、「よく知っている」と回答した人の割合は日本が最も低い(18%)。

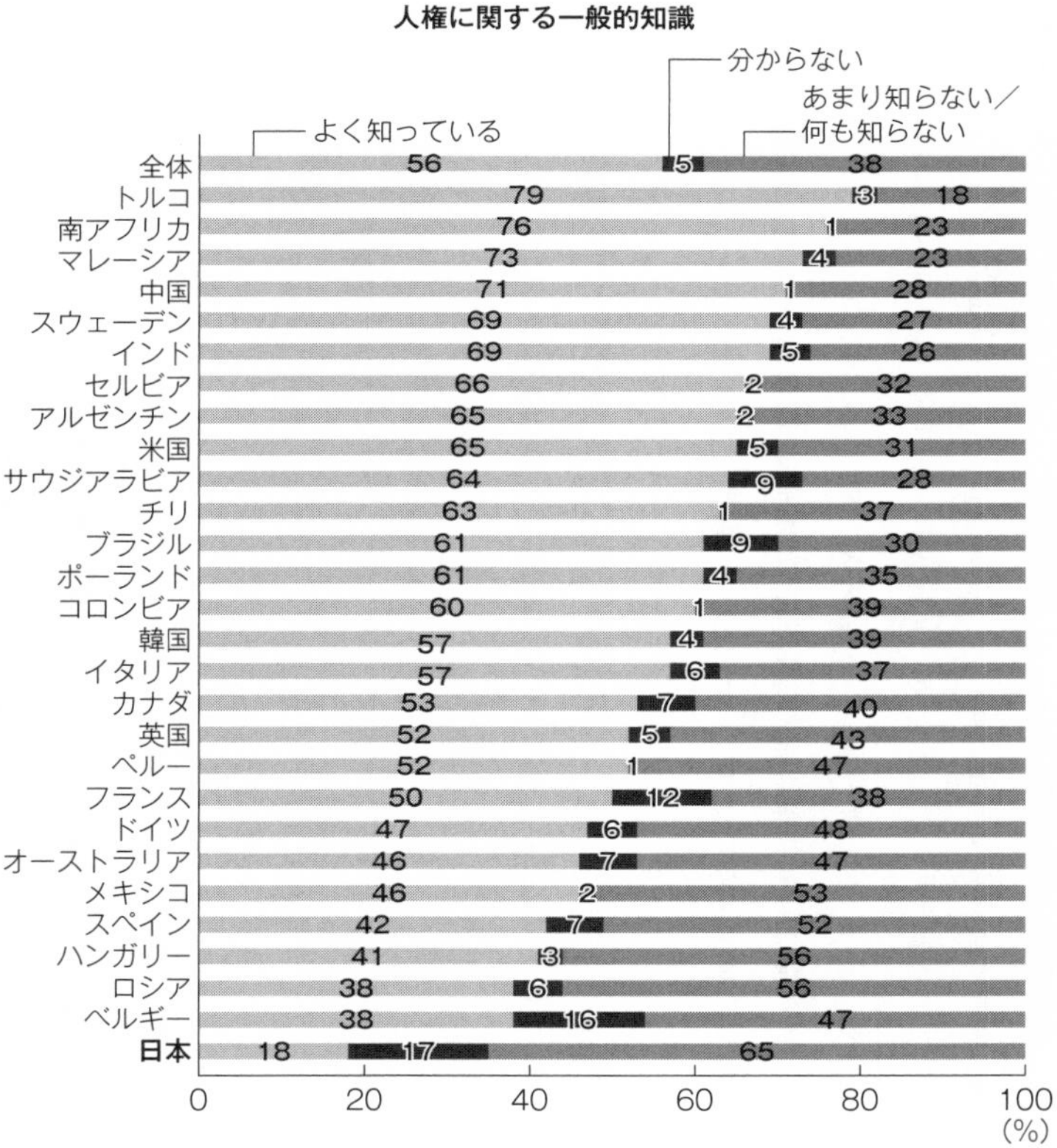

(出所) Ipsos, "Human Rights in 2018 A, Global Advisor Survey" (翻訳筆者)
https://www.Ipsos.com/en-us/news-polls/global-advisor-human-rights-2018(2022年8月5日閲覧)

国際社会において、どのような歴史的経緯をたどって人権概念が形成されてきたのかを簡単に解説しておきます。冒頭からビジネスとは少し離れた内容となってしまいますが、本書の導入としてお付き合いをいただければ幸いです。

(2) 人権の成り立ち[3]

人権の概念は、これまでも社会環境の変化に合わせて拡大を続けてきました。本書では、人権の歴史的形成過程をたどる上でしばしば用いられる「世代別」の考え方をベースに整理していきます。本来、人権とは、相互に関連する密接不可分なものとされており、人権の定義を明確に世代で区分することはできません。しかし本書では「人権の歴史」を分かりやすく理解いただくために、世代別の整理を採用させていただくことにしました。

人権を世代別に整理すると、一般的に「自由権」と呼ばれる権利が第1世代、「社会権」と呼ばれる権利が第2世代とされており、その後に生まれた人権が第3世代の人権であるとされています。自由権は、国や権力に干渉されない権利という意味で「国家からの自由」を保障した権利であり、社会権は、逆に国や権力の介入によって実現される権利という意味で「国家による自由」と呼ばれることがあります。これらはそれぞれの時代や社会の要請に伴って発展してきたものですが、なぜこのような権利が生まれることになったのか、その歴史的経緯を紹介していきたいと

【図表2】 人権概念の歴史的発展

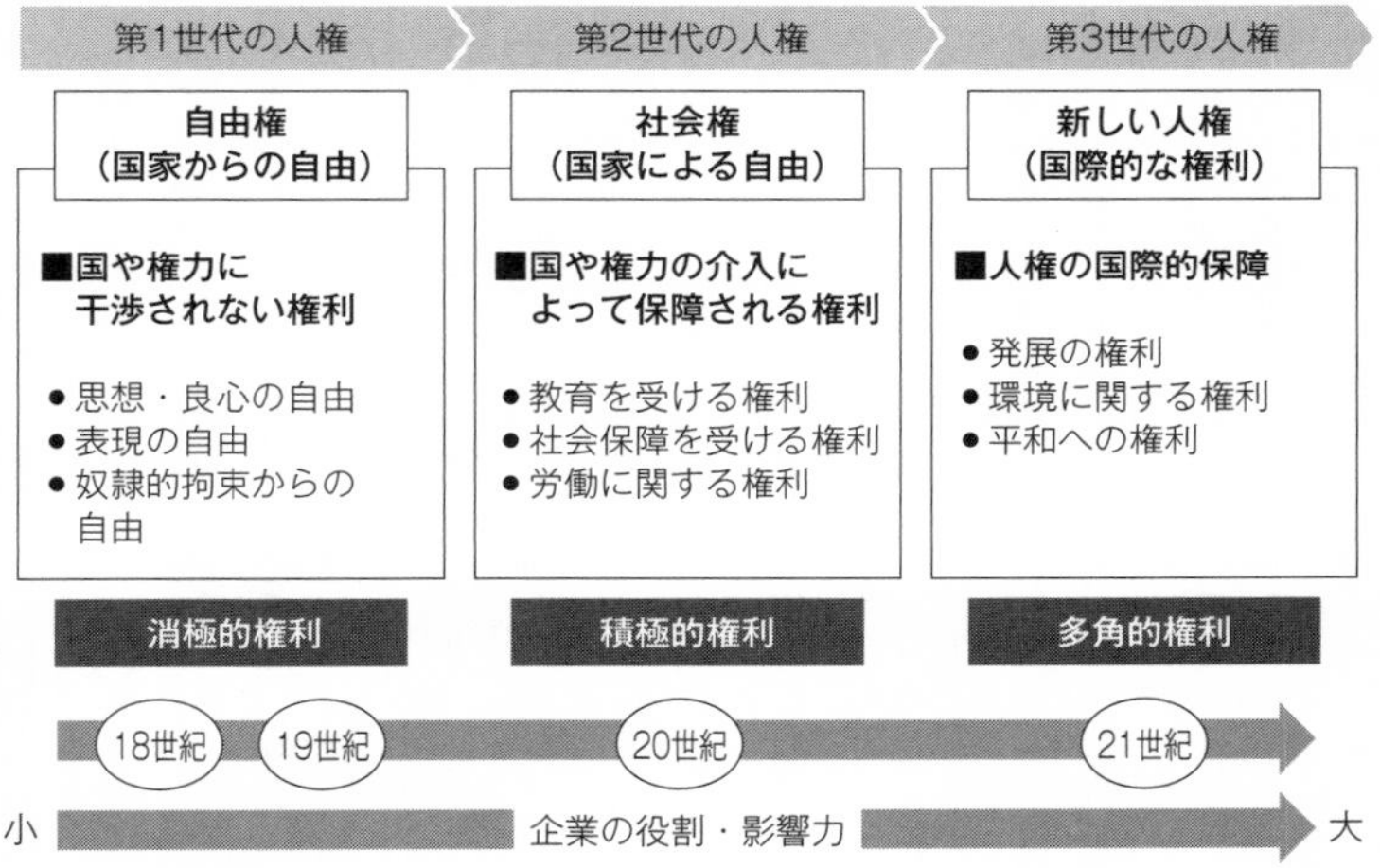

（出所）芦部信喜　高橋和之補訂『憲法　第七版』（岩波書店,2019）75頁-79頁
申惠丰『国際人権法　第2版　国際基準のダイナミズムと国内法の協調』p.176-177（信山社，2016）等より三菱UFJリサーチ＆コンサルティング作成

思います（図表２）。

第1世代の人権：国家からの自由（自由権）

人権の歴史は、法の支配等について言及された１２１５年のマグナカルタまで遡るといわれていますが、今日において一般的に理解されている基本的人権の考え方が形成されたのは、17世紀から18世紀頃であるとされています。当時のヨーロッパでは、王権神授説と呼ばれる「国王の権力は神から授けられた神聖なものであるから反抗は許されない」という理念のもとで、国王が絶対的な権力を有する政治体制が敷かれていました。そのような独裁的な政治体制に対して、ロック（英国）

やルソー（フランス）といった思想家が、「社会契約説」に基づく民主政治を唱えたことが、人権概念の始まりであるとされています。

ロック、ルソー等の名前や王権神授説、社会契約説といったキーワードは、皆さんも歴史の授業等で習ったことがあると思います。「社会契約説」とは、分かりやすくいえば「国家は、神から権力を与えられた国王が作ったものではない。自由や平等に関する権利を持つ一人ひとりの市民が、自らの権利を守るために、共同体としての国家を作ったのである」とする考え方です。国家は、神から与えられた権力によって成立するもの（＝王権神授説）ではなく、市民との社会契約によって成立するということです。

そして、この社会契約説の背景には「自然権」と呼ばれる考え方があります。自然権とは、端的にいえば「**人間は生まれながらにして自由・平等であり、幸福を追求する権利を有する**」というものです。つまり、人間は国家が存在する以前の状態から、自由や平等、幸福追求の権利を一人ひとりが有しているのだから、これらの権利は、国家権力や法律であっても侵すことができないとする考え方が自然権の思想です。この考え方によれば、王権神授説は否定され、国家や政府が市民の自然権を侵害する場合、市民が抵抗権（革命権）を行使することも正当化されることになります。そのため、この自然権思想は、ヨーロッパや米国において市民革命を支える土台となり、アメリカ独立宣言（１７７６年）やフランス人権宣言（１７８９年）等の中でも自然権の考え方が採用されています（図表３）。

【図表3】　人権とは何か

- 人権とは「**人が生まれながらにして有する自由・平等の権利**」とされている。

1776年　バージニア権利章典	第1条　すべての人は**生まれながらにして等しく自由で独立**しており、一定の**生来の権利**を有している。
1776年　アメリカ独立宣言	前文　**すべての人間は生まれながらにして平等**であり、その創造主によって、**生命、自由、及び幸福の追求を含む、譲り渡すことのできない不可侵の権利**を与えられている。
1789年　フランス人権宣言	第1条　人は**自由かつ権利において平等なものとして生まれ、生存する。**

（出所）三菱UFJリサーチ＆コンサルティングによる翻訳

人間は一人ひとりが生まれながらに自由や平等に関する権利を持っており、国王や権力等でもこれを侵すことはできない、とするこの自然権の考え方が、現代の基本的人権の始まりとされています。つまり、人権とは当初、独裁的な政治体制に抵抗するべく、人々が獲得してきた自由のための権利を意味するものでした。

余談になりますが、日本において人権の概念が浸透しない原因のひとつとして、人権とは「権力との闘争によって勝ち取った正当な権利である」という認識が欠如している点がしばしば指摘されています。人権は生まれながらにして天から与えられた権利であるという点を指して、自然権思想を「天賦人権論」と表現することもあります。これに対して、かつて経済学者の河上肇は、欧米の天賦人権に対して、日本は「国賦人権」であると述べています。[4] この背景には、民主化の過程の違い、そして「人権は天（神）によって与えられた権利である」という天賦人権論の考え方とキリスト教的価値観との親和性に

【図表4】 人権が有する3つの性質

固有性	●人権とは、人間であることによって生まれながらにして有する権利であり、法や国家権力によって与えられるものではない。
不可侵性	●人権とは、法や国家権力であっても侵すことのできない権利である。
普遍性	●人権とは、人種、性別、身分等に関係なく保障される権利である。

（出所）三菱UFJリサーチ＆コンサルティング作成

比べて、天皇を中心とした日本の国家体制が天賦人権論の考え方と馴染まなかったこと等、歴史的、文化的な差異が関係しているとされています。

背景や要因には様々なものがあると思われますが、少なくとも日本においては、欧米ほど個人としての権利が意識されていないのは事実だと思います。日本では、いわば権力と個人の対比ではなく、個人間の平等の視点から人権概念が理解されてきたことが、個人の権利意識は弱い一方で、平等意識は強いという日本の人権観の形成に寄与してきたと筆者は考えています。

日本国憲法の第97条では、「基本的人権は、人類の多年にわたる自由獲得の努力の成果」であると述べられています。つまり、人権とは、国家からの自由を目指して、先人たちが苦労して獲得してきた権利なのです。日本では「やさしさ」や「思いやり」等といった文脈で人権が理解されることも多いですが、本来、人権とは、個人の心のありようによって左右されるものではなく、人が人として尊厳を持って生きていくための、もっと切実で差し迫った権利であるといえます。もちろん、人権同士の利害が衝突した場合に一定の調整が必要な場面はありますが、大前提として、**人権とは国家や権力、法律であっても制限することはできない権利であるということ（これを人権の不可侵性といいます）**は、人権を理解する上で必要不可欠な視点であることをおさえておいていただきたいと思います（図表4）。

第2世代の人権：国家による自由（社会権）

その後、18世紀から19世紀にかけて産業革命が起こり、資本主義経済が発展することで、資本家階級と労働者階級との貧富の差が拡大し、社会的不平等が問題視されるようになります。「資本を持ち、他人を雇って経済的利益を独占する者」と、「資本を持たず、他者に雇用されることで生計を立てる労働者」という身分の差が顕著になったことで、いわば「搾取される側」であるともいえる労働者の尊厳が侵され、幸福追求が難しくなってしまいました。そこで、国家の役割が再認識されるようになります。国家は、すべてを自由競争に任せるのではなく、搾取されている人を守るために一定程度の関与をするべきではないか、という議論が生まれてきたのです。

やがて、すべての人が人間らしく生活していくためには、国家による一定程度の介入も必要ではないかという考え方が定着するようになります。それまでの人権の考え方は「いかに国家（権力）から介入されないか」という自由に関する権利がメインでしたが、資本主義経済の発展により、「いかに国家（権力）が介入して、実質的な権利を保障するか」という、社会経済的な権利の重要性が高まってきました。前者の人権を「自由権」といい、後者の人権を「社会権」といいます。

1919年に制定されたドイツのワイマール憲法では、「経済生活の秩序は、すべての人に人たるに値する生存を保障することを目指す正義の諸原則に適合するものでなければならない」（第151条第1項）と規定されており、社会的・経済的な弱者の保護とそのための国家の積極的義務を定めています。このワイマール憲法の制定以降、各国の憲法の中では、国民の福祉の向上等に努める義務が国家に課されるようになりました。資本主義が発展した現代社会において、もはや自由権の保障だけでは基本的人権の保障は困難であるとされています。国家による一定の介入があってこそ、実質的な平等の確保や人権の保障が可能となるといえるでしょう。その意味で、社会権は非常に重要な人権であるといえます。

国家の介入による人権の確保を「ビジネスと人権」の観点からみたときに、特に重要な領域が「労働者の権利」です。日本においても、労働基準法をはじめとする労働関連の法律が存在していますが、この労働法がまさに社会権を保障した法律なのです。

具体的に説明しますと、そもそも労働法とは、労働者と使用者（雇用主）との間の不均衡を是正するために、国家によって「契約自由の原則」を修正することを意図した法律であると理解されています[5]。例えば、何の制約もない完全に自由な状態では、どのような内容の労働契約であっ

【図表5】 第2世代の人権―社会権の発展

自由権の保障	自由競争の弊害	国家介入の必要性	社会権の保障
● 国家権力によって国民の自由を制限されていたことで、「国家からの自由」としての自由権の重要性が指摘される	● 産業革命によって、資本家階級と労働者階級による貧富の差が拡大する ● 完全なる自由競争のもとでは「富める者はますます富み、貧しい者はますます貧しくなる」ことに	● 国家は、一定の領域においては、寧ろ積極的に介入を行うことで、「実質的な自由・平等」を保障するべきであるとする要請が高まる	

（出所）三菱UFJリサーチ＆コンサルティング作成

ても、双方の合意さえあれば契約は成立するはずです。しかし、労働者と雇用主は、実態として決して対等な立場ではありません。立場の弱い労働者は、安い賃金で長時間労働を強いられるような労働条件を提示されたとしても、解雇や契約の打ち切りをちらつかされては、自身や家族の生活を守るため、その労働条件を拒否することは難しいでしょう。より立場の弱い、非正規の労働者であれば尚更です。そこで、政府（国家権力）が労働契約に介入し、必要最低限の労働条件として最低賃金を設定したり労働時間の規制を導入したりすることで、労働者の権利を保障する必要があります。そのために設定された法律が労働基準法をはじめとする労働法というわけです。このように、政府が介入することによって実質的な人権の保障を目指す考え方が「国家による自由」を目指す社会権の考え方です（図表5）。

第3世代の人権：人権の国際化と集合的権利

20世紀頃までは、国家からの自由（自由権）と国家や権力が保障する社会経済的な権利（社会権）の両軸で捉えられていた人権ですが、やがて社会の在り方が変わってくることで、人権概念にも変化がみられるようになりました。特に、第二次世界大戦後には、国際社会において平和を求める論調が高まり、「インターナショナル（国際的）に」、つまり、国家という枠組みを越えて人権を保障する動きが活発化することになります。

その最初の成果といえるのが、1948年に国連で採択された世界人権宣言です。世界人権宣言は、その前文において「人類社会のすべての構成員の固有の尊厳と平等で譲ることのできない権利とを承認することは、世界における自由、正義及び平和の基礎である」と宣言し、第1条において「**すべての人間は、生れながらにして自由であり、かつ、尊厳と権利とについて平等である**」と述べています。これはまさに、自然権的な思想が明文化された条文であるといえるでしょう。世界人権宣言自体には法的拘束力はないとされていますが、世界で初めて国際的な人権保障について定めた画期的な文書であったことから、今日においても、世界中の国・地域で広く受け入れられています。

1966年には世界人権宣言の内容について、国際条約として法的拘束力を持たせるべく、「経済的、社会的及び文化的権利に関する国際規約（社会権規約）」と「市民的及び政治的権利に関する国際規約（自由権規約）」の2つの国際人権規約が国連で採択されています。そして、その後も、「女性（女子）差別撤廃条約」や「児童の権利に関する条約（子どもの権利条約）」、「障害者の権利に関する条約（障害者権利条約）」等といった様々な人権条約が採択され、個別の人権

【図表6】 主要な人権条約と地域間条約

1948年　世界人権宣言

● 第1条　すべての人間は、**生れながらにして自由であり、かつ、尊厳と権利とについて平等である。**人間は、理性と良心とを授けられており、互いに同胞の精神をもって行動しなければならない。

主要な国際人権条約

採択年	条約名
1965年	人種差別撤廃条約
1966年	自由権規約
1966年	社会権規約
1979年	女性（女子）差別撤廃条約
1984年	拷問等禁止条約
1989年	子どもの権利条約
1990年	移住労働者権利条約
2006年	強制失踪条約
2006年	障害者権利条約

主要な地域間条約

採択年	条約名
1950年	欧州人権条約
1969年	米州人権条約
1981年	バンジュール憲章（人及び人民の権利に関するアフリカ憲章）

※アジアではまだ、地域的な人権条約体制は整備されていないが、2007年には、「ASEAN憲章」が採択されており、その中にはASEANの人権機構の設置が規定されている（14条）。

※ASEAN憲章に基づいて、2009年にはASEAN政府間人権委員会（AICHR）が設立され、2012年には「ASEAN人権宣言」が採択されている。

（出所）主要な人権条約はOHCHR 「The Core International Human Rights Instruments and their monitoring bodies」より
https://www.ohchr.org/en/core-international-human-rights-instruments-and-their-monitoring-bodies
地域的な人権保障の枠組は、申惠丰 『国際人権法　第2版　国際基準のダイナミズムと国内法の協調』 p.45-54 （信山社，2016）等より三菱UFJリサーチ＆コンサルティング作成

課題に対して国際的に保障する動きも進んでいます。さらに、欧州人権条約や米州人権条約、アフリカ人権憲章（バンジュール憲章）等といった地域的な人権保障の枠組みも構築されています。人権を保護する枠組みは、今や国境を越えて広がっているのです（図表6）。

加えて、国際的に人権を保障するという流れの中で国家権力と人権に関する関係性も変化し、それに伴って新しい人権（第3世代の人権）も提唱されています。具体的には、発展への権利、環境への

権利、平和への権利、民族自決の権利等を指しますが、これらは、国際的な連帯によって保障される権利であり、第1世代の人権（自由権）と第2世代の人権（社会権）を実現する上で、基盤となる集合的な権利であるとされています。

特に昨今、気候変動に関する権利が人権のひとつとして認識されつつあるのは、読者の皆さんもご存知かもしれません。2019年には、オランダの最高裁判所が欧州人権条約を根拠として「気候変動は、人々の生命または福祉に関する権利への現実的かつ差し迫ったリスクである」と判示し、国に適切な措置を講じる義務があることを認めました。[6] さらに2021年には、国連人権理事会が「安全、クリーンで健康的かつ持続的な環境への権利」について、人権のひとつであることを認める決議を採択しており、[7] 2022年には国連総会でも採択されました。[8] 気候変動を含む環境課題は人権に対する最も差し迫った脅威のひとつであるという認識が、国際的にも高まっているといえます。

（3）企業視点から人権を理解するための3つのポイント

これまで、人権という概念が歴史の中でどのように形成され、発展してきたかを簡単に述べてきました。人権に対する理解も少し深まってきたのではないかと思いますが、ここで、ビジネスとの関係性から人権について考えていく上で理解を深めておくべき特に重要なポイントを3つ紹

【図表7】「ビジネスと人権」を企業視点で理解するための3つのポイント

人権の「前国家的性格」	●人権は人が生まれながらにして有するものであり、国家が成立する以前から存在している ●人権とは国家が定める法律等によっても侵害してはならないものであり、企業は法律の定めによらず人権を尊重すべきである
すべての人が有する基本的権利であること	●女性の権利、外国人の権利、障害者の権利等、特定の属性に着目したものだけが人権ではない ●人権とは、すべての人が生まれながらにして有する権利であり、人間の尊厳に基づく権利であることを理解しておかないと、変化する社会からの要請に対応できない
企業が人権に与える影響の大きさ	●現代社会において、企業はときに、国家権力を上回るほどの影響力を持っていることがある ●人権を侵害する主体や人権侵害の性質等に応じて人権概念が発展してきたように、現代では、企業活動からいかに人権を保護するかが問われている

（出所）三菱UFJリサーチ＆コンサルティング作成

介しておきたいと思います（図表7）。

ポイント①：人権の「前国家的性格」

ビジネスと人権について企業の方と話をすると、「当社は法律をきちんと守っている」「当社ではコンプライアンスを徹底している」等のコメントをいただくことがあります。もちろん会社法や労働法といった法律を遵守することは、企業が社会的な責任を果たす上で大切なことではありますが、人権の観点からすれば、それだけでは不十分です。

人権概念の形成過程からも分かる通り、人はそもそも国家が存在する以前の状態から、自由や平等、幸福追求の権利を有しています。これを指して、人権とは「前国家的性格」を持っているともいわれています。そのため、前国家的な基本的人権は、国家が定める法律やルールであっても侵すことができません。

近年、ビジネスの領域がグローバルに拡大することによって、企業は新興国も含めた様々な国・地域で事業活動を行っています。そのなかには必ずしも法整備が十分でなかったり、あるいは法律は制定されているものの腐敗や汚職等によって法律の執行体制等が脆弱であったりする国も存在しています。しかし、ここで忘れてはならないのは、人権が前国家的性格を有するということ、つまり、人権は国家が成立する以前から存在しているということです。そのため、「法律で求められていないから人権は守らなくてよい」ということにはなりませんし、「国家が定めた法律で保障されている権利だけを尊重していればよい」ということにもなりません。企業が人権を尊重する責任は、国家が定めた法律を遵守することよりも、本来は上位の概念であるといえるのです。

そして、この人権の前国家的性格は、「どういう権利を守るか」だけではなく、「誰の権利を守るか」という観点からも重要です。例えば、派遣労働者は直接的に雇用契約を締結しているわけではありませんので、賃金支払等の問題は派遣元の責任になりますし、請負契約等を結んでいる個人事業主は法律上の労働者の定義に当てはまらないため、そもそも原則として労働基準法の適用自体がありません。さらに、取引先の労働者やサプライチェーンの先端で働く人々等に至っては、一人ひとりを把握することすら困難かもしれません。しかし、法律の適用外だからといって、

【図表8】 人権が有する前国家的性格と「ビジネスと人権」

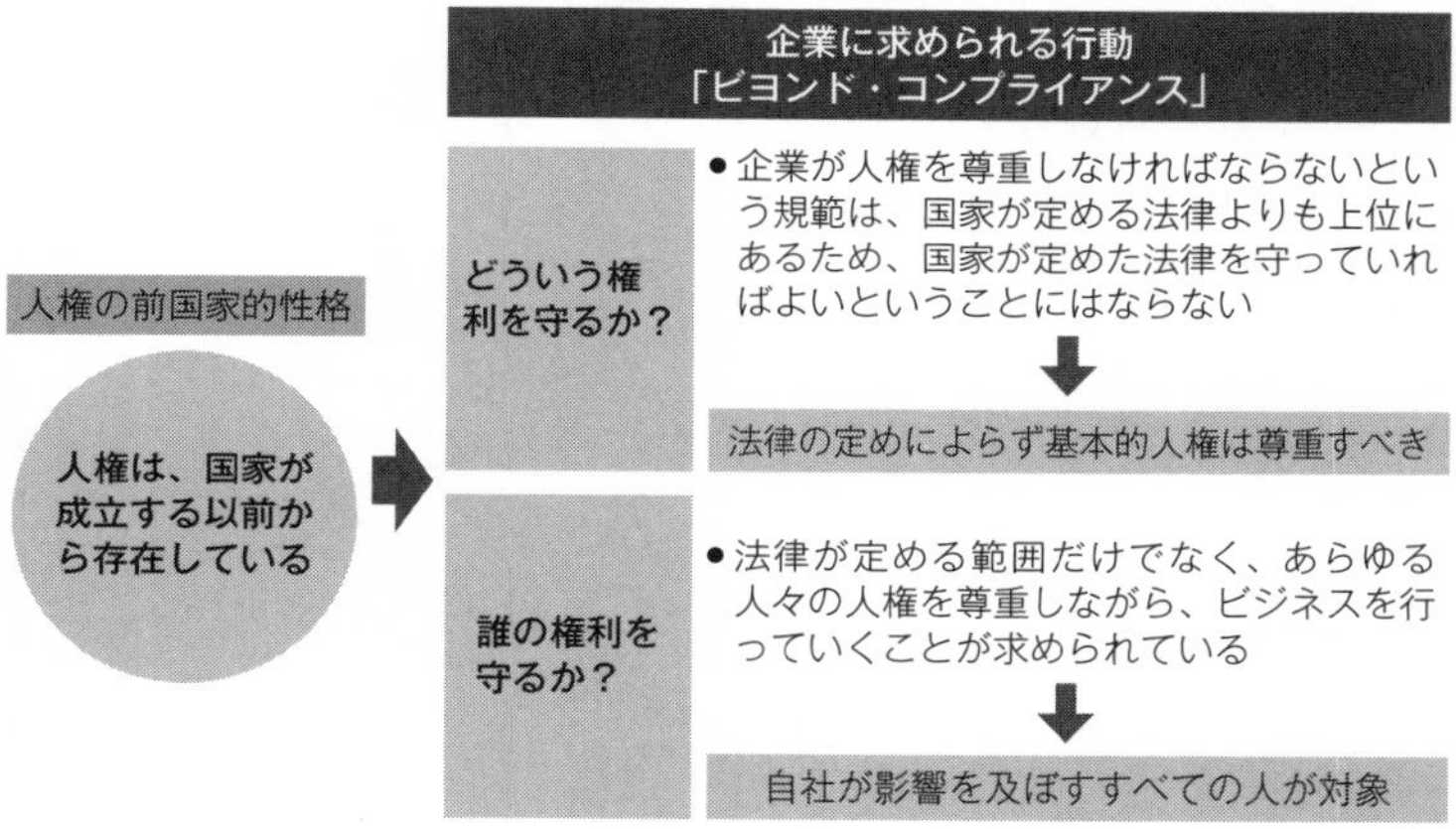

企業に求められる行動
「ビヨンド・コンプライアンス」
人権の前国家的性格
人権は、国家が成立する以前から存在している
どういう権利を守るか？
●企業が人権を尊重しなければならないという規範は、国家が定める法律よりも上位にあるため、国家が定めた法律を守っていればよいということにはならない
法律の定めによらず基本的人権は尊重すべき
誰の権利を守るか？
●法律が定める範囲だけでなく、あらゆる人々の人権を尊重しながら、ビジネスを行っていくことが求められている
自社が影響を及ぼすすべての人が対象

（出所）三菱UFJリサーチ&コンサルティング作成

彼らの労働に関する基本的権利を軽視してよいということにはなりません。ビジネスと人権の視点で企業の役割を考える上では、法律で要請される範囲を超えた社会的責任が求められることを認識する必要があります。

ビジネスと人権の領域における企業の責任の説明として、法令遵守（コンプライアンス）を超えた責任であることを指して「ビヨンド・コンプライアンス」という言葉が使われますが、人権の前国家的な性質を念頭に置いておくと、理解が深まるかもしれません。すべての人は生まれながらにして基本的人権を有していること、そして、人権を守ることは国が定めた法律を守ることよりも、より上位の社会的規範であることを認識いただければと思います（図表8）。

一方で、ここまでの話から、企業の人権尊重責任が法律上の義務ではない以上、守らなくても罰則はないのだから問題ないのではないかと考える方もいらっしゃるかもしれません。しかし、ここで注意しなければならないのは、現代社会における企業へのペナルティは、必ずしも刑事罰や民事罰といった法律上の刑罰だけではないということです。また近年では、サプライチェーン上の人権尊重責任を法的義務として企業に課している国や地域も存在します。これらの点は後ほど詳しく解説しますが、企業の人権尊重責任は本来、法律上の義務を超えたものであるという点をまず理解しておいていただければと思います。

ポイント②：すべての人が有する基本的な権利であること

日本社会において人権というと、「女性の権利」「外国人の権利」「障害者の権利」などのように「〇〇の権利（人権）」という表現で使われることが多いと思います。法務省が毎年発行している人権教育・啓発白書をみても、人権課題に対する取り組みは、女性や子ども、同和問題やアイヌの人々等、課題別で整理されています。[9] ビジネスと人権の領域でも、「女性管理職比率が〇％である」「障害者雇用率は法定雇用率を上回っている」等、特定の属性に着目した施策に注目が集まりがちです。

確かに、社会的に脆弱な立場にある人々の権利を念頭に置くことは、ビジネスと人権において非常に重要であるとされています。しかし「〇〇の人権」という視点は、人権の概念を矮小化させる危険も同時にはらんでいると筆者は考えています。女性や子ども、障害者等のように、特定

【図表9】 すべての人権の土台である「基本的人権」

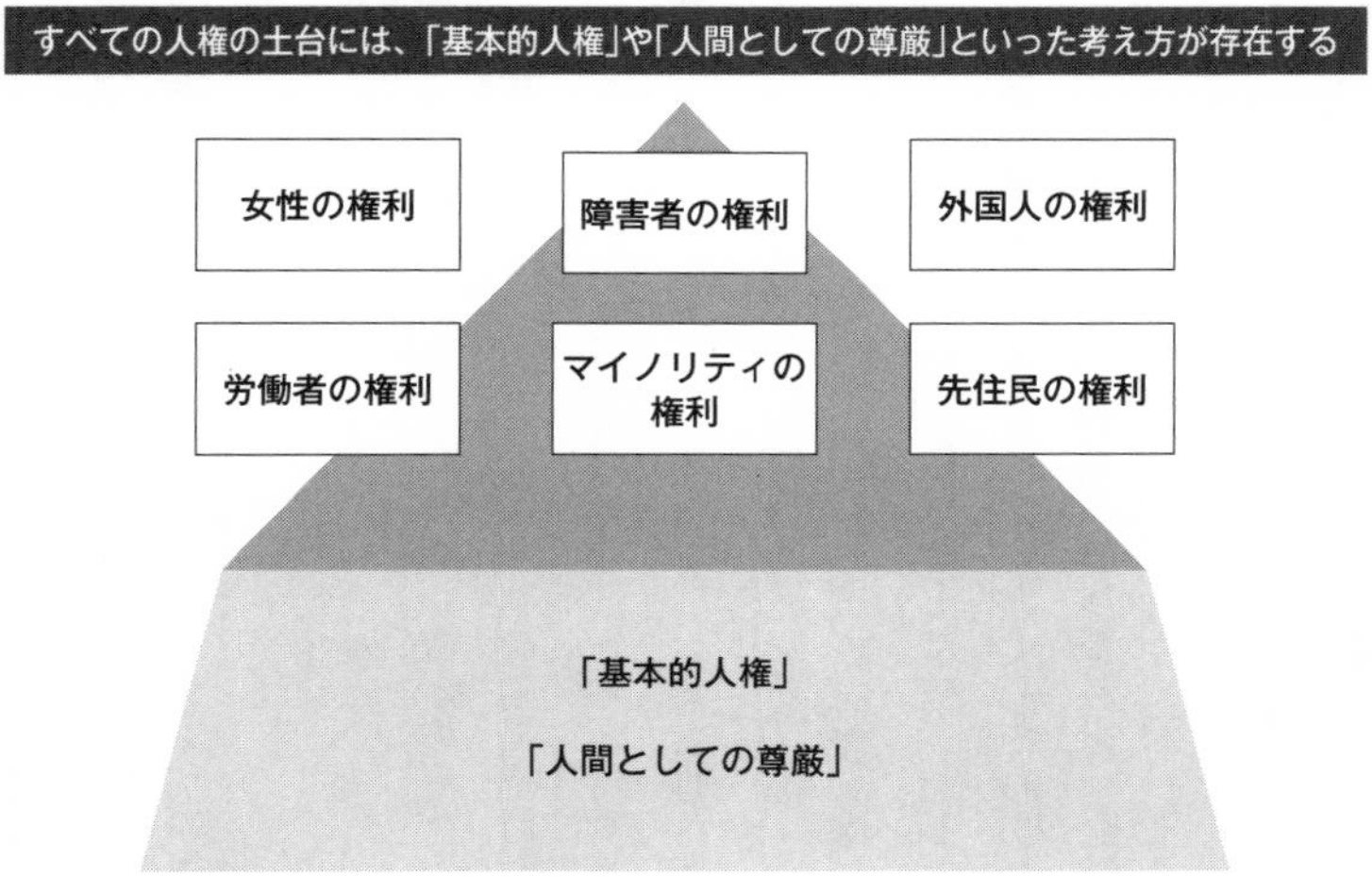

（出所）三菱UFJリサーチ＆コンサルティング作成

の属性によってカテゴライズされる人々にだけ人権が認められるわけではありません。人権とは、すべての人が生まれながらにして持っている権利なのです。人権について理解するためには「人が生まれながらにして持っている自由や平等・幸福追求の権利」という自然権の概念や、世界人権宣言等で示された「人間としての尊厳」等といった、基本的人権の存在をきちんと理解しておく必要があります（図表9）。

人権の歴史的な形成過程をみると、国家からの自由として自由権が生まれ、その後に資本主義経済の発展の過程で国家による自由として社会権が生まれてきました。そして、その後のグローバリゼーションの進展によって、第3世代の人権として環境に関する権利等が人権のひとつとして認められつつあります。昨今では、ＡＩ倫理等の観点から、さらに新しい人権に関する議論も始まっています。このように、人が生まれながらにして持っている自由や平等・幸福追求の権利という人権の本質こそ普遍的なものではありますが、その具体的な内容は、社会のあり方が変わることで変化していくのです。

近年では、ＬＧＢＴやＳＯＧＩ等といった言葉が注目を浴びているように、企業でも性的マイノリティの権利について取り組む例が増えており、福利厚生（例えば、パートナーやその家族の介護休暇、転勤時の旅費負担や単身赴任時の別居手当等）において、同性のパートナーを異性の配偶者と同等に扱う社内規定を設ける企業もあります。また、障害者差別解消法や障害者雇用促進法において、企業に求められている合理的配慮の提供対象は「障害者手帳を持っている人」に限られないとされています。

そのなかで、「女性の権利」や「障害者の権利」等のように、特定の属性や集団にラベリングされた「○○の人権」にだけ注目して施策を講じていては、その属性や集団に分類されなかった人たちの権利が十分に守られないおそれすらあります。人権とは「すべての人」が生まれながらに有する基本的な権利であるということを、念頭に置いていただければと思います。

ポイント③：企業が人権に与える影響の大きさ

最後に、企業としては、自社の活動が人権に及ぼす影響の大きさを理解することも必要です。

これまでみてきたように、人々は、権力や国家等といった人権を侵害する対象に対抗するために、人権の概念を生み出してきました。そして、今や企業活動が人権に及ぼす影響力は、時に国家の影響力を上回るほどとなっています。

2016年にグローバル・ジャスティス・ナウというNGOが国家の歳入と企業の売上高を基に世界の経済主体ランキングのトップ100を算出したところ、トップ100のうち、企業が約7割（69社）を占めていたとの結果も出ています[10]（図表10）。もちろん経済力だけで単純比較はできませんが、この表をみるだけでも、企業の影響力が世界中でいかに拡大しているかが分かると思います。

現代社会において、企業の活動は国境を越えてグローバルに拡大しています。これは即ち、従来の国家を主体とする規制枠組みの中では、企業活動による人権侵害から人々を守ることができなくなってきていることを意味します。国際的な人権条約の名宛人は国家であり、国際人権規約や各種の人権条約は直接的に企業を拘束するものではありません。

また、企業の活動を制限するための国内法は国によって様々ですので、法整備が不十分な新興国等でビジネスを展開するグローバル企業の人権侵害に関して、十分な規制が及ばないこともあります（これをガバナンス・ギャップといいます）。そのため、企業としては、自社の影響力の大きさと人権の前国家的性格を理解した上で、自社がビジネスを行っている国のルールや政策によらず率先垂範して人権を守っていく必要があるといえるでしょう。

51	中国工商銀行
52	アクサ
53	トタル
54	中国平安保険
55	**本田技研工業**
56	中国建設銀行
57	トラフィグラ
58	シェブロン
59	カーディナルヘルス
60	コストコ
61	上海汽車集団
62	ベライゾン
63	アリアンツ
64	アルゼンチン
65	クローガー
66	中国農業銀行
67	GE
68	中国人寿保険
69	ウォルグリーン
70	BNP　パリバ
71	**日本郵政**
72	中国銀行
73	JPモルガン・チェース
74	連邦住宅抵当公庫
75	ガスプロム

76	プルデンシャル
77	BMW
78	アルファベット
79	中国移動通信
80	**日産自動車**
81	**日本電信電話（NTT）**
82	中国鉄路工程総公司
83	ザ・ホーム・デポ
84	中国鉄建
85	ゼネラリ保険会社
86	バンク・オブ・アメリカ
87	エクスプレス・スクリプツ
88	ウェルズ・ファーゴ
89	ギリシャ
90	ルクオイル
91	ボーイング
92	東風汽車集団
93	台湾
94	ポルトガル
95	イスラエル
96	南アフリカ共和国
97	シーメンス
98	フィリップス66
99	カルフール
100	ネスレ

（出所）Global Justice Now, 69 of the richest 100 entities on the planet are corporations, not governments, figures show（2018）より三菱UFJリサーチ＆コンサルティング作成
https://www.globaljustice.org.uk/news/69-richest-100-entities-planet-are-corporations-not-governments-figures-show/
（注）アミかけ部分は企業名

【図表10】　企業の影響力の増大

1	米国	26	エクソンモービル
2	中国	27	バークシャー・ハサウェイ
3	日本	28	インド
4	ドイツ	29	アップル
5	フランス	30	スイス
6	英国	31	ノルウェー
7	イタリア	32	サムスン電子
8	ブラジル	33	マッケソン
9	カナダ	34	グレンコア
10	ウォルマート	35	ユナイテッドヘルスG
11	スペイン	36	オーストリア
12	オーストラリア	37	サウジアラビア
13	国家電網公司	38	ダイムラー
14	オランダ	39	CVSヘルス
15	中国石油化工集団公司	40	アマゾン
16	中国石油天然気集団公司	41	トルコ
17	韓国	42	インドネシア
18	ロイヤル・ダッチ・シェル	43	デンマーク
19	メキシコ	44	エクソールグループ
20	スウェーデン	45	AT&T
21	**トヨタ自動車**	46	ゼネラル・モーターズ
22	フォルクスワーゲン	47	フォード
23	ロシア	48	中国建築
24	ベルギー	49	フォックスコン
25	BP	50	アメリソース・バーゲン

これまでの歴史の中で国家から人権を保障するために国家権力を制限する憲法が生まれ、戦争の悲劇を繰り返さないように国際的な人権条約が生まれてきたように、国境を越えて人権に対する大きな影響力を持っている企業の活動を今後、どのようにルール化して規制をかけていくのかは、現代社会の大きな関心事といえます。そのため国際機関や各国政府は、企業に対して人権の取り組みを促すべく様々な政策を実行に移し始めています。そして、その波は確実に日本企業にも迫っているのです。

2 なぜ企業が人権を尊重しなければならないのか

ビジネスのグローバル化によって企業が人権に与える影響が大きくなってきたことにより、従来の国家を中心とした考え方では十分に人権を守ることができなくなってきました。国際的な人権条約の名宛人は国家であり、国際人権法の枠組みでは直接的に企業を拘束することはできません。一方で、各国の法制度や規制に任せていては、ガバナンスが脆弱な国や腐敗・汚職が蔓延する国で活動を行う企業の人権侵害を防ぐことは困難です。

そこで国際社会は、法的拘束力のあるハードローではなく、法的拘束力を持たないソフトローの制定によって企業活動を規律することを試みました。ＯＥＣＤの多国籍企業行動指針（１９７６年）やＩＬＯ多国籍企業及び社会政策に関する原則の三者宣言（１９７７年）等、いくつか先行しているソフトロー（国際文書）はありますが、ビジネスと人権の領域において最も大きな影響を与えたのが「ビジネスと人権に関する指導原則」の策定です。この文書は国際社会に広く受け入れられており、ビジネスと人権の取り組みを進めている企業であれば、ほぼすべてが参照しているといっても過言ではない、「ビジネスと人権における教科書」ともいえる存在です。そこで、まずはこの「ビジネスと人権に関する指導原則」について紹介しておきたいと思います。

(1) ビジネスと人権に関する指導原則の策定

ビジネスと人権に関する指導原則（以下、指導原則）は、2011年に国連人権理事会において全会一致で支持された国際文書です。指導原則は、2005年に当時の国連事務総長であるコフィ・アナン氏から指名を受け、「人権と多国籍企業及びその他の企業の問題に関する事務総長特別代表」に就任したハーバード大学のジョン・ジェラルド・ラギー教授によって作成されました。ラギー教授は、2008年に国連人権理事会に対して「保護、尊重、救済：企業活動と人権に関する枠組み」という報告書を先行して提出しており、指導原則はその枠組みを実施するための原則であるとされています。

アナン氏がラギー教授を特別代表に指名した背景には、国際機関が国際法の義務を直接的に企業に対して課そうとして失敗してきたという苦い経験があります。2003年には、「多国籍企業及びその他の企業に関する規範」と呼ばれる文書が、当時の人権委員会の専門家によって起草されました。しかしこの文書は、国家の義務と同じものを直接に企業に課そうとするものであったため、経済界からも政府からも全く相手にされませんでした。この一連の出来事の反省を踏まえて、ラギー教授は段階的かつ詳細な調査を進め、様々なステークホルダーとの協議を重ねながら指導原則を作成していったのです。

指導原則は法的な拘束力を持たないソフトローであることから「妥協の産物」であるという見方もできるかもしれません。しかし、法的拘束力をもって企業を規律するのではなく、政府や企業、業界団体、地域社会や市民社会、専門家等を含めた、あらゆるステークホルダーとの広範な話し合いの成果を取り入れているからこそ、この指導原則は高い正当性をもって、企業や政府、市民社会等といった様々なアクターに広く受け入れられているともいえるのです。

指導原則は、①国家の人権保護義務、②企業の人権尊重責任、③救済へのアクセス――の3つの柱によって構成されています（図表11）。それぞれの柱は相互に関連し、それぞれがビジネス活動において人権を守っていくための重要な要素であるとされています。指導原則では、企業の影響力がいかに肥大化しても、国家が人権を保護する義務を第一義的に有するという前提は不変であることを強調する一方で、社会がビジネスに対して一定の責任を果たすことを期待している以上、企業にも人権を尊重する「責任」がある、という構成を採用しています。そして、細心の注

【図表11】「ビジネスと人権に関する指導原則」とは

- **国連の「ビジネスと人権に関する指導原則」は、「ビジネスと人権」に関する国際的なスタンダードとして、幅広く認知されている**

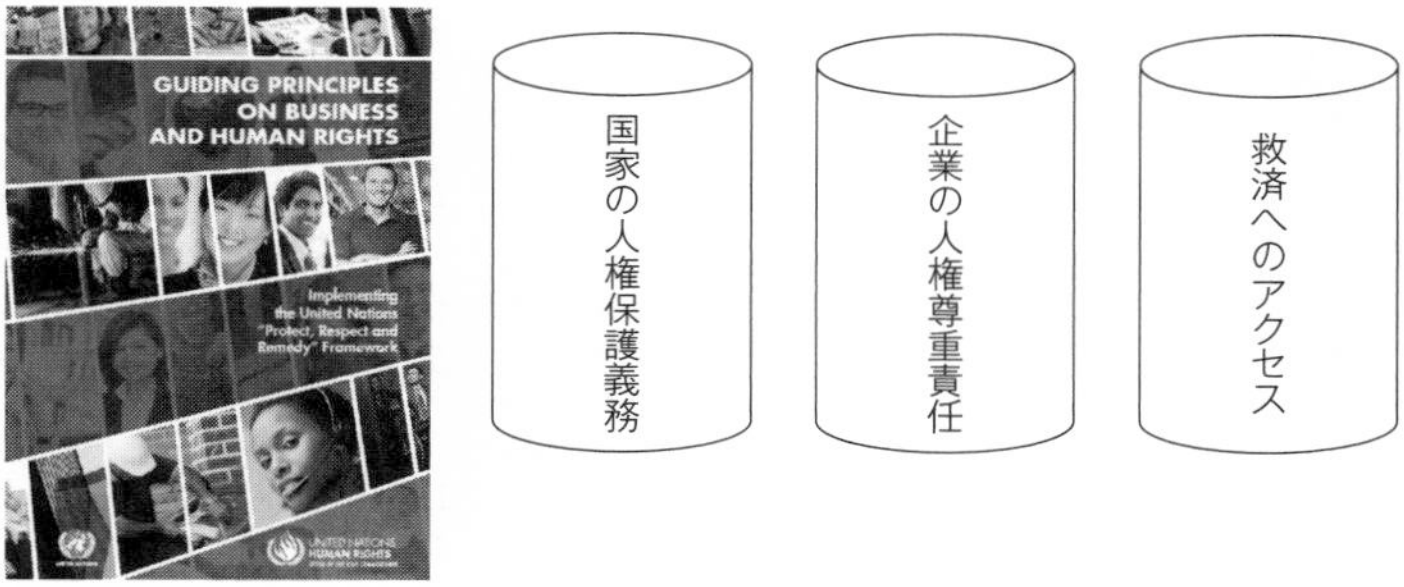

【ビジネスと人権に関する指導原則】

- 2011年に国連人権理事会にて全会一致で承認された、すべての国と企業が遵守すべき、人権に関する国際基準である。
- 国家の人権保護義務、企業の人権尊重責任、救済へのアクセスの3つの柱から構成されており、企業はサプライチェーン全体において、人権への負の影響を回避・低減する責任を負うとされる。
- 法的拘束力は持たないものの、策定過程において、企業を含むあらゆるステークホルダーが交渉に参加しており、ソフトローとしての高い正当性を有していることから、ビジネスと人権に関連するあらゆるガイダンス文書の基礎となっている。

（出所）国連「ビジネスと人権に関する指導原則」より三菱UFJリサーチ＆コンサルティング作成

意を払ったとしてもすべての人権侵害を防止することはできないため、国家や企業は救済への途を確保しておく必要があると、指導原則では述べられています。

指導原則が法的拘束力を持たないソフトローであるため、指導原則において企業が課せられている人権尊重責任は、法的責任ではなく、あくまで社会的、道義的責任です。しかし、指導原則が高い正当性をもって企業に責任を課している以上、これを無視できない事情が企業にはあります。特に現代社会においては、「こうあるべき」というふるまいが規範として定められている以上、それに反する行為は企業にとって大きなインパクトがあります。なぜなら、企業を取り巻くステークホルダーが、そのふるまいを企業に「期待」するからです。

ステークホルダーからの期待に反することは企業にとってはときに大きなリスクとなりますし、逆に、その期待に応えることで大きなビジネスチャンスにつながることもあります。特に昨今は、インターネットやSNSが普及していることもあって、企業のふるまいは一瞬にして世界中に拡散します。これまで以上に企業がステークホルダーの目にさらされている現代社会において、企業経営者は、自社の評判を下げないために、あるいはブランド価値を向上させるために、ステークホルダーの期待に応えるふるまいや情報の開示を行っていく必要があるとされているのです。

(2) 人権に対するステークホルダーからの期待

ビジネスと人権の観点から、ステークホルダーの期待に応えるとはどういうことか、具体例とともにご紹介をさせていただきます。

一般市民・消費者――信頼を失えば即、存亡に関わる

特にBtoCのビジネスモデルを展開している企業にとって、企業のブランドイメージは売上に

直結するため、一般市民や消費者からの期待に応えることは非常に重要です。具体的な例として、アパレル企業の事例を紹介します。

ひとつは、ナイキの事例です。1997年に、ナイキが製品の生産を委託していた東南アジアの工場の中に、劣悪な環境下で労働を強制し、また児童労働が行われているところがあるという実態が明らかとなり、市民社会から強い批判を受けました。これに対してナイキは当初、「私たちはその工場の経営者ではない。これはあくまで委託先工場の問題であり、当社がコントロールできる問題ではない」という立場をとり、積極的な対応を行いませんでした[11]。そのため、ナイキは社会的責任を果たしていないという批判が一般市民や消費者の間でも強まり、不買運動等が世界中で展開されることになってしまったのです。

当然、委託工場の労働者とナイキは、直接的な雇用関係にありません。そのため、ナイキの主張は法的責任の観点からすれば正しかったのかもしれません。しかし、ナイキは法的責任だけに注目し、企業の社会的責任を軽視していたため、この一連の出来事を引き起こしてしまったといえるでしょう。

ナイキは、この出来事によって、非常に大きな経営上のダメージを受けたといわれています。デロイトトーマツコンサルティングが、米国のシューズ市場の成長率から算出したナイキのシューズ部門の成長率や、国外の市場の伸び等を考慮して試算した結果によれば、人権侵害によって、ナイキは1998年から2002年の5年間で120億ドル以上（日本円で1兆4000億円以上）の売上高を失ったとされています。[12] このように、ブランドイメージが売上に直結するアパレル業界では、ブランド価値の低下は、そのまま売上の低下につながるといえます。

ナイキに対比するケースとして、リーバイ・ストラウス（リーバイス）の事例を紹介します。同社は、ジーンズのブランドで有名な米国の会社で、2019年に上場を果たしたことが話題に上りましたが、実は、リーバイスは以前、上場していたのです。1971年に米国で株式上場したリーバイスですが、その後、創業一族による買い戻しにより上場を廃止していました。

なぜ一度、上場を廃止したのでしょうか。リーバイスはかつて、自社のサプライチェーン上で児童労働が横行している実態が明らかとなったときに、「現地に学校を作り、子供たちをその学校に通わせた上で、就労年齢に達してから再雇用をする」という方針を取りました。しかしこの方針に対して株主から「学校を建てる資金があるなら、株主に還元すべきだ」という批判が相次いだのです。当時は、企業のサステナビリティに関する取り組みに対して株主は今ほど敏感ではなかったことも背景にはあると思いますが、これに対してリーバイスは、「自社が社会的責任を果たすためには、株主利益に左右されない企業にならねばならない」として、上場廃止を決意したというエピソードがあります。[13]

その後も、リーバイスはサステナビリティに取り組み続け、（非上場企業のため開示義務はないにも関わらず）その取り組みの状況を積極的に開示し続けた結果、自社ブランドの根強い「ファン」を獲得し続けてきました。2019年に再上場を果たしたときには、公募価格より30％も高い価格で初日を終えただけでなく、同日のニューヨーク証券取引所では、リーバイスに敬意を評して勤務中のジーンズの着用が許可されたというエピソードもあります。[14] これらの結果は、リーバイスがこれまでに自発的にサステナビリティに取り組むことで獲得してきた社会的信頼の賜物かもしれません。

日本でも、２０１７年に有名アパレル企業の下請け（孫請け）企業で働く外国人技能実習生が、最低賃金を下回る給与で長時間労働を行っている等の事実がテレビ番組で紹介され、大きな問題となったことがあります。[15] これに対して、このアパレル企業は「取引先の労働者に関する問題は自社に法的責任はない」というかつてのナイキと同様の回答を行った結果、インターネットを中心に強い批判にさらされてしまいました。そのため、後日改めて会社として声明を出し、以後はサプライチェーン上の人権尊重に取り組むようになりました。[16]

このように、企業の人権尊重責任を果たすことで、一般市民や消費者から信頼を獲得することは、自社の製品やサービスを選んでくれるファンを獲得することにつながる一方で、対応を怠ると、信頼の低下を招くことになります。また、昨今では特にエシカル消費等の観点から、人権侵害に関与するような製品・サービスを消費者が敬遠する動きもあります。企業としては、消費者からの信頼を損なわないように、企業の人権尊重責任を果たしていく必要があるといえるでしょう。

株主・投資家——人権尊重責任を果たさないと投資対象から除外される例も

近年、ＥＳＧ投資と呼ばれる、非財務情報を投資の意思決定に取り入れる動きが加速しています。既に多くの読者はご存じかと思いますが、ＥＳＧとは、環境（Environment）、社会（Social）、ガバナンス（Governance）の頭文字を取った言葉です。変化の激しい現代社会において、投資対象の企業が持続的かつ中長期的に成長していけるかどうかを判断するためには、もはや財務情報だけでは不十分であるという理解が、株主・投資家の間では常識となりつつあります。いまや運用機関の約98％が非財務情報（ＥＳＧ情報）を投資判断に活用しており、企業価値の９割は非財務資本が占めるともいわれています（図表12）。

そして、そのＥＳＧ情報の「Ｓ」の要素として、最も重要といっても過言ではないテーマが「ビジネスと人権」です。株主・投資家としては、サプライチェーン上の不祥事や企業の評判の低下によるブランド価値の毀損、市場からの締め出し等を大きなリスクとしてとらえており、企業の人権への取り組みは、財務資本提供者にとっても大きな関心事となっています。アンケートによれば、株主・投資家にとって人権のテーマは、ＥＳＧの課題の中で、気候変動に次ぐ課題であるとの認識も広がっています（図表13）。

国内外において、ＥＳＧ投資が普及するきっかけを作ったとされる国連責任投資原則（ＰＲＩ）と呼ばれるイニシアティブがありますが、このＰＲＩでも、ＥＳＧ投資の要素として人権を重要視する動きがあります。２０２０年には、機関投資家向けに人権に関して取り組みを進める

【図表12】 非財務情報の重要性と時価総額に占める無形資産の割合

経済産業省　産業技術環境局　環境経済室
ESG投資に関する運用機関向けアンケート調査(2019年12月)
調査対象：国内外の主な運用機関等 計63社
回答状況：48社/63社(回収率76%)
総運用残高：約3,988兆円

ESG情報の投資判断への活用

- アンケート対象の97.9%の運用機関が、ESG情報を投資判断に活用。
- 活用目的としては、「リスク低減」が97.9%とESGを活用するすべての運用機関が回答。次いで、「リターンの獲得」、「社会的責任・意義」のいずれも重視されている。

問. ESG情報を投資判断に活用していますか。(ESGインテグレーション)

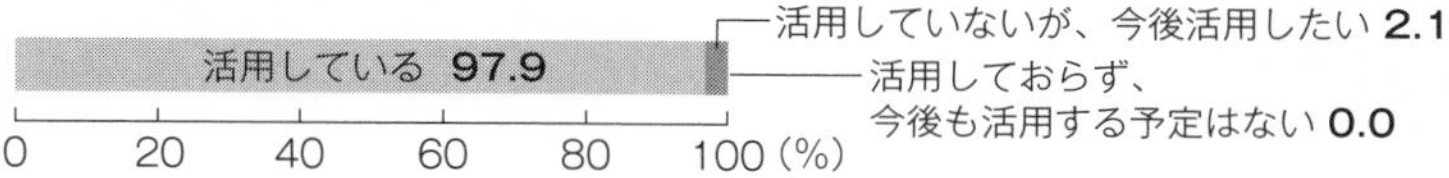

問. ESG情報の投資判断への活用目的・理由をお答えください。(複数回答)

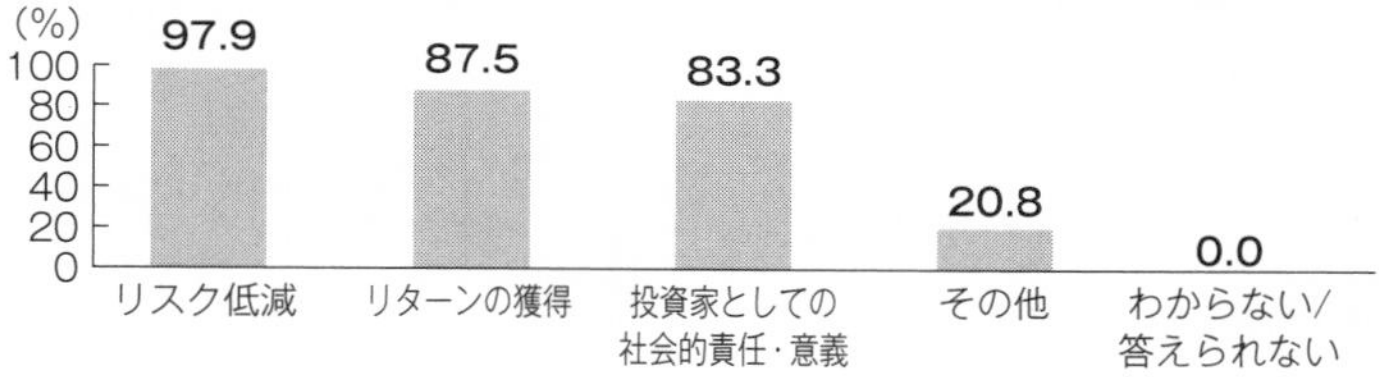

(出所) https://www.meti.go.jp/press/2019/12/20191224001/20191224001-1.pdf

時価総額に占める無形資産の割合

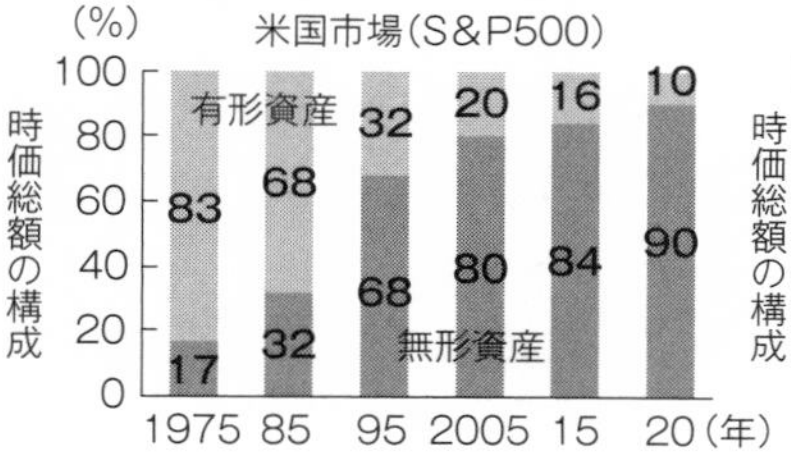

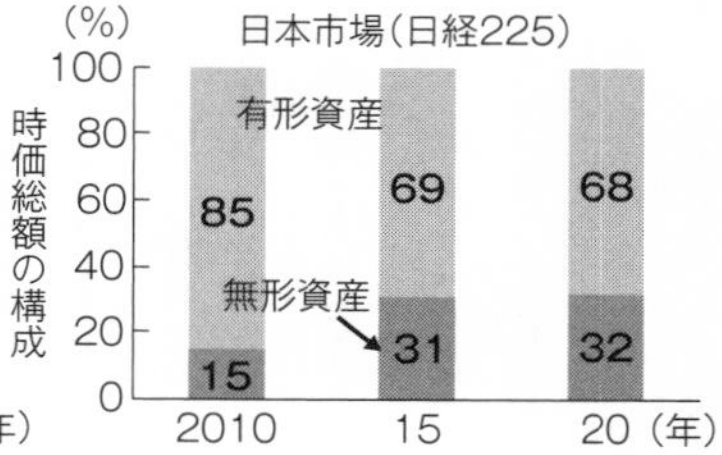

(注) 時価総額(market cap)から純有形資産(net tangible asset value)を引いたものを純無形資産 (net intangible asset value) としている。その純無形資産を時価総額で割ることでそのインデックスに占める無形資産を割り出している。

(出所) 内閣官房「新しい資本主義のグランドデザイン及び実行計画　基礎資料集」 16頁 (2022年6月7日)

「ビジネスと人権」の関心の高まり

年金積立金管理運用独立行政法人
「第7回 機関投資家のスチュワードシップ活動に関する
上場企業向けアンケート集計結果（2022年5月）」
質問7：貴社のESG活動における主要テーマを最大5つお教えください。
対象：東証一部上場企業2,183社　回答者数709社（回答率32.5%）

順位	ESG課題（括弧内は回答企業割合）
第1位	気候変動（77.9%）
第2位	コーポレートガバナンス（71.7%）
第3位	ダイバーシティ（55.0%）
第4位	**人権と地域社会（43.2%）**
第5位	健康と安全（38.8%）
第6位	リスクマネジメント（27.9%）
第7位	製品・サービスの安全（27.5%）
第8位	サプライチェーン（24.3%）
第9位	情報開示（21.2%）
第10位	取締役会構成・評価（14.1%）
第11位以下	廃棄物管理、汚染と資源、環境市場機会　等

（出所）https://www.esg.quick.co.jp/research/1335
https://www.gpif.go.jp/esg-stw/stewardship_questionnaire_07.pdf

ためのフレームワークとして「投資家が人権に取り組むべき理由とその方法（Why And How Investors Should Act On Human Rights）」と題する報告書を発行し、PRIに署名する投資家向けに、指導原則に基づく取り組みを促し、段階的に推進していくためのステップを提示しています。[17] また、2021年12月には、人権に関する投資家のニーズを探るための調査の開始を発表しており、2022年中には結果が公表される予定になっています。株主や投資家の中でも、人権は非常に重要なテーマとして認識されているのです。

【図表13】 ESG課題における

QUICK ESG研究所
「ESG投資実態調査2021」（2022年1月20日公表）
重視しているエンゲージメントテーマ （回答数39社）
対象：「『責任ある投資家』の諸原則～日本版スチュワードシップ・コード～」の受け入れ表明機関の中から抽出した日本国内に拠点を置く機関投資家157社
回答社数：53社(うちアセットオーナー５社、アセットマネジャー 48社)

重視しているエンゲージメントテーマ(今回調査の回答が10社以上の項目)

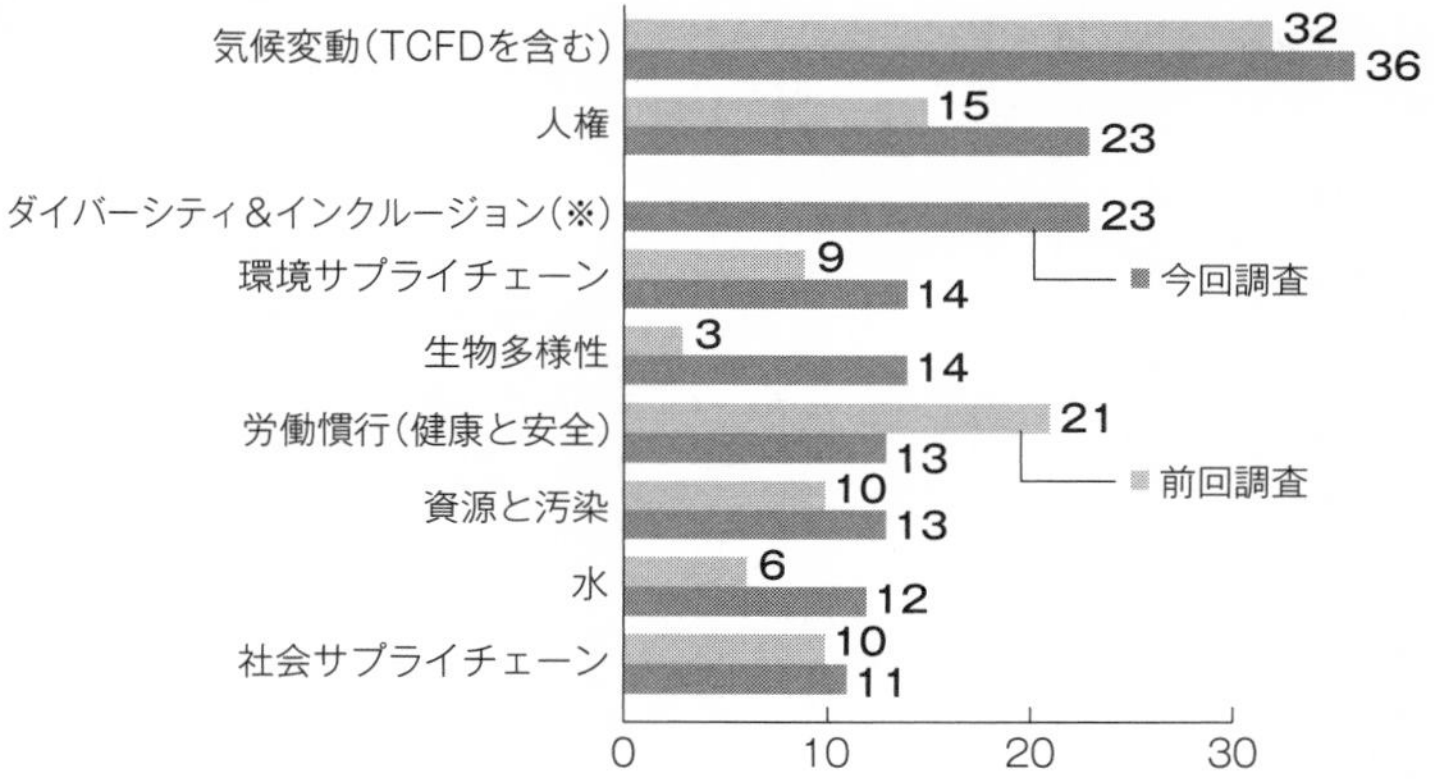

（注）有効回答社数：前回34、今回39

企業が人権尊重責任を果たさないことによって、投資対象から除外される例もあります。例えば、世界有数のＥＳＧ格付け会社である米ＭＳＣＩでは、「不祥事スコア」という概念を採用しており、人権に関する不祥事や労働者の権利に関する不祥事を起こした企業は、ＥＳＧ指数の構成銘柄から除外されることになっています。[18] ＭＳＣＩのＥＳＧ指数は、世界最大の機関投資家と呼ばれ日本におけるＥＳＧ投資拡大の流れを作ったともされる年金積立金管理運用独立行政法人（ＧＰＩＦ）も採用していることから、この指数から除外されることは、非常に大きなインパクトがあります。

また、Ｅ（環境）領域ではＣＤＰによる企業格付けが非常に有名ですが、人権分野においても、テーマ特化型の評価スキームが近年、注目を集めています。ワールド・ベンチマーク・アライアンス（ＷＢＡ）と呼ばれるＮＧＯが提供している「企業の人権ベンチマーク（ＣＨＲＢ）」は、世界各国の主要企業の人権に関する取り組みについて、開示情報をもとに評価し、スコアリングを行っています。現在は、農業（食品関連産業）、アパレル業、資源採掘業、ＩＣＴ関連産業、自動車産業の5業種が評価対象となっており、一部の日本企業も評価対象となっています。特に、自動車は日本経済にとって非常に重要な産業ですが、自動車業界自体が他産業と比較しても低スコアで推移しており、またそのなかでも日本の自動車メーカーが決して高い評価を得ていない点は気がかりです。本書執筆時点では結果は発表されていませんが、２０２２年には農業、ＩＣＴ関連産業、自動車産業の3業種の新たな評価結果が発表される予定であり、評価の向上が期待されているところです（図表14）。

ＣＨＲＢのほかにも、サプライチェーン上の強制労働リスクを評価するノウ・ザ・チェーンや世界の主要銀行の人権対応を評価するバンク・トラック等もありますが、未だ評価対象業種も限定されており、ＥＳＧ評価スキームの中でもＣＤＰほどの市民権を獲得しているとはいえません。しかし、それでも近年、人権に対する株主・投資家からの注目は非常に高まっています。環境（気候変動）において共通の定量指標になり得る温室効果ガスの排出量等と異なり、企業の人権

【図表14】 CHRBの業種別評価結果(2020年)

■2020年のCHRBの結果は下記の通り。2020年は新型コロナウイルス感染拡大の影響から、対象となった農業(食品関連産業)、アパレル業、資源採掘業、ICT関連産業の企業199社は、6つの評価テーマのうち、3つから抽出された13個の指標で評価された。
■自動車業界については初めての評価ということもあり、すべての指標を用いて評価がなされた。
- 自動車を除く4業種の評価テーマ:①**ガバナンスと方針によるコミットメント、②人権尊重と人権DDの導入、③救済と苦情処理メカニズム**
- 自動車業界の評価テーマ:**(上記3つに加え) ④人権尊重の実践状況、⑤申し立てへの対応状況、⑥透明性**

■業種別平均はそれぞれ、農業(食品関連産業):10.3点、アパレル業:9.0点、資源採掘業:10.2点、ICT関連産業:7.9点。 自動車業界は12点/100点。

自動車業界以外の4業種(主な企業抜粋、26点満点)

主な企業	スコア
ユニリーバ	25.0 / 26
アディダス	23.0 / 26
ネスレ	20.5 / 26
ファーストリテイリング	**19.5 / 26**
コカ・コーラ	17.0 / 26
ナイキ	15.5 / 26
サムスン電子	14.0 / 26
イオン	**13.5 / 26**
マイクロソフト	13.0 / 26
キリンHD	**12.0 / 26**
アサヒグループ	**10.5 / 26**
マクドナルド	10.0 / 26

主な企業	スコア
SONY	**9.5 / 26**
ウォルマート	9.5 / 26
日立	**8.5 / 26**
東京エレクトロン	**8.5 / 26**
キヤノン	**8.0 / 26**
アップル	7.0 / 26
ENEOS HD	**7.0 / 26**
パナソニック	**6.5 / 26**
Amazon	6.0 / 26
村田製作所	**5.5 / 26**
任天堂	**5.5 / 26**
サントリー	**5.5 / 26**

自動車業界(100点満点)

主な企業名	スコア
40点~50点	Ford (41.5)
30点~40点	Groupe PSA (33.0)、Daimler (32.4)
20点~30点	Fiat Chrysler Automobiles (24.1)、BMW (23.0)、Volkswagen (23.0)、General Motors (21.1)
10点~20点	Renault (18.1)、**本田技研工業(14.2)、マツダ(14.0)**、Tata Motors (11.7)、**トヨタ自動車(11.6)**、Chrysler Automobiles (24.1)、BMW (23.0)、Volkswagen (23.0)、General Motors (21.1)、Kia Motors (10.5)、現代自動車(10.5)、**SUBARU (10.1)**
0点~10点 (日本企業のみ抜粋)	**三菱自動車(8.9)、日産自動車(8.3)、スズキ(5.9)**

(出所) https://www.worldbenchmarkingalliance.org/publication/chrb/rankings/

に関する取り組みを客観的かつ定量的に評価することは難しいため、ＣＨＲＢのような評価スキームは、株主や投資家が企業の人権対応を評価していく上で大変重要な役割を果たすといえます。そして、人権に特化したスキームであるＣＨＲＢのみならず、ＥＳＧの「Ｓ」の要素として人権を評価項目に設定しているＥＳＧ評価スキームは、軒並み「指導原則に沿った取り組みが実践できているか」を評価基準として設定しています。株主や投資家の期待に応える意味でも、指導原則に沿った取り組みの推進は、もはや企業にとって不可欠であるといえるでしょう。

取引先・ビジネスパートナー――サプライチェーン上の問題は自社の評判に直結

近年、温室効果ガスのサプライチェーン排出量（Scope3）の算定が求められているように、企業のサステナビリティに関する取り組みはサプライチェーン全体で推進していくことが要請されています。そして、それは人権の観点からも例外ではありません。先に紹介したナイキの事例でも明らかなように、サプライチェーン上の人権問題は自社の評判やブランドに直結するおそれもありますし、前項で紹介したＥＳＧ評価機関ＭＳＣＩの不祥事スコアには、サプライヤーの児童労働や強制労働等といったサプライチェーン上の不祥事も影響します。

特に昨今は、インターネットやＳＮＳ等の普及も背景に、自社と緊密な関係にある取引先（仕入先や顧客）に何か問題があれば、自社との関係性は簡単に露呈してしまいます。サプライチェーン上の人権問題が顕在化するリスクを考えたときに、企業において「きちんと人権対応を行っている相手と取引したい」という動機付け（インセンティブ）が働くことは当然のことともいえます。ビジネスパートナーからの期待に応え、取引先から選ばれる企業になるためには、人権対応は非常に重要となりつつあるのです。

グローバル企業等では、サプライヤーに対して「サプライヤー行動規範」「CSR調達ガイドライン」等を設けて、自社のサプライヤーに人権対応を含めたサステナビリティの取り組みを要請する動きが活発化しています。2017年に行われた日本経済団体連合会（経団連）の調査でも、約80％の企業が、取引先に対して何らかの対応を求めていることが明らかになっています（図表15）。

これらのサプライヤー向け文書は、あくまでサプライヤーに対する「要請」や「依頼」という形式で通知されることが多いのですが、なかには行動規範やガイドラインの遵守に関して誓約書を書かせたり、それらに違反した場合は取引額の減少や取引自体の見直しを示唆する条項を取引契約書の中に設定したり、あるいは人権状況等をチェックするための監査の受入を取引開始の条件としたりする企業も増えています。このような状況下で、グローバル企業と継続的な取引関係を構築し、維持するためには、人権尊重の責任を果たすことが必要不可欠であるといえます。

従業員や就職活動生——採用にも顧客獲得にも大きく影響

人権に関する取り組みは、サプライチェーン全体で考えなければならないといっても、自社で

【図表15】 CSR調達に関するアンケート結果

- 2017年に経団連で実施された「CSR実態調査」によれば、回答企業167社の**79%がCSRを意識した原材料や部品の調達**を行っている。
- **69%の回答企業が「CSR を意識した原材料・部品の調達に関する基本方針」を有しており**、「近い内に策定する予定である(4%)」「策定を検討している(12%)」を加えると、**全体の85%が、CSR調達のガイドラインや基本方針の策定に対応している。**
- サプライチェーン上で取り組みを進める企業の中には、調達ガイドラインのみならず、取引先に対して**契約条項への盛り込み**や、**監査を要求する事例**も増えている。

Q19：貴社では、**CSRを意識した原材料・部品の調達**を行っていますか。

約8割が、CSR を意識した原材料・部品の調達を実施

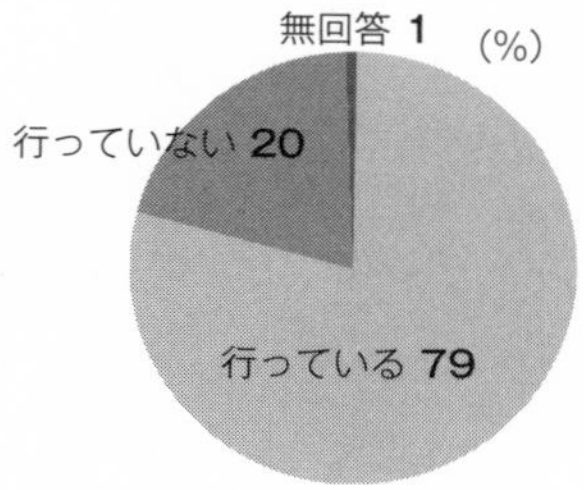

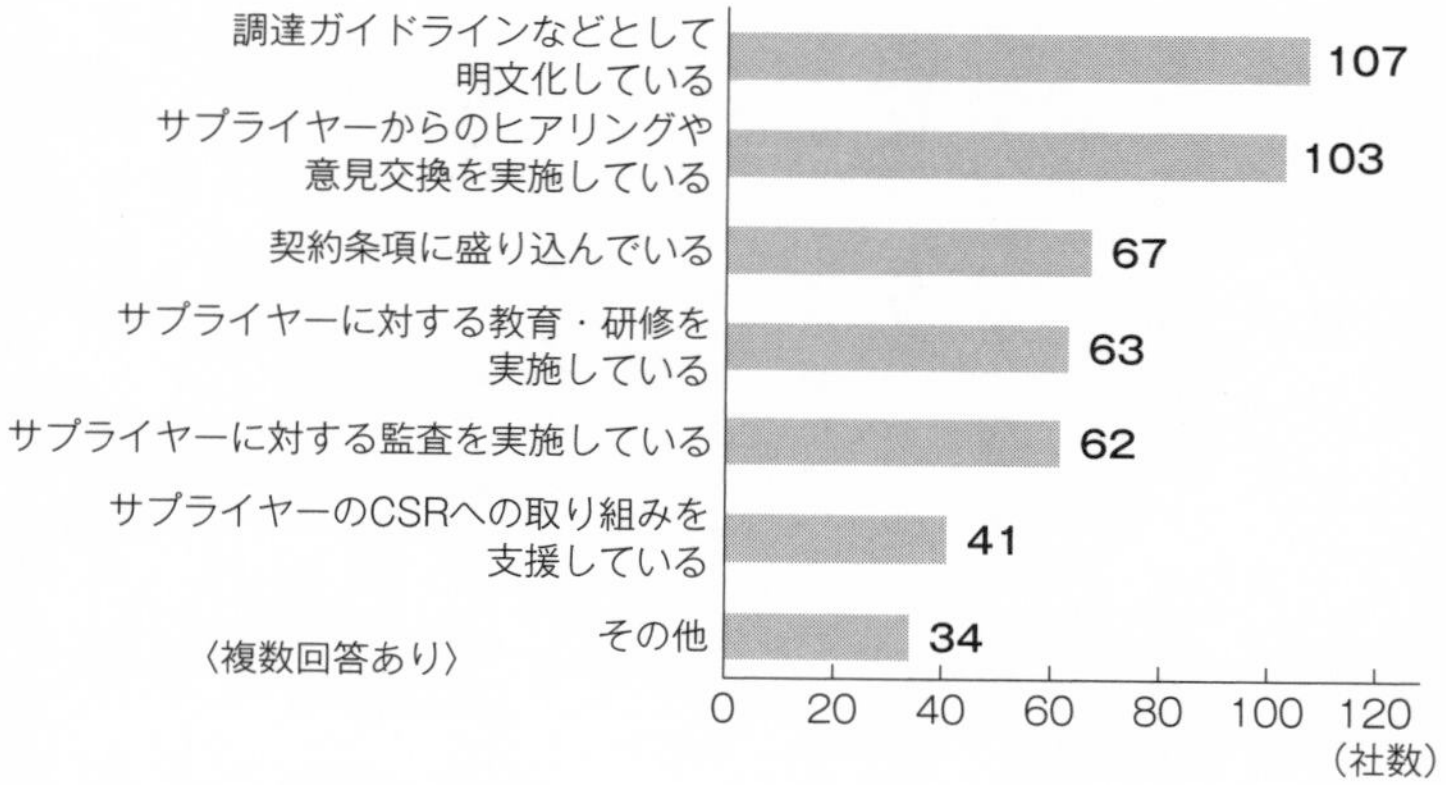

(出所) 経団連「CSR実態調査」結果より

雇用する従業員（労働者）が企業にとって身近なステークホルダーであるという事実は変わりません。従業員の多様性を尊重し、働きやすい環境を整備することで、一人ひとりの能力を最大限発揮できる職場を作ることは、人権の観点からも非常に重要な取り組みです。働き方改革や健康経営、ダイバーシティ経営の推進は、離職率の低下や人材の流出防止にもつながるとされています（図表16）。

さらに昨今では、ＥＳＧ投資の観点から「人的資本投資」という概念も注目されています。人材を含めた無形資産が企業価値の源泉となるなか、人材戦略の重要性はこれまで以上に高まっていますが、一方で、新型コロナウイルスの感染拡大を背景に新しい生活様式が定着することで、個人の働き方や社会のニーズ、企業内部で求められる能力やスキルにも変化が生じています。そのなかで、企業の経営戦略と人材戦略をいかに適合させていくのかが問われているといえるでしょう。

人的資本投資については、２０１８年に人的資本の情報開示のためのガイドラインとしてのＩＳＯ規格（ＩＳＯ ３０４１４）が策定され、米国では、２０２０年に米国証券取引委員会（ＳＥＣ）が、上場企業に対して人的資本の情報開示を義務化する等、国際的な注目が高まっています。それに対応するように、日本でも経済産業省が２０２０年９月に「持続的な企業価値の向上と人的資本に関する研究会報告書～人材版伊藤レポート～」[19]を発行し、２０２２年５月にはその改訂版である「人的資本経営の実現に向けた検討会報告書～人材版伊藤レポート２・０～」

多くの機関投資家が「女性活躍情報は企業の業績に長期的には影響がある」と考えています

投資判断や業務において女性活躍情報を活用する理由はどのようなものですか

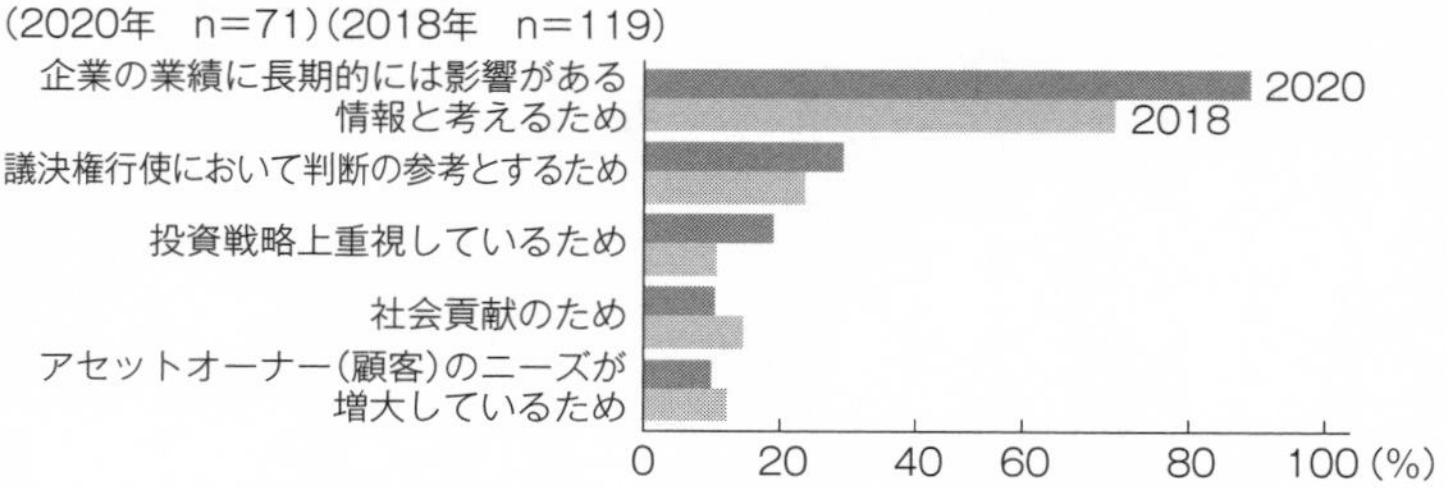

半数以上の機関投資家が投資判断に女性活躍情報を活用しています

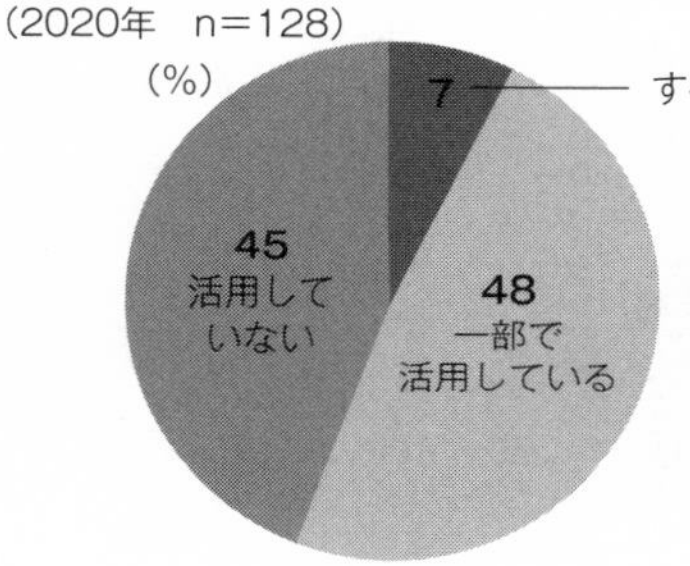

も公表されています。[20] 今後は日本でも、統合報告書の中でダイバーシティ戦略や人材戦略について、紙面を割いて紹介していく企業が増加してくるのではないかと思われます(図表17)。

　人権尊重責任を果たしていくことは、優秀な人材の採用や保持の観点からも非常に重要です。特に、ミレニアル世代(2000年以降に成人を迎えた世代)や、その次のZ世代と呼ばれる若年層の採用を考える上では、人権への取り組みをおろそかにすることはできません。これらの世代

【図表16】　女性活躍推進（ダイバーシティ経営）のメリット

役員に女性がいる企業のパフォーマンスは高い傾向にあります

女性役員比率が高い企業の方が、女性役員がいない企業よりも**ROE※、EBITマージン※が高く**なっています。

■ 女性役員がいない企業
■ 女性役員比率が多い上位4分の1の企業

（出所）McKinsey&Company "Women Matter: Time to accelerate: Ten Years of Insight into Gender Diversity"（2017年）
※ROE：自己資本利益率
EBITマージン：支払金利前税引前利益と売上率の比率

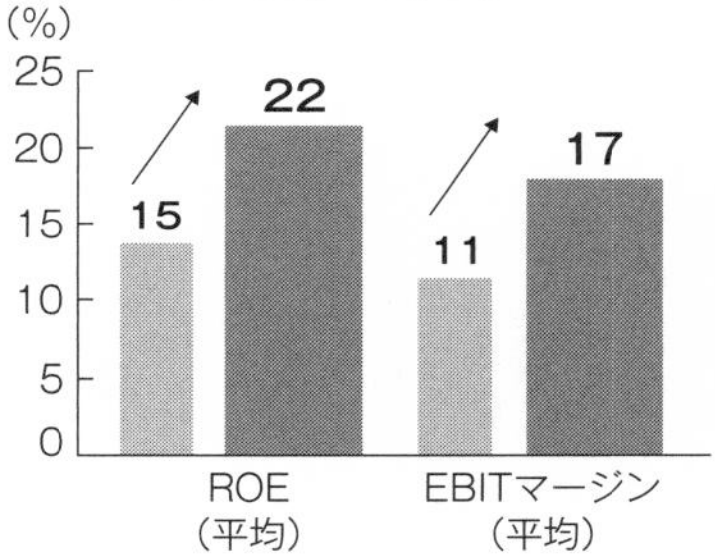

多様性のある組織の方が人材の流出防止に繋がります

従業員構成が多様な組織で働いていると感じている従業員は、多様でないと考える従業員よりも**5年以上長期で勤続する予定と回答**しています。

（注記）回答者：ミレニアル世代（1983年～1994年生まれ）の多様性のある組織で働く6741名、ない組織で働く3399名
（出典）デロイト　ミレニアル年次調査（2018年）

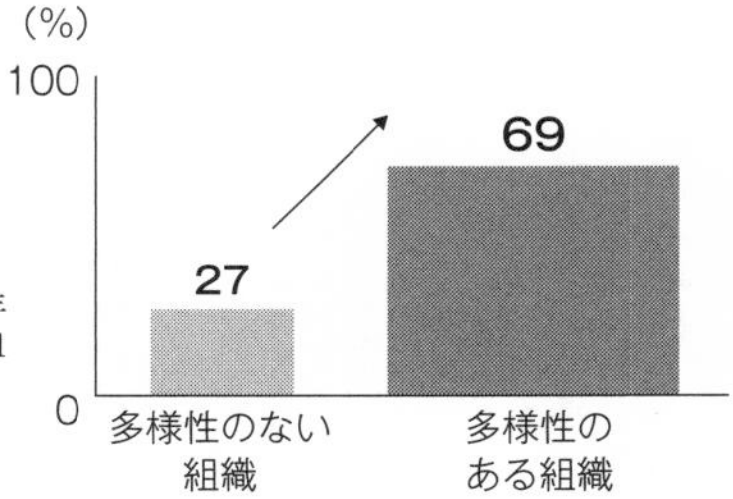

（出所）内閣府男女共同参画局「女性活躍情報がESG投資にますます活用されています」
https://www.gender.go.jp/policy/mieruka/company/pdf/yakuin_r02.pdf

は現在の40代、50代と比較しても、企業の社会的責任に対して大変シビアであるといえます。2018年に公開されたコーン・フェリーの調査結果によれば、ミレニアム世代のうち75%が社会的責任の充足を感じられるのであれば給料が減っても構わないと回答し、64%が社会的責任を推進しない企業には就職を希望しないと回答しています。[21]

日本国内でも、2023年3月卒業（修了）予定の大学生・大学院生を対象に実施された就職活動に関するインターネットアンケート調査で

【図表17】 人的資本投資の動向

■2020年9月公表の「人材版伊藤レポート」(2022年5月に2.0を発行)では、持続的な企業価値の向上と人的資本の関係に関する検討を行い、経営戦略と連動した人材戦略について、3つの視点・5つの共通要素を整理している。

■中長期的な投資・財務戦略において投資家が着目する情報としては、人材投資の割合が非常に高く、IT投資や研究開発投資を上回っているが、企業の人的投資の国際比較では、日本は先進国の中では低い水準にあり、今後は更なる投資の拡大が見込まれる。

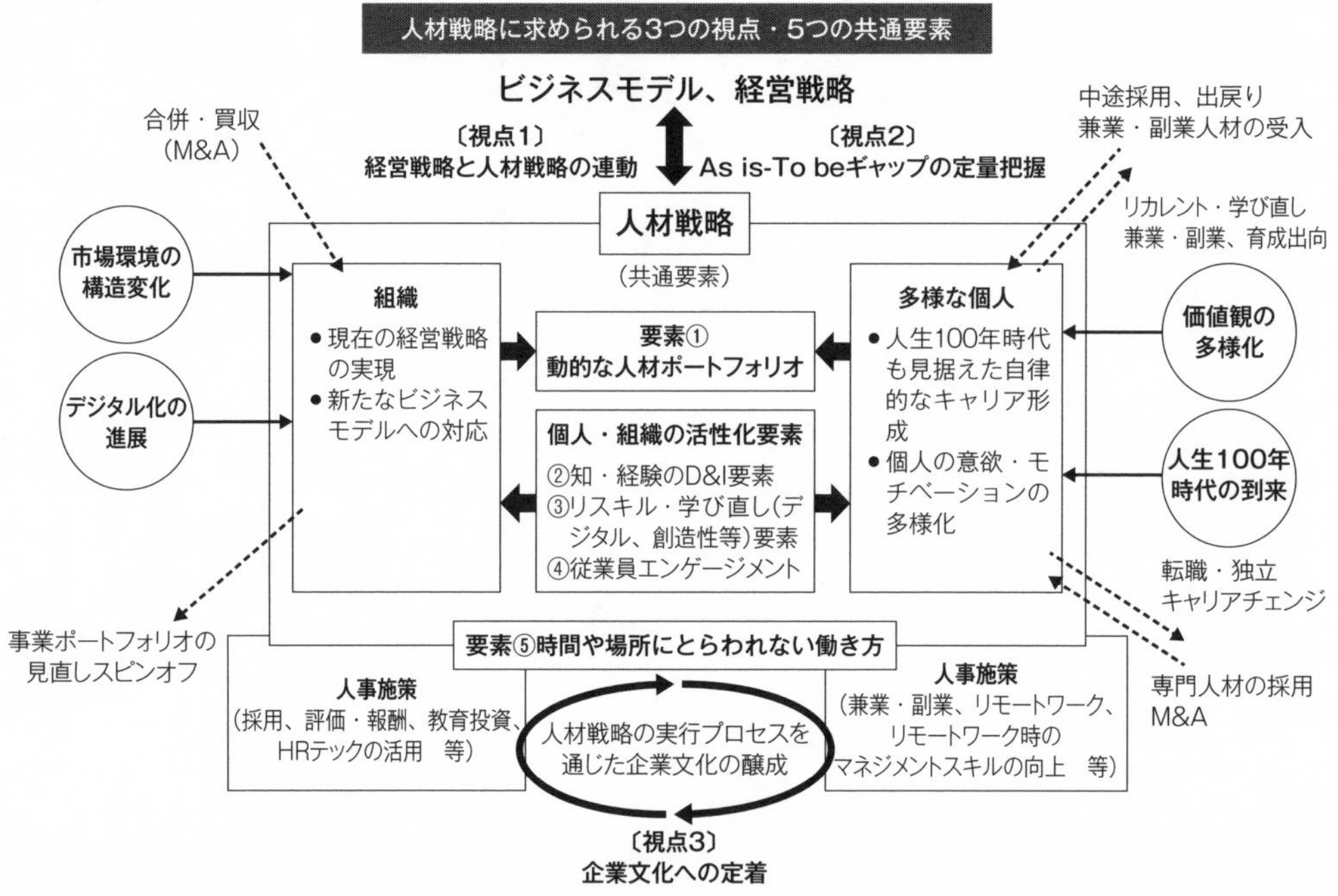

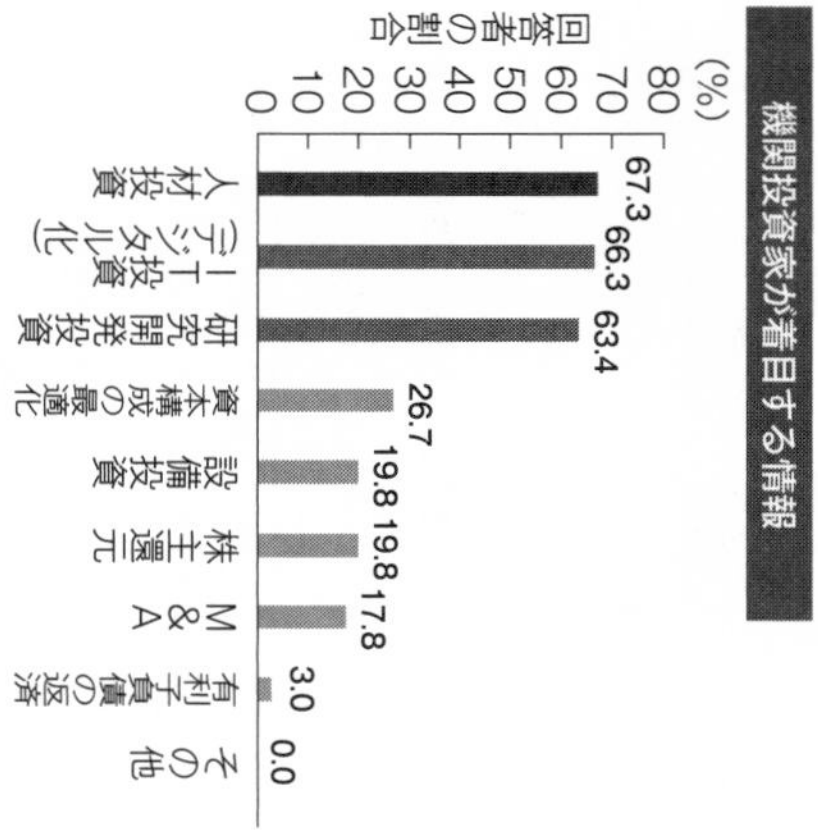

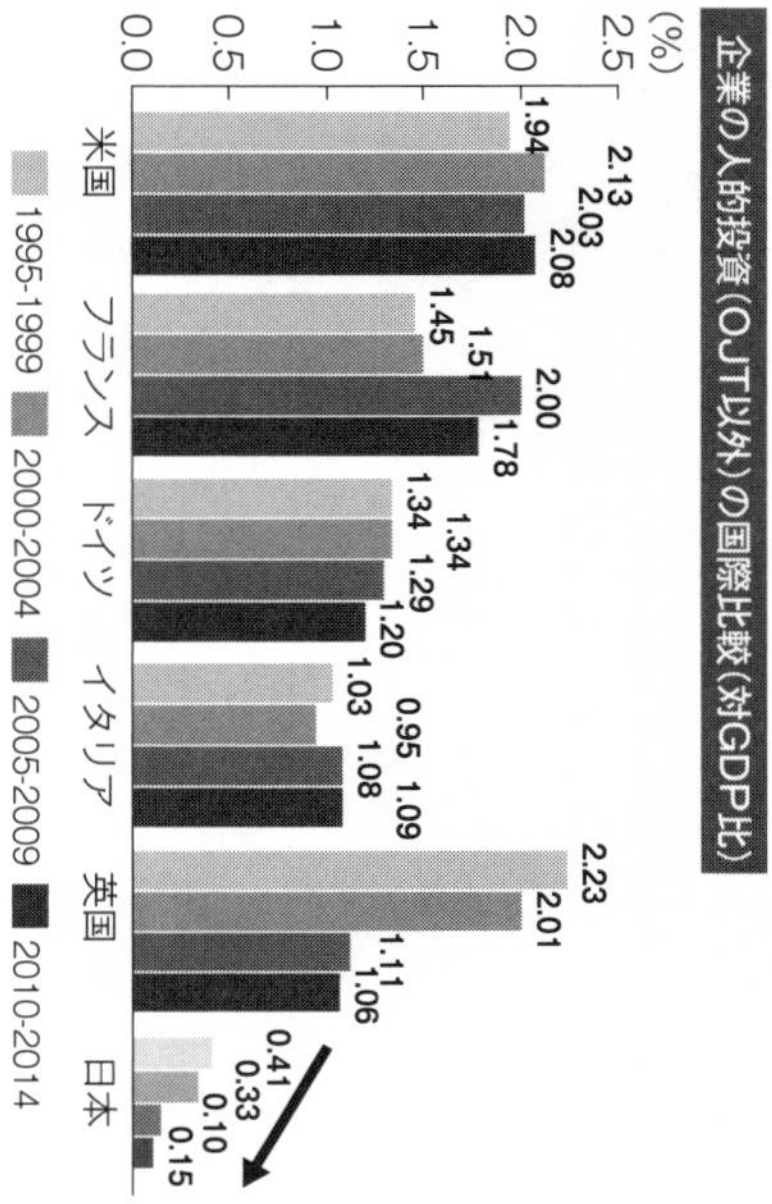

（出所）経済産業省「人的資本経営の実現に向けた検討会報告書～人材版伊藤レポート2.0～」（令和4年5月）
内閣官房 新しい資本主義実現本部事務局　経済産業省 経済産業政策局「非財務情報可視化研究会の検討状況」（令和4年3月）

は、学生のＳＤＧｓの認知率は95・9％となっており、社会人よりも20・4ポイントも高い結果となりました。また、7割を超える学生が、ＳＤＧｓに取り組む企業は志望度が上がると回答しています。アンケートでは、「社会貢献性の高い仕事をしたい」「社会貢献と利益の追求を両立している企業は、就職先として魅力を感じる」という声も聞かれており、企業を選択する際の軸のひとつに「社会貢献」や「社会的責任」というキーワードが重要視されていることが伺えます[22]（図表18）。

昨今ではＳＤＧｓが学校教育の中に取り入れられており、社会全体で認知度が高まっているという背景もありますし、日本のミレニアル世代やZ世代は、いわゆる「バブル」を経験していない世代ですので、経済的な充足よりも精神的な充足を求めるという傾向もあるかもしれません。ミレニアル世代やZ世代は「ＳＤＧｓネイティブ」とも呼ばれていますが、いずれにしても、彼らは環境問題や社会問題に対して、他の世代と比べても高い感度を持っているとされています。そのため、彼らに対して企業の取り組みをアピールしていくことは、人材採用の観点でも、顧客獲得の観点でも非常に重要です。

なお、ここまでお話をしたときに、「『ＳＤＧｓの取り組み』と『人権の取り組み』」は異なるのではないか」という疑問を持たれた方もいらっしゃるかもしれません。確かに、ＳＤＧｓの目標の中には「人権」という言葉が入っているわけではありませんので、「ＳＤＧｓ＝地球温暖化等を中心とした環境問題への取り組み」と理解されている方も少なくないかと思います。しかし、こ

【図表18】 就活生向けのアンケートからみえるSDGsへの関心の高さ

- 学情が2021年8月6日に「SDGs」に関するアンケート調査の結果を発表。調査は6月25日～ 7月29日、2023年3月卒業(修了)予定の大学生・大学院生936名を対象にWebアンケート方式で実施したものである。
- 「SDGs」の認知度について調べたところ、「言葉も意味も知っている」(78.4%)と「言葉は知っている」(17.5%)を合わせた**認知率は95.9%**。20代社会人を対象にした調査では75.5%であったことから、**2023年卒学生の認知率は、20代社会人よりも20.4ポイント高い結果**となった。
- 「SDGs」に関する取り組みを、就職活動において意識するか聞いたところ、57.6%が「(どちらかといえば)意識する」と回答。また、**73.9%が「企業がSDGsに取り組んでいることを知ると志望度が上がる」と回答**した。

SDGs(Sustainable Development Goals)について、知っていますか？

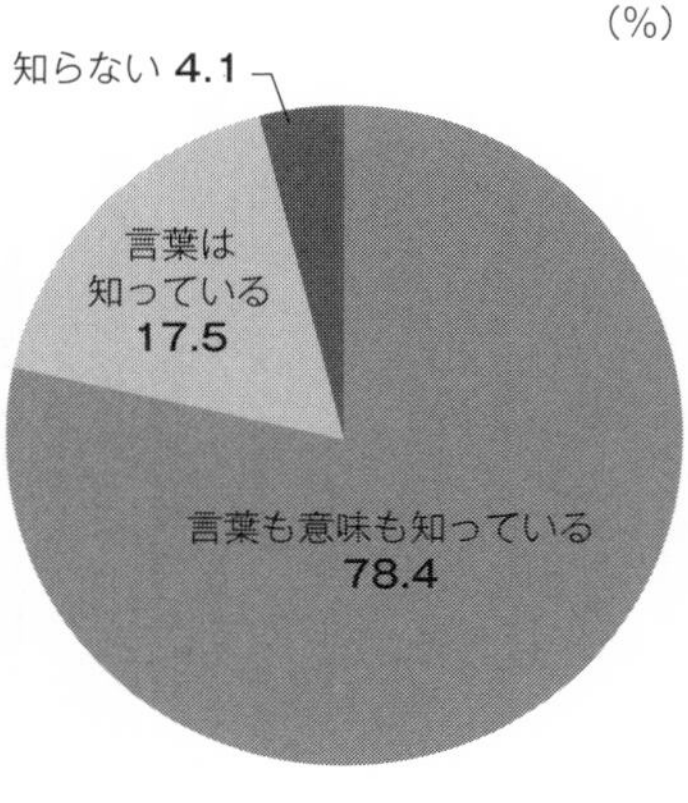

企業のSDGsに関する取り組みを、就職活動において意識しますか？

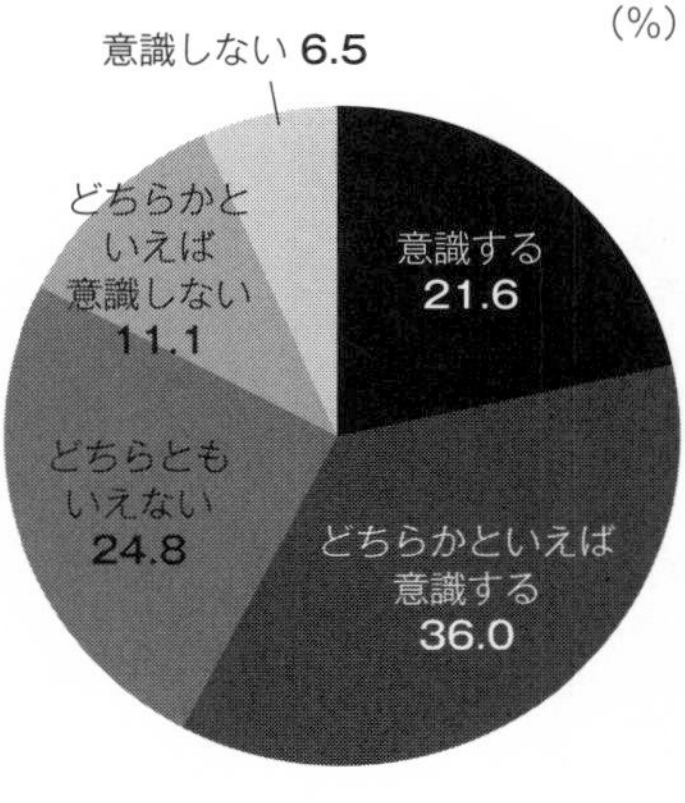

(出所) マイナビニュース「23年卒就活生の7割が「SDGsに取り組んでいる企業は志望度が上がる」と回答」(2021年8月10日)
https://news.mynavi.jp/article/20210810-1943115/?msclkid=d0bb5348bb8011ec89f7fb685b9390b8

れは大きな誤解であり、むしろ、ＳＤＧｓと人権は非常に密接な関係にあるとされています。そこで以下、ＳＤＧｓと人権との関係性についても少し解説をしておきたいと思います。

（3）持続可能な開発目標（SDGs）と人権

持続可能な開発目標（ＳＤＧｓ）については既にご存じの方も多いと思いますが、簡単に説明させていただきます。ＳＤＧｓとは、２０１５年9月の国連サミットで加盟国の全会一致で採択された「持続可能な開発のための２０３０アジェンダ（以下、２０３０アジェンダ）」に記載された、２０３０年までに持続可能でよりよい世界を目指す国際目標を指します。17のゴールと１６９のターゲットから構成され，地球上の「誰一人取り残さない（leave no one behind）」ことを誓っています（外務省ＷＥＢサイトより）。ＳＤＧｓは２０１５年から２０３０年までの国際目標ですが、ＳＤＧｓの前には「ミレニアム開発目標（ＭＤＧｓ）」と呼ばれる２０００年から２０１５年までの目標があり、ＳＤＧｓはＭＤＧｓの後継であるとされています（そのため、「ＳＤＧｓは２０３０年で終わりですか？」という質問を受けることがありますが、おそらく、ＳＤＧｓの後継となる次の目標が国連で採択されることになると思います）。

企業との関係において、ＭＤＧｓとＳＤＧｓの最も大きな違いを一言で述べれば、「当事者性」だと思います。ＭＤＧｓは、発展途上国の経済発展をいかに先進国や国際機関が手助けしていくかという観点を主眼とした目標であり、企業との関わりは薄いものでした。しかし、SDGsは企業を含めたあらゆる行動主体を名宛人としており、企業に対しても実現に向けた具体的貢献を求めています。この背景には、これまでに述べてきたような現代社会における企業の影響力の拡大があるといえるでしょう。国際社会が一丸となって、よりよい社会を目指すためには、もはや企業の存在や果たすべき役割を無視して考えることはできないのです。

人権の観点からSDGsを考えていくときに重要なのが、「2030アジェンダ」の存在です。特に日本では、SDGsの17個の目標アイコンが先行して浸透していることもあって、その背景にある2030アジェンダの知名度はあまり高くありません。SDGsの概要をご存知でも、2030アジェンダには目を通したことのない方も多いのではないでしょうか。しかし、2030年に目指すべき社会の詳細は、2030アジェンダにこそ記載されており、17個のアイコンだけでは、必ずしもSDGsの本質を理解することはできません。そこで、人権尊重とSDGsの関係性を理解するためにも、2030アジェンダの内容について簡単に紹介しておきたいと思います。[23]

2030アジェンダでは、前文において以下のように述べています。

> 今日我々が発表する17の持続可能な開発のための目標（SDGs）と、169のターゲットは、この新しく普遍的なアジェンダの規模と野心を示している。これらの目標とターゲッ

トは、ミレニアム開発目標（ＭＤＧｓ）を基にして、ミレニアム開発目標が達成できなかったものを全うすることを目指すものである。**これらは、すべての人々の人権を実現し、ジェンダー平等とすべての女性と女児の能力強化を達成することを目指す。**これらの目標及びターゲットは、統合され不可分のものであり、持続可能な開発の三側面、すなわち経済、社会及び環境の三側面を調和させるものである。（太字筆者）

つまり、２０３０アジェンダによれば、そもそも17の目標と１６９のターゲットは、すべての人々の人権を実現することを目指すために設定されているのです。これは、ＳＤＧｓの基本理念である「誰一人取り残さない」という趣旨にも合致するものです。17の目標の中に人権が盛り込まれていないのは、人権が上位概念としてすべての目標に関連しているからであるともいえます。ＳＤＧｓのすべての目標が不可分であり、相互関連性を有しているように、ＳＤＧｓと人権もまた密接不可分のものといえます。

２０３０アジェンダの中では、前文以外にも様々なパラグラフで人権の尊重や世界人権宣言等に触れています。ＳＤＧｓと人権の関係性については、一般財団法人アジア・太平洋人権情報センター（ヒューライツ大阪）による詳細な解説がＷＥＢサイトにありますので、そちらも参考になるかと思います（ヒューライツ大阪：ＳＤＧｓと人権：https://www.hurights.or.jp/japan/aside/sdgs/2018/10/sdgs-1.html）。

【図表19】 持続可能な開発のための2030アジェンダと人権

- SDGsの17の目標の中には、「人権」に関する明示的な言及はないが、17の目標の土台となった国際文書「持続可能な開発のための2030アジェンダ」の中には、人権の重要性が明記されている。

- 日本政府も明言している通り、**SDGsの根幹には「人権の尊重」があり、「SDGsの実現と人権の保護・促進は、相互に補強し合い、表裏一体の関係にある」**といえる。

【持続可能な開発のための2030アジェンダ（仮訳抜粋）】

- （前文）今日我々が発表する17の持続可能な開発のための目標（SDGs）と、169のターゲットは、この新しく普遍的なアジェンダの規模と野心を示している。（中略）これらは、**すべての人々の人権を実現し、ジェンダー 平等とすべての女性と女児の能力強化を達成することを目指す。**

- 8. （目指すべき世界像）**我々は、人権、人の尊厳、法の支配、正義、平等及び差別のない ことに対して普遍的な尊重がなされる世界を思い描く。**

- 67. （民間企業活動）民間企業の活動・投資・イノベーションは、生産性及び包摂的な経 済成長と雇用創出を生み出していく上での重要な鍵である。（中略）**「ビジネスと人権に関する指導原則と国際労働機関の労働基準」、「児童の権利条約」及び主要な多国間環境関連協定等の締約国において、これらの取り決めに従い労働者の権利や環境、保健基準を遵守しつつ、ダイナミックかつ十分に機能する民間セクターの活動を促進**する。

（出所）外務省「我々の世界を変革する：持続可能な開発のための 2030 アジェンダ」
https://www.mofa.go.jp/mofaj/files/000101402.pdf

（4）なぜ企業が人権を尊重しなければならないのか

最後に、企業がなぜ人権を尊重しなければならないのか、ここまでに述べてきたことをまとめておきます。

□企業の人権に対する影響力の拡大を踏まえて、企業のふるまいを何らかの形で規律することが求められている。ただし、国際法の文脈では、直接的に企業に対して法的責任を課すことは難しい。

⬅

□そこで国際社会では、法的拘束力を持たないソフトローを策定する動きが活発化。その代表格といえる文書が「ビジネスと人権に関する指導原則」である。指導原則は、政府や企業、NGOなどと協議の上で策定された文書であって、高い正当性を有していることから、「ビジネスと人権」に関する教科書として、国際的に幅広く認知されている。

⬅

□一方で、指導原則は法的拘束力を持たないため、それ単体では違反している企業に対して法的な罰則を課すことはできない。しかし、指導原則は高い正当性を持った規範であるために、指導原則に沿った取り組みを企業のステークホルダーは「期待」している。この

「期待」に反するリスクや、この期待に応えることで生まれるビジネス機会は、もはや企業にとって無視できない時代になっている。

⬅

□各ステークホルダーからの主な期待は以下の通り。

【一般市民・消費者】

社会的責任を果たし、人権を尊重するという企業イメージ、ブランドイメージを維持することの期待。

【株主・投資家】

ESGの観点から、事業上のリスク・機会分析に人権視点を盛り込むことの期待。人権対応を通じて事業リスクを軽減し、機会につなげる期待。

【取引先・ビジネスパートナー】

社会的責任を果たしており、きちんと人権を尊重する企業と取引したいという期待。

【従業員・就職活動生】

人権が尊重された、働きがいのある職場環境を提供してほしいという期待や、仕事を通じて社会貢献を実現したい、人権を尊重する企業で働きたいという期待。

⬅

□企業の人権対応は、SDGs達成に向けた取り組みの中でも非常に重要。SDGsの基礎となる2030アジェンダによれば、SDGsの17の目標を達成するためには、人権の実現が不可欠であるとされている。SDGsに取り組む企業は、同時に人権の尊重に関する取り組みを推進する必要がある。

もちろん、企業の人権尊重責任を基礎付けるストーリーは様々あると思いますが、あくまで筆者の整理としてご覧いただければと思います。ただ、このように理解することで、ビジネスと人権の関係性というものが、おぼろげながらみえてきたのではないかと思います。

では、企業に対するステークホルダーからの人権尊重の期待とはどのようなものでしょうか。より具体的にいえば、指導原則では「人権を尊重する企業の責任」として、一体どのようなふるまいが求められているのでしょうか。

次章からは、企業が人権尊重責任を果たしていく上で何をしていくべきかについて、詳しくみていきたいと思います。

▼注

1　本書では、障害は個人の心身機能の障害と社会的障壁の相互作用によって創り出されているものとする「障害の社会モデル」の考え方に基づき「障害」表記を用いています。

2 Ipsos, "Human Rights in 2018" https://www.ipsos.com/en/human-rights-2018（２０２２年８月５日閲覧）

3 人権概念の形成については、森島豊『抵抗権と人権の思想史ー欧米型と天皇型の攻防』（教文館、２０２０）に詳しい。その他、本書では以下を参照している。芦部信喜　高橋和之補訂『憲法　第七版』（岩波書店、２０１９）75頁ー79頁、申惠丰『国際人権法【第2版】ー国際基準のダイナミズムと国内法との協調ー』（信山社、２０１６）3頁ー33頁

4 河上肇『日本独特の国家主義』河上肇全集第6巻（岩波書店、１９８２）１１５頁

5 菅野和夫著『労働法　第十二版』（弘文堂、２０１９）25頁

6 State of the Netherlands v. Urgenda Foundation, "ECLI : NL:HR : 2019:2007, Judgment "(Sup. Ct. Neth. Dec. 20, 2019) https://uitspraken.rechtspraak.nl/inziendocument?id=ECLI:NL:HR:2019:2007（２０２２年８月５日閲覧）

7 Human Rights Council, "48/…The human right to a safe, clean, healthy and sustainable Environment A/HRC/48/L.23/Rev.1"（5 October 2021） https://documents-dds-ny.un.org/doc/UNDOC/LTD/G21/270/15/PDF/G2127015.pdf?OpenElement（２０２２年８月５日閲覧）

8 United Nations General Assembly, "76/300. The human right to a clean, healthy and sustainable environment" A/RES/76/300,（28 July 2022） https://documents-dds-ny.un.org/doc/UNDOC/GEN/N22/442/77/PDF/N2244277.pdf?OpenElement（２０２２年８月５日閲覧）

9 法務省「人権教育・啓発白書」 https://www.moj.go.jp/JINKEN/jinken04_00173.html（２０２２年８月５日閲覧）

10 Global Justice Now, "69 of the richest 100 entities on the planet are corporations, not governments, figures show（17 Oct, 2018）"https://www.globaljustice.org.uk/news/69-richest-100-entities-planet-are-corporations-not-governments-figures-show/（２０２２年８月５日閲覧）

11 Sarokin David, Schulkin Jay（2020） The Corporation: Its History and Future, Cambridge Scholars

Publishing, p.148

12 日経ビジネス「企業の人権尊重は、「利益」の源泉」（２０１８年６月７日） https://business.nikkei.com/atcl/report/16/101700172/060500020/（２０２２年８月５日閲覧）

13 Sustainable Japan「【インタビュー】リーバイ・ストラウス Manuel Baigorri 氏「持続可能なサプライチェーンとビジネスの統合」（２０１６年２月12日） https://sustainablejapan.jp/2016/02/12/levi-strauss-interview/21090（２０２２年８月５日閲覧）
ジョイキャリア、「デニム界の巨人リーバイスがアパレル界を席巻する！ 再上場で得た資金で『トレンドは繰り返す』定説を証明できるのか？」（２０１９年４月29日） https://career.joi.media/trends/2019/04/29/7822/（２０２２年８月５日閲覧）

14 ＷＷＤＪＡＰＡＮ「米リーバイス再上場で時価総額９６５７億円に ＮＹ証券取引所がデニム姿で埋め尽くされる」（２０１９年３月22日） https://www.wwdjapan.com/articles/833294（２０２２年８月５日閲覧）

15 テレビ東京「ガイアの夜明け 〝絶望職場〟を今こそ変える！」（２０１７年12月12日放送） https://www.tv-tokyo.co.jp/gaia/backnumber4/preview_20171212.html（２９２２年８月５日閲覧）

16 東洋経済オンライン「外国人を不当にこき使う繊維・衣服産業の疲弊 技能実習生を劣悪な環境に追い込む構造要因」（２０１９年７月３日） https://toyokeizai.net/articles/-/290025?page=2（２０２２年８月５日閲覧）

17 UNPRI, “Why And How Investors Should Act On Human Rights,”（2020） https://www.unpri.org/download?ac=11953（２０２２年８月５日閲覧）

18 ＭＳＣＩ「ＭＳＣＩジャパン ＥＳＧセレクト・リーダーズ指数」メソドロジー（２０２２年５月）」 https://www.msci.com/documents/1296102/17469846/MSCI-Japan-ESG-Select-Leaders-Index-Methodology-Japanese.pdf/63b5b50e-3751-395c-6a94-98c44df0ad10（２０２２年８月５日閲覧）
「ＭＳＣＩ 日本株女性活躍指数（ＷＩＮ）」メソドロジー（２０２１年11月） https://www.msci.com/

documents/1296102/17469846/MSCI-Japan-Empowering-Women-%28WIN%29-Index-Methodology-Japanese.pdf/43de861f-dbf7-05ba-c654-c4d815c60914（２０２２年８月５日閲覧）

19 経済産業省「持続的な企業価値の向上と人的資本に関する研究会報告書～人材版伊藤レポート～」（令和２年９月） https://www.meti.go.jp/shingikai/economy/kigyo_kachi_kojo/pdf/20200930_1.pdf（２０２２年８月５日閲覧）

20 経済産業省「人的資本経営の実現に向けた検討会報告書～人材版伊藤レポート２・０～」（令和４年５月） https://www.meti.go.jp/policy/economy/jinteki_shihon/pdf/report2.0.pdf（２０２２年８月５日閲覧）

21 経済産業省「ＳＤＧｓ経営／ＥＳＧ投資研究会報告書」（２０１９年６月） https://www.meti.go.jp/press/2019/06/20190628007/20190628007_01.pdf（２０２２年８月５日閲覧）

22 マイナビニュース「23年卒就活生の７割が『ＳＤＧｓに取り組んでいる企業は志望度が上がる』と回答」 https://news.mynavi.jp/article/20210810-1943115/?msclkid=d0bb5348bb8011ec89f7fb685b9390b8（２０２２年８月５日閲覧）

23 外務省、仮訳「我々の世界を変革する：持続可能な開発のための2030アジェンダ」 https://www.mofa.go.jp/mofaj/files/000101402.pdf（２０２２年８月５日閲覧）

第2章

企業に求められる人権尊重責任とは

前章では、企業は「なぜ」人権に取り組むべきかという点に着目してきましたが、ここからは、「何に」「どのように」取り組むべきなのかを紹介していきます。前章においてビジネスと人権に関する国際的な教科書として紹介した指導原則では、企業に対して、大きく分けて3つの取り組みを求めています。本章では、指導原則に基づいて、企業にはどのような取り組みが求められていくかを解説します。

1 指導原則が求める企業の人権尊重責任の全体像

企業に求められる取り組みを解説する前に、指導原則の全体像を説明します。

指導原則は、国家・企業に共通して適用される一般原則と、3本の柱に沿って規定された合計

31の諸原則から構成される文書です。前章で紹介した3本の柱のうち、国家の人権保護義務が原則1～原則10、企業の人権尊重責任が原則11～原則24、救済へのアクセスが原則25～原則31の中で紹介されています。また、それぞれの柱の項目は「A：基盤となる原則」と「B：運用上の原則」に分かれています。個別に実施しなければならない事項は運用上の原則に記載されていますが、ここではまず全体像の把握のため、企業の人権尊重責任の「基盤となる原則（原則11～原則15」の中でどのようなことが述べられているかを紹介します[1]。

（1）原則11：企業の人権尊重責任とは何か

まず、人権を尊重する企業の責任とは何を指すのか、という点ですが、この点は原則11に端的に示されています。

> 原則11：企業は人権を尊重すべきである。これは、企業が他者の人権を侵害することを回避し、関与する人権への負の影響に対処すべきことを意味する。

このように企業には、事前的な防止・回避策をとることと、仮に人権侵害が発生してしまった場合には事後的な対応策をとることが求められています。言い換えれば、企業には人権尊重責任

【図表20】 指導原則の全体像

第1の柱	第2の柱	第3の柱
人権を保護する国家の義務（原則1～原則10）	人権を尊重する企業の責任（原則11～原則24）	救済へのアクセス（原則25～原則31）
A.基盤となる原則	A.基盤となる原則	A.基盤となる原則
原則1、原則2	原則11、原則12、原則13、原則14、原則15	原則25
B.運用上の原則	B.運用上の原則	B.運用上の原則
● 一般的な国家の規制及び政策機能（原則3） ● 国家と企業のつながり（原則4～原則6） ● 紛争影響地域において企業の人権尊重を支援すること（原則7） ● 政策の一貫性を確保すること（原則8～原則10）	● 方針によるコミットメント（原則16） ● 人権デュー・ディリジェンス（原則17～原則21） ● 是正（原則22） ● 状況の問題（原則23～原則24）	● 国家基盤型の司法的メカニズム（原則26） ● 国家基盤型の非司法的苦情処理メカニズム（原則27） ● 非国家基盤型の苦情処理メカニズム（原則28～原則30） ● 非司法的苦情処理メカニズムのための実効性の要件（原則31）

（出所）国連「ビジネスと人権に関する指導原則」より三菱UFJリサーチ＆コンサルティング作成

として、「潜在的な人権侵害を回避、防止すること」と「既に顕在化している人権侵害に適切に対処すること」の2つの取り組みが求められているということです。この点について、指導原則の原則11の解説文（コメンタリー）には「**人権への負の影響に対処することは、その防止、軽減、そして、適切な場合には、是正のため適切な措置をとることを求めている**」と記載されています。

また、原則11のコメンタリーには、次のようなことも書かれています。

> **人権を尊重する責任は、事業を行う地域にかかわらず、すべての企業に期待されるグローバル行動基準である。その責任は、国家がその人権義務を果たす能力及び／または意思からは独立してあるもので、国家の義務を軽減させるものではない。さらに、その責任は、人権を保護する国内法及び規則の遵守を越えるもので、それらの上位にある。**

この文章は、既に前章で人権の前国家的性格をご理解いただいている皆さんには、ピンとくる記載だと思います。指導原則の中でも、明確に企業の責任は国家の義務とは独立したものであり、法令遵守よりも上位の規範であることが明示されています。

国家の義務と企業の責任についての解説は、指導原則のよくある質問（ＦＡＱ）にも記載されています（国連人権高等弁務官事務所〈ＯＨＣＨＲ〉では、指導原則の普及・啓発を図るため、指導原則の解釈ガイド[2]とＦＡＱ〈よくある質問[3]〉を別途公表しています）。指導原則のＦＡＱでは、国家の「義務」に対して企業の「責任」という単語を使用している背景として、現在の国際人権法上の義務を直接的に企業に課すものではないこと、国家と企業には、相互補完的な異なる責任があること、国家が義務を果たしているかどうかに関わらず、企業は独立した責任を有していることに言及しています。[4]

(2) 原則12：企業が尊重すべき人権とは何か

次に、企業が守るべき人権とは何を指すかですが、これは原則12に記載されています。

> 原則12：人権を尊重する企業の責任は、国際的に認められた人権に拠っているが、それは、最低限、国際人権章典で表明されたもの及び労働における基本的原則及び権利に関する国際労働機関宣言で挙げられた基本的権利に関する原則と理解される。

ここでのポイントは、企業は「国際的に認められた人権」として、国際人権章典と労働における基本的原則及び権利に関する国際労働機関宣言（以下、ＩＬＯ宣言）に記載された権利を尊重すること、そして、その内容は、「最低限」の基準であることの2点です。

まず「国際的に認められた人権」については、原則12のコメンタリーの中で「国際的に認めら

【図表21】　国際的に認められた人権

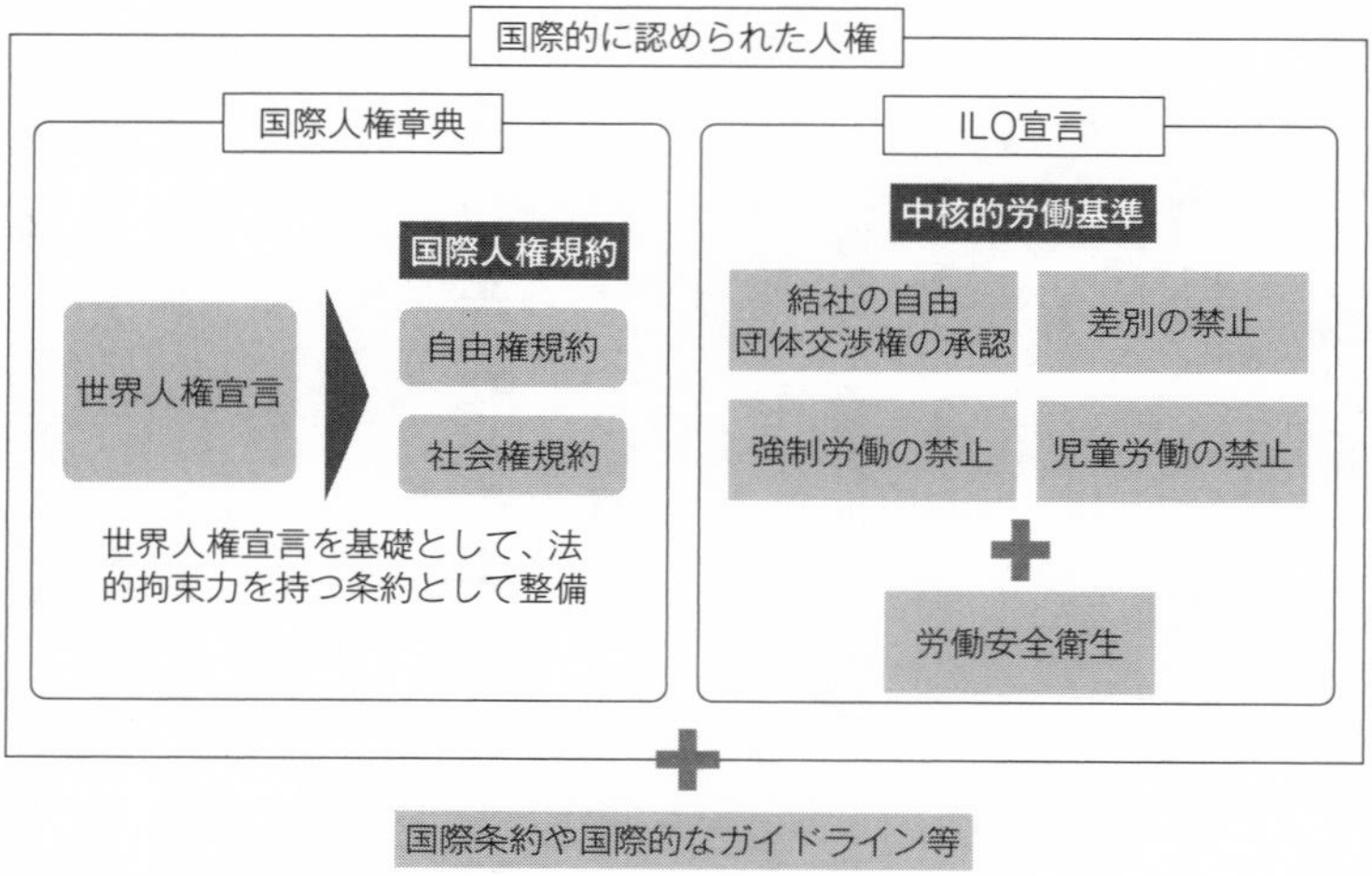

（出所）三菱UFJリサーチ＆コンサルティング作成

れた主要な人権の権威あるリスト」として国際人権章典とＩＬＯ宣言が紹介されています。ここで国際人権章典とは、世界人権宣言とそれを条約化した２つの国際人権規約（自由権規約と社会権規約）を指すとされています。これらは前章でも紹介しましたが、「国際的に認められた人権」を構成するもうひとつの要素であるＩＬＯ宣言については、少し説明が必要かもしれません。

まず国際労働機関（ＩＬＯ）についてですが、ＩＬＯとは、世界中のすべての人が自由、公平、安全、人間としての尊厳が確保された条件のもとで、ディーセント・ワーク（働きがいのある人間らしい仕事）の機会を促進することを使命としている国際機関です。①仕事の創出、②社会的保護の拡充、③社会対話の促進、④労働者の権利を守ること――を主な目標として活動しています。この目標を実現するべく、政府・労働者・使用者の代表が共同で政策とプログラムを決定する唯一の「三者構成」による国連機関です。[5] 日本からは、日本政府のほか、経団連や連合等も代表として参加しています。

そして、ＩＬＯ宣言とは１９９８年の第86回ＩＬＯ総会で採択された宣言文書であり、ＩＬＯ加盟国である以上は、誠意をもって「尊重し、促進し、実現する義務を負う」基本的な権利を定めたものです。通常、国際条約は、その国が条約に批准しなければ、その国に対して効力を発揮しません。しかし、ＩＬＯ宣言で定められている８つのＩＬＯ条約に規定された４つの基本的な権利は、条約批准の有無に関わらず、ＩＬＯ加盟国である以上、尊重しなければならないとされているのです。これは、すべてのＩＬＯ加盟国はＩＬＯ憲章やＩＬＯの活動目的等を定めたフィラデルフィア宣言を支持しており、これらの基本的権利を軽視することは、そもそもＩＬＯの活動目的と相反するという考え方があるためです。フィラデルフィア宣言は「労働は商品ではない」という有名な原則を定めたもので、「すべての人間は、人種、信条又は性にかかわりなく、自由及び尊厳並びに経済的保障及び機会均等の条件において、物質的福祉及び精神的発展を追求する権利をもつ」と規定しています。[6]

ＩＬＯ宣言の中で示されている４つの基本的権利は、次の通りです（括弧内は該当するＩＬＯ条約）。

(a)　結社の自由及び団体交渉権の効果的な承認（87号、98号）

(b) あらゆる形態の強制労働の禁止(29号、105号)
(c) 児童労働の実効的な廃止(138号、182号)
(d) 雇用及び職業における差別の排除(100号、111号)

この4つの権利を**中核的労働基準**といい、8つの条約を中核8条約ということもあります。2019年に暴力及びハラスメントに関する条約が制定されたことで、ILOでは現在、190の条約がありますが、その中でも中核的労働基準について定めた8つの条約は、ILOに加盟している全187カ国が尊重しなければならない労働者の基本的な権利なのです。

なお、2022年6月のILO総会において、この中核的労働基準の中に労働安全衛生が追加されることが決まりました(詳細は第4章)。前章でも述べた通り、ビジネスと人権の分野では、労働者は企業にとって最も身近なステークホルダーといえます。そのため指導原則では、国際人権章典(世界人権宣言と2つの国際人権規約)に加えて、ILO宣言も国際的に認められた人権のひとつと定め、企業に対して権利の尊重を求めているのです。

そしてもうひとつのポイントは、国際人権章典とILO宣言は、国際的に認められた人権として「最低限」の内容であるということです。この点、原則12のコメンタリーには、「状況に応じて、企業は追加的な基準を考える必要があるかもしれない」と記載されています。つまり、すべての企業は国際人権章典とILO宣言で定められた権利を尊重しなければなりませんが、それに加えて、事業規模や進出国・地域、業種やビジネスモデルに応じて、特に自社と関係する人権に

【図表22】 個別に参照する人権条約・宣言やガイドライン

人権条約・宣言

個別課題	基準名(括弧内は通称)	概要
女性	女子に対するあらゆる形態の差別の撤廃に関する条約(女性(女子)差別撤廃条約)	●1979年の国連総会で採択された、女性の権利に関する国際条約。日本は1985年に批准。 ●例えば第11条では、雇用の分野における女性差別撤廃を掲げており、雇用や昇進における女性であることを理由とした不当な取り扱いを禁止している。
児童	児童の権利に関する条約(子どもの権利条約)	●1989年の国連総会で採択された、児童の権利に関する国際条約。日本は1994年に批准。 ●例えば第32条では、児童が経済的な搾取からの保護される権利が認められており、児童労働を禁止している。
移住労働者	すべての移住労働者とその家族の権利保護に関する条約	●1990年の国連総会で採択された、移住労働者の権利に関する国際条約。日本は2021年現在未批准。 ●例えば第25条では、移住労働者の就業国国民との平等処遇の権利を認めている。
障害者	障害者の権利に関する条約(障害者権利条約)	●2006年の国連総会で採択された、障害者の権利に関する国際条約。日本は2014年に批准。 ●例えば第27条では、障害者が他の者との平等を基礎として労働についての権利を有することを認めており、公正かつ良好な労働条件や安全かつ健康的な作業条件の確保が求められている。
先住民族	先住民族の権利に関する国際連合宣言	●2007年の国連総会で採択された、先住民族の権利に関する総会決議(条約と異なり法的拘束力はない)。 ●例えば第26条では、「土地や領域、資源に対する権利」を定めている。企業は鉱物資源の採掘等のために先住民族の当該権利を侵害してしまうリスクが想定される。

ガイドライン

女性	女性のエンパワーメント原則(WEPs)	●2010年3月に国連グローバル・コンパクトとUNIFEM(現UN Women)が共同で作成した女性の活躍推進に積極的に取り組むための7つの行動原則。
児童	子どもの権利とビジネス原則(CRBP)	●2012年3月に国連グローバル・コンパクト、セーブ・ザ・チルドレン、国連児童基金(UNICEF)によって策定された原則。企業が子どもの権利を尊重するために取り組むべき10のアクションを示している。

(出所) 三菱UFJリサーチ&コンサルティング作成

ついて定めた条約や基準、原則等の追加を検討する必要があるということです。

例えば、移民労働者を多く抱える国に拠点やサプライヤーを有する多国籍企業であれば、「人種差別撤廃条約」や「移住労働者権利条約」に言及するかもしれませんし、ジェンダー平等に力を入れる企業であれば「女性差別撤廃条約」や「女性のエンパワーメント原則（ＷＥＰｓ）」、子どもに関わるビジネスを展開している企業や児童労働の発生がＮＧＯ等から報告されている国・地域でビジネスを行う企業であれば、「子どもの権利条約」や「子どもの権利とビジネス原則」の遵守を宣言する企業もいるかもしれません（図表22）。国際人権章典やＩＬＯ宣言はあくまで最低限のものであり、自社に関連する人権は何かを考えた上で、それに対応する「国際的に認められた人権」を尊重していく必要があるとされています。

（3）原則13：企業の責任の範囲はどこまでか

前述の通り、企業の人権尊重責任は法令遵守を超える社会的責任であり、サプライチェーン全体で考えていかなければなりません。しかし、企業のサプライチェーンは非常に長大かつ複雑であり、その先端にまで国際的に認められた人権がきちんと尊重されているかを確認し、予防的措置を含めて実施していくことは非常に困難です。では、企業は、どこまでの範囲でどのような責任を果たす必要があるのでしょうか。これについて、原則13では次のように記載されています。

原則13：人権を尊重する責任は、企業に次の行為を求める。
a．自らの活動を通じて人権に負の影響を引き起こしたり、助長することを回避し、そのような影響が生じた場合にはこれに対処する。
b．たとえその影響を助長していない場合であっても、取引関係によって企業の事業、製品またはサービスと直接的につながっている人権への負の影響を防止または軽減するように努める。

この文章だけを読むと、結局はどういった責任が課せられているのか、少し分かりづらいかもしれません。そこで、ここでは指導原則の解釈ガイドの説明を紹介したいと思います。指導原則の解釈ガイドの原則13の項目では、①企業が人権侵害を引き起こしている場合、②直接的、または外部を通じて影響に加担している、あるいは影響を助長している場合、③影響を引き起こすことも影響を助長することもないが、影響が自社と取引関係にある事業者によって引き起こされており、自社の事業や製品、サービスを通じてつながっている場合――の3パターンで企業の人権尊重責任が整理されています（図表23）。

詳細は図表をご覧いただければと思いますが、3つのパターンを詳しく説明していきます。

まず、①のパターンは最も分かりやすいかと思います。企業が直接的に人権侵害を引き起こし

【図表23】 指導原則で言及される企業の責任の3つの類型

13. 人権を尊重する責任は、企業に次の行為を求める。

自らの活動を通じて人権に①**負の影響を引き起こしたり**、②**助長することを回避**し、そのような影響が生じた場合にはこれに対処する。

たとえその影響を助長していない場合であっても、③**取引関係によって企業の事業、製品またはサービスと直接的につながっている人権への負の影響を防止または軽減**するように努める。

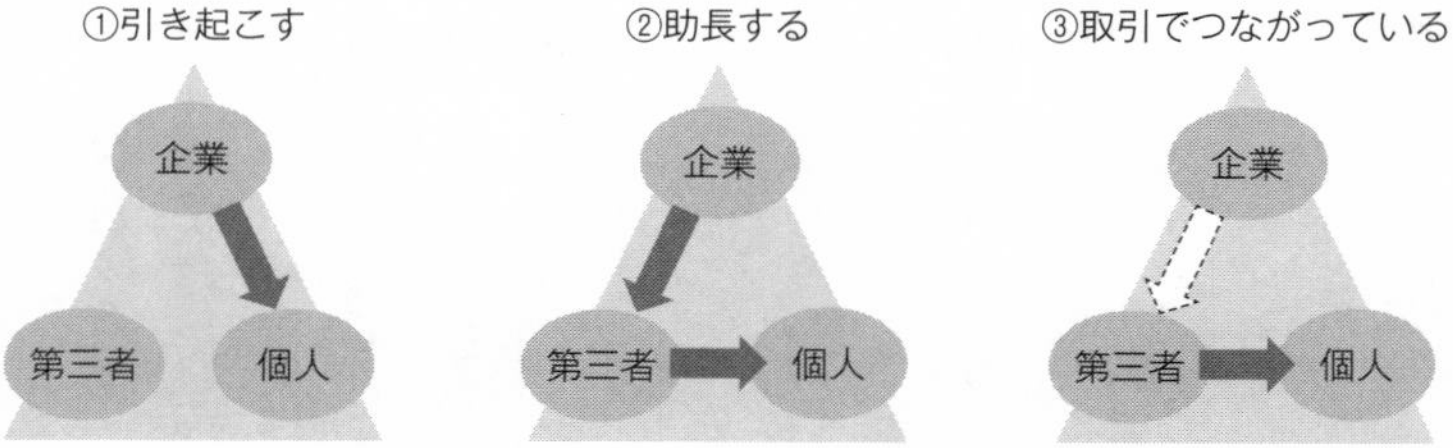

①引き起こす

- 接客業等での顧客対応で人種差別等を行う。
- 工場の労働者に対し、適切な安全装備や保護具を提供させないまま危険な労働に従事させる。

②助長する

- 取引先に対して、納期等の調整を行わずに、納期直前に仕様変更を伝え、それによってサプライヤーの労働者に労働基準違反の時間外労働が発生する。
- 地域住民の強制退去を伴う建設プロジェクトに対して、資金を融資する。

③取引でつながっている

- 委託先が契約義務に違反して、強制労働や児童労働を行っている事業主へ再委託を行っている。

（出所）THE CORPORATE RESPONSIBILITY TO RESPECT HUMAN RIGHTS An Interpretive Guide
FREQUENTLY ASKED QUESTIONS ABOUT THE GUIDING PRINCIPLES ON BUSINESS AND HUMAN RIGHTSより三菱UFJリサーチ＆コンサルティング作成

ているパターンで、例えば、自社従業員にヘルメット等の保護具をつけさせずに危険な業務に従事させたり、接客業等でお客さんに差別的な対応を行っていたりする場合等を指します。①のパターンにおいて、指導原則では企業に直接的な責任を課しています。ここで、直接的な責任とは、既に顕在化している人権への影響に対しては、まずその影響を発生させている原因を取り除く（是正する）ことを指します。そして、まだ発生していない潜在的な人権への影響がある場合には、その発生の防止を図るために、原因となる行動を中止すること、あるいは変更すること、そして、発生時の影響や発生可能性を最小限に抑える（軽減する）ことを指します。それにも関わらず人権侵害が発生してしまった場合は、企業は必要に応じて第三者と協力した上で是正措置を提供するべきであるとされています。

②のパターンは、自社が間接的に人権侵害に加担している、あるいは人権侵害を助長しているケースです。これは例えば、納期を一切調整することなく、納期直前にサプライヤーに数量変更（追加発注）を通知したことで、その納期を守るためにサプライヤーの労働者に法律の上限を超える長時間労働が発生している場合等を指します。この②のパターンでも、企業に対しては①のパターンと同様に直接的な責任が課せられます。つまり、顕在化している影響への是正措置と潜在的影響への防止・軽減措置です。前述の発注量変更の例でいえば、顕在化している影響への是正措置として、発注量変更の取り消し、あるいは追加発注分の後納、数量変更に合わせた納期の変更等を行うことが考えられます。潜在的な影響への防止・軽減措置としては、在庫の確保や、特

定のサプライヤーに負担をかけないように分散発注が可能な体制を整えておくこと等が挙げられると思います。

そして③のパターンが、「国家の義務を超えた企業の責任」や「ビヨンド・コンプライアンス」といった企業の人権尊重責任を象徴する類型であるといえるかもしれません。このパターンでは、自社は人権侵害を引き起こしてもおらず、また、間接的に加担・助長してもいません。ただ、取引関係で「つながっている」場合を指します。具体的には、アパレル企業が調達方針やサプライヤー向け行動規範等を掲げて児童労働を禁止しているにも関わらず、その方針に反して、そのサプライヤーが児童労働を使用している事業主に再委託している、あるいは、ＡＩを開発した企業の意図に反する形で、そのＡＩを導入した企業が差別的な採用のスクリーニングにそのＡＩを活用している等といった場合を指します。このようなパターンでは、企業には直接的にも間接的にもその人権侵害に対して「責任」は発生しないように思います。この場合には、企業には何が求められているのでしょう。

この③のパターンの場合、指導原則では明確に「人権侵害の責任はその影響を引き起こしている、あるいは助長している企業にある」としており、この場合に企業に対して直接的に是正措置を講じることまでは要求していません（ただし、企業が自身の評判を守るために自発的に是正措置を講じることはあり得るとしています）。このパターンの場合、企業に求められている責任とは、影響を引き起こした主体に対して、人権侵害を防止または軽減するように促す責任です。[7]企業は、自社の影響力が及ぶ範囲において、その取引先が人権侵害をしないように働きかけを行っていかねばならないとされているのです。

先の2つの具体例から、企業として取り得る「影響力の行使」とはどういったものかを考えてみましょう。例えば、サプライヤーが児童労働を使用する業者に発注していることが明らかとなった場合は、そのサプライヤーとの取引の中で改めて自社の調達方針を周知し、サプライヤー向けの行動規範の遵守を要請すること等を指します。必要に応じてサプライヤーへの研修の実施等といったサポートを行うこともできるかもしれません。さらに、サプライヤーへの強制力を働かせるために（影響力を強化するために）、契約書の中に自社のサプライヤー向け行動規範の遵守を契約条項として盛り込むことや、監査の受入等を求めることも考えられるかもしれません。また、AIを開発する企業の場合は、予め活用方法に関するガイドラインを設けてクライアントに説明したり、責任あるAIの実装までを支援するサービスを提供したりといったことも考えられるかもしれません。

このように、指導原則における企業の人権尊重責任の中には、自社の影響力が及ぶ範囲において、第三者に対して人権侵害の防止や軽減を促し、働きかけを行っていくという責任が求められています。

この責任は、特にサプライチェーン全体で人権尊重責任を果たしていくという意味においても非常に重要です。「サプライヤーが起こした不祥事は、あくまでサプライヤーの責任である」「取引先の取引先が起こした人権侵害は、自社に責任はない」とはいい切れないということです。確かに、第一義的に人権侵害に対応する責任があるのはそれを引き起こした企業や団体ですが、それらの企業や団体に影響力を与えることができる企業であれば決して無関係であるとはいえず、影響力の行使を通じて人権尊重を働きかける責任があるということです。

前章で述べたように、企業の影響力はビジネス領域の拡大に伴い、どんどん大きくなっています。企業は自社の影響力が及ぶ範囲で、自社なりにできることを行っていく責任が課せられているのです。

(4) 原則14:企業に期待される影響力の行使とは

指導原則の解釈ガイドによれば、「影響力」とは「人権侵害を引き起こす、あるいは助長する他の当事者の不正な慣行に変化をもたらす事業者の能力」を指すとされています。[8] そして、サプライチェーンにおいては、事業規模が大きい企業や取引上の交渉力を持つ企業のほうが、より強い影響力を有していることはいうまでもありません。では、中小企業や零細企業が有する責任については、どのように考えるべきでしょうか。この点について、指導原則では次のように述べられています。

原則14：人権を尊重する企業の責任は、その規模、業種、事業状況、所有形態及び組織構造に関わらず、すべての企業に適用される。しかしながら、企業がその責任を果たすためにとる手段の規模や複雑さは、これらの要素及び企業による人権への負の影響の深刻さに伴い、様々に変わり得る。

ここで重要なポイントは、指導原則が規定する企業の人権尊重責任は、規模や業種を問わず、「すべての企業に完全かつ平等に課される（原則14：コメンタリー）」こと、そして、一方で、その責任のためにとる手段は企業規模等によって異なることの2点です。

まず大前提としておさえておきたいのは、すべての企業は人権を尊重する責任を負うという点です。これはいうまでもないことかもしれませんが、中小企業であっても、その多くは従業員を雇用して事業を展開していますので、従業員の労働に関する基本的な権利や社会保障に関する権利等はしっかりと尊重していく必要があります。業務を個人事業主にアウトソーシングする場合等は、中小企業であっても資本金次第で下請法に留意する必要がありますし、地方の工場等では地域住民の生活に配慮した操業を行わなければ、地域社会からその存在が認められることはありません。企業は、社会やステークホルダーとの関係性の中でビジネスを行う存在であり、そのビジネスを動かしているのが人間である以上、企業はその規模によらず、何らかの形で事業に関わる人々の人権に対する影響力を有しています。したがって、中小・零細企業であるからといって人権尊重責任が免除されるということはありません。

他方で、特に未だ顕在化していない人権侵害の防止に対して、大企業と同様のリソースは割けないという中小企業の経営者は少なくないと思います。人権への対処について、いわゆる「事後保全」より「予防保全」によって対応したほうが経営上のコストが抑えられるという考え方もあるのですが、それでも、日ごろから品質や価格、納期等の様々な要請に応えなくてはならないなかで、人権への対応についてまでリソースは割けないという背景事情もあるかと思います。

この点、指導原則には「企業が人権を尊重する責任を果たす手段は、とりわけその規模に比例する」という記載があります（原則14：コメンタリー）。指導原則も、大企業と中小企業に同じレベルの対応を要求しているわけではありません。気候変動問題に関する国際条約の中で「共通だが差異ある責任」という考え方が採用されていますが、人権についてもこれと同様のことがいえます。気候変動問題においては先進国と途上国の比較において用いられる表現ですが、人権においては大企業と中小企業それぞれに「共通だが差異ある責任」が求められているのです。

ただし人権に関しては、中小企業であったとしても、ときに自社が重大な影響力を持つ対象も存在することには留意する必要があります。例えば、自社従業員に対して法令に抵触するような長時間労働を強いている状況に対して「中小企業は人手不足であるから」という理屈は通りません。指導原則においても「中小企業は、大企業に比べると余力が少なく、略式のプロセスや経営構造をとっているため、その方針及びプロセスは異なる形を取り得る。しかしながら、中小企業の中にも人権に対し重大な影響を及ぼすものがあり、その規模に関係なくそれに見合った措置を求められる」と記載されています。

逆にいえば、中小企業は自社にとって身近なステークホルダーの人権に集中して対処していけばよいと考えることもできます。多国籍企業のように、必ずしも、サプライチェーンの先端まで目を光らせて定期的に監査を行ったり、取引先向けに人権研修をしたり等といった取り組みまでが求められているわけではありません。中小企業の皆さんは、自社の事業活動に最も影響を受けるステークホルダーは誰か、彼らの人権を守っていくためにはどういった取り組みが必要かを考えていくことが重要であるといえるでしょう。

(5) 原則15：企業に求められる具体的な取り組み

指導原則の2本目の柱、企業の人権尊重責任に規定されている「A：基盤となる原則」の最後が原則15です。

> 原則15：人権を尊重する責任を果たすために、企業は、その規模及び置かれている状況に適した方針及びプロセスを設けるべきである。それには以下のものを含む。
>
> a．人権を尊重する責任を果たすという方針によるコミットメント

【図表24】 指導原則で求められる3つの取り組み

求められる3つの取り組み

1.【人権を尊重する責任を果たすというコミットメント】の開示
2.【人権への影響を特定し、防止し、軽減し、そしてどのように対処するかについて責任を持つという人権デュー・ディリジェンス・プロセス】の確立
3.【企業が引き起こし、または助長する人権への負の影響からの是正を可能とするプロセス】の確保

（出所）国連「ビジネスと人権に関する指導原則」より三菱UFJリサーチ＆コンサルティング作成

b. 人権への影響を特定し、防止し、軽減し、そしてどのように対処するかについて責任を持つという人権デュー・ディリジェンス・プロセス

c. 企業が引き起こし、または助長する人権への負の影響からの是正を可能とするプロセス

原則15では、その後に続く「B：運用上の原則」の中で詳述されている「企業に求められる3つの取り組み」が紹介されています。その3つの取り組みとは、①人権方針の策定（方針によるコミットメント）、②人権デュー・ディリジェンスの実践、そして、③（是正や救済を可能とするプロセスとしての）苦情処理メカニズムの構築です。企業が人権尊重責任を果たすた

めには、この3つの取り組みを進めていく必要があります（詳細は次節にて解説）。

2　指導原則が企業に求める取り組み

前節では、指導原則で求められる人権尊重責任の全体像について解説してきました。ここからは、「B：運用上の原則」の中で、実際に企業に求められる3つの取り組みについて、それぞれ解説をしていきます。企業がビジネスと人権の取り組みを推進する上では3つの取り組みをいかに進めていくかがポイントとなりますので、少し詳しく説明をしていきたいと思います。

（1）原則16：人権方針の策定

ビジネスと人権の取り組みを進める際に、まず着手するべきは人権方針の策定です。指導原則上は、方針によるコミットメント（「約束」や「公約」等を意味します）という表現が用いられていますが、企業としては、人権を尊重する経営を行うことを社内外に方針として発信することで、自社の人権に対するスタンスや考え方を示す必要があるということです。原則16では、企業の人権方針が満たすべき5つの要件が示されています。

原則16：人権を尊重する責任を定着させるための基礎として、企業は、以下の要件を備える方針の声明を通して、その責任を果たすというコミットメントを明らかにすべきである。
a. 企業の最上級レベルで承認されている。
b. 社内及び／または社外から関連する専門的助言を得ている。
c. 社員、取引先、及び企業の事業、製品またはサービスに直接関わる他の関係者に対して企業が持つ人権についての期待を明記している。
d. 一般に公開されており、すべての社員、取引先、他の関係者にむけて社内外にわたり知らされている。
e. 企業全体にこれを定着させるために必要な事業方針及び手続の中に反映されている。

まず、人権方針は企業の最上級レベルで承認されている必要があります。この点について、取締役会で承認した日付等を方針の中に明示する例もありますが、代表取締役社長名義で発信をしたり、社長の署名とともに公表したりする企業が多い印象です。いずれの形式をとるにしても、最上級レベルで承認された文書であることをしっかりと方針の中に明示することが必要です。最上級レベルでの承認は、社外に対して全社的、経営的な視点で人権尊重を推進していくことを示す意味でも有意義ですが、社内発信においても非常に重要です。人権の取り組みを進めていく上では、どうしても社内で一定の人的・経済的リソースを確保していく必要がありますが、そのときに、現場サイドからの抵抗や反対を受けることも想定されます。そのような場合、トップの名義で人権方針が策定されていることで、人権尊重の推進が経営的な判断に基づくことを関連部門に示すことができ、社内で取り組みを進めていくうえでの後ろ盾となり得るのです。

人権方針は、**社内外から関連する専門的助言を得る**ことも必要です。企業によっては、人権方針の中で専門的助言を経て策定していることを明示的に示している場合もあります。最も手っ取り早い方法はコンサルタント等に依頼することですが、人権方針は人権に対する自社のスタンスや考え方を示すものです。決して外部に丸投げすることはせずに、外部知見はあくまで側面支援として活用することを推奨します。

また、指導原則のコメンタリーによれば、「必要と考えられる専門的助言のレベルは、企業の事業の複雑性の度合いによって異なる」とされています。そのため、例えば、グローバルにサプライチェーンが広がる多国籍企業であれば、幅広いステークホルダーとの対話や協議等が必要かもしれませんが、中小企業等であれば、まずは社内のステークホルダーとして、従業員代表や労働組合等から意見を聴取することから始めてもよいかもしれません。

そして指導原則では、人権方針の中で、ステークホルダーに対して**企業が持つ人権についての期待を明記**していることが求められます。この期待については、人権方針の範囲を明確に示しつつ、ステークホルダーによって濃淡をつけることを検討していきましょう。

まず、自社の社員に対しては、経営トップが人権方針の中で示した「国際的に認められた人権」の尊重について、日常業務の中できちんと実践していただくよう、明確に遵守を要請していくことが必要です。これは、自社の役員や正社員のほか、契約社員やパート・アルバイト等といった、自社と直接的に雇用関係のあるすべての従業員を対象にすることが推奨されます。

さらに、サプライヤーを含む取引先や自社と直接的な雇用関係にない労働者（派遣社員や請負労働者等）に対しても人権尊重への「期待」を方針に明記することが重要です。サプライヤーへの期待は、前章で述べたように、環境面等との期待と合わせてサプライヤー向けの行動規範やガイドライン等で示すことも多いですが、人権方針をサプライヤーに対して発信する行動規範やガイドライン等の上位方針に位置付けることで、改めて人権尊重の経営を推進すること、そして、自身の取引先に対しても、人権尊重の経営を要請するように働きかけることをサプライヤーに「期待」する旨を明示しておきましょう。

人権方針は、**一般に公開されている**ことも要件のひとつです。人権方針自体は必ずしも独立した方針でなくともよく、企業の行動規範やガイドラインの中に統合する形でも構わないとされていますが、[9] 社内でのみ閲覧できるような非公表の方針の中で人権尊重について言及しているだけでは不十分です。社外のステークホルダーに、自社が人権を尊重する企業であることを宣言する意味でも、会社のＷＥＢサイト等を通じて広く一般に公開することが必要です。

ただし、WEBサイトでの公表だけではなく、特に関係性の深いステークホルダーに対しては、個別に人権方針の内容を周知して理解を促すことも必要であるとされています。この点、指導原則のコメンタリーでも、「企業が契約関係にある組織」や「投資家」、「影響を受ける可能性のあるステークホルダー」等に対しては、「積極的に伝えられるべきである」とされています。人権方針は、広く一般に公開しつつも、ステークホルダーとのコミュニケーションにも活用していくことが推奨されます。

そして最後に、人権方針を定着させるために**必要な事業方針及び手続の中に反映されていること**が求められています。これは少し分かりづらいかもしれませんが、キーワードとなるのが「一貫性」です。国家の人権保護義務でも、原則8の中で「政策の一貫性」が求められているのですが、ここでいう一貫性とは、「垂直的一貫性」と「水平的一貫性」の2つの意味が含まれているとされています。組織においては、タテの軸でもヨコの軸でも、人権に関して一貫したスタンスが求められるということです。

国家の人権保護義務上の「垂直的一貫性」とは法律の制定から政策の立案・実践プロセス等に至るまでの一貫性、「水平的一貫性」とは投資や金融市場、貿易や労働市場等、企業活動に関連する領域を規律する各省庁がそれぞれ人権を保護する義務を履行するための共通認識を持つという意味での一貫性を意味するとされています。企業の人権尊重責任もこれと同様です。経営上の意思決定から経営戦略、資源の配分や人事評価、取引先の選定基準等に至るまで、タテの軸にお

【図表25】 企業に求められる一貫性

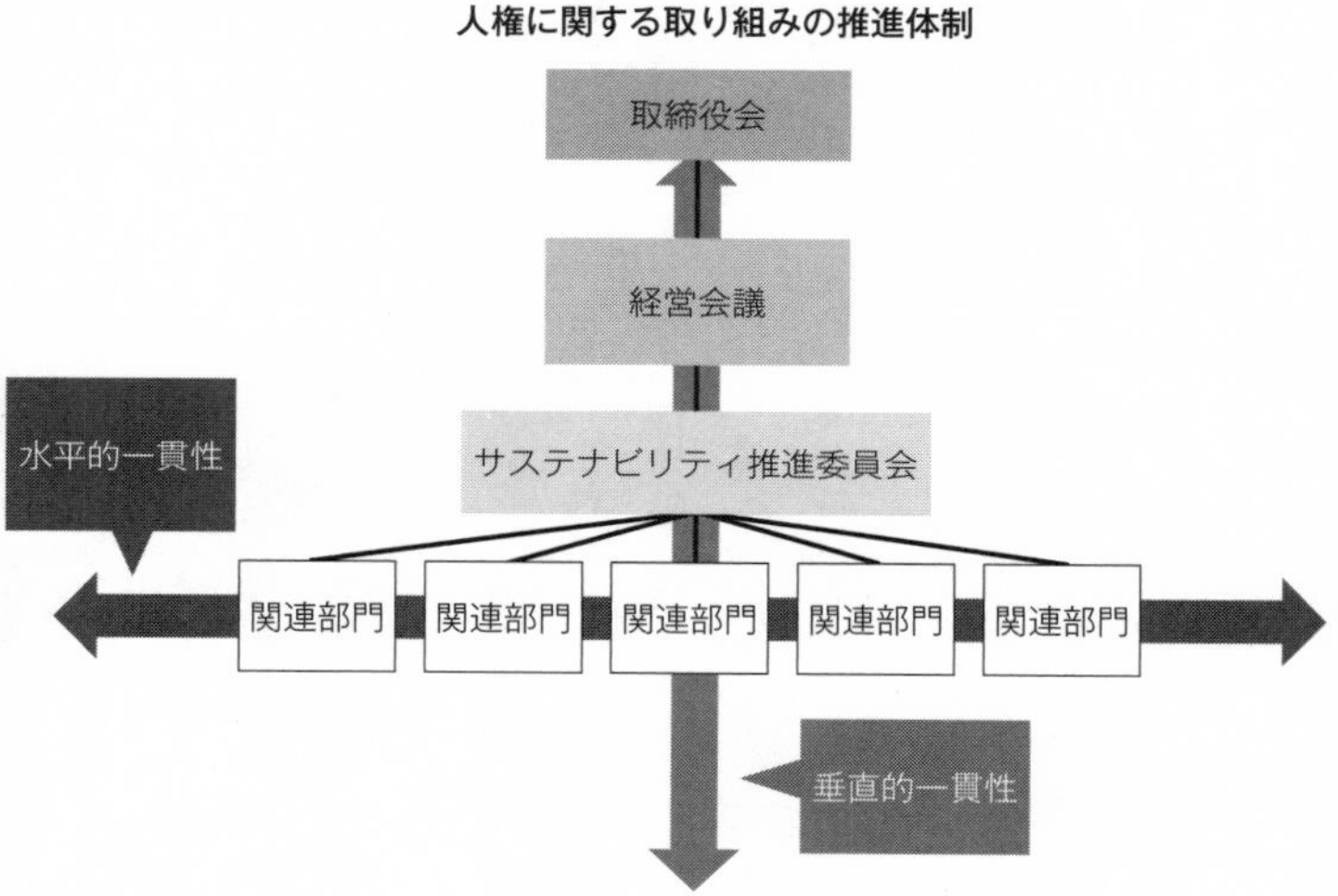

（出所）三菱UFJリサーチ＆コンサルティング作成

いて人権尊重の考え方を一貫させること（垂直的一貫性）、そして、人事部やCSR部門だけでなく、経営企画部や営業部、調達部や購買部等も含めた部門横断的な共通認識を醸成することで、ヨコの軸においても一貫性を担保すること（水平的一貫性）が必要になります（図表25）。

例えば、人権方針ではサプライヤーと協働して人権尊重を推進していくことが掲げられている一方で、調達の現場では、品質やコスト、納期等といった基準だけでサプライヤーを選定していては、企業組織内の垂直的一貫性が確保されているとはいえません。サプライヤー向け行動規範を策定して事前説明の機会を設ける、行動規範の遵守を契約条項に盛り込む、新規取引の開始時には品質監査等に加えて事前に環境・人権監査を行い、その基準をクリアしないと取引を開始しない等といったように、サプライヤー選定時の方針や手続の中に人権尊重の考え方をきちんと反映することが求められているということです。また、自社のビジネスに影響を受けるステークホルダーの人権を尊重していくことが記載されているにも関わらず、人権尊重の取り組みをCSR部門だけで進めていては不十分です。広報部が作成する広告媒体に人権上問題のある表現が使用されていないか、採用面接において人権に配慮した対応ができるよう人事部でガイドラインの周知や面接官への研修が実施されているか等、人権に関する取り組みは、部門横断的に横串を通して推進していく必要があります。これが、企業経営に人権方針を反映させるための水平的一貫性です。

このように、人権方針に基づく経営を進めていく上では、経営上のタテ・ヨコの一貫性を担保していくことが非常に重要です。また、この一貫性を担保していくためにも、企業の最上級レベルでの承認が必要であるともいえるかもしれません。企業は、人権方針の考え方をあらゆる階層、あらゆる部門で反映していくことが求められています。

以上が、指導原則で求められている人権方針の要件です。これらを踏まえて、具体的に人権方針の中に何を記載していくべきかを考えてみましょう。人権方針については、OHCHRが国連グローバル・コンパクト（UNGC）と作成した「人権方針の策定方法（A Guide for Business:

How to Develop a Human Rights Policy）」という報告書が参考になります。そこでは、「人権方針に最低限記載すべき項目」と「記載が考えられる項目」の2つが紹介されています。本書では、前者を「必要記載項目」、後者を「推奨記載項目」として、次の通り整理しました。今後、各企業が人権方針を策定していく上での参考としていただければ幸いです。

【必要記載項目】

□国際的に認められた人権基準（最低でも国際人権章典とＩＬＯ宣言を含む）を尊重するという明示的なコミットメント

□従業員、ビジネスパートナー、そのほか関係者に対する自社からの期待

▼方針の適用範囲の明記（従業員へは遵守を要請、取引先へは尊重を期待、等）

□会社としてどのように人権方針で宣言した内容を実践していくかの情報

（具体例としては以下の項目が考えられる）

▼人権デュー・ディリジェンスの実施

▼救済手続の提供（相談窓口、苦情処理のメカニズムの確立）

▼人権方針の社内浸透施策や人権に関する教育・研修の実施

▼ステークホルダーとの対話を通じた継続的改善

▼積極的な情報開示

▼実施体制（社内での担当部署や責任者）の明記

【推奨記載項目】
□人権方針の策定プロセス
□企業が重要視している人権に関する優先領域
□国内の法的要求事項と国際的な人権基準が矛盾した際の対処方法
□人権を「支持」（「尊重」を超えて、より積極的に実現に貢献）するための宣言
□自社事業にとって最も重要であると認識されている人権課題（労働者の権利を含む）の概要と、人権尊重責任を果たすために、それらに対してどのように対応していくかの情報

企業としては、これらの情報をもとに自社独自の人権方針を作成していくことが求められています。他方で、人権方針を含むビジネスと人権に関する取り組みは継続的な改善が求められていることから、方針を策定して終わりではなく、定期的な見直しや改訂等も検討していくべきです。そのためには、これから人権方針の策定から始めていく企業としては、右記の推奨記載事項をすべて「初稿」の人権方針の中に盛り込む必要はありません。

この後に説明しますが、対処すべき重要な人権課題を特定していく作業は、人権方針策定後のステップである人権デュー・ディリジェンスの過程で行っていくことになります。そこで、まず

は人権方針の中で、「これから人権デュー・ディリジェンスの実践を通じて企業としての人権尊重責任を果たしていく」と宣言した後に人権課題を特定し、特定をした後に、それらを人権方針に反映していけばよいのです。

人権方針について、すべての事項にきちんと対応できるようになってからでないと開示しないという判断は、あまり望ましいとはいえません。これは、非財務情報開示（ESG情報開示）全般に共通する考え方ですが、開示をしていないということは、何もやっていないことと同義にみなされてしまいます。段階的でも可能なところから積極的に開示を進めていくことが求められます。

先に示したように、人権方針は企業としての人権に対するスタンスや考え方を示すものです。そのため、記載自体は「実施していきます」「取り組みを進めていきます」という未来形の表現でも構いません。企業トップのコミットメントを表明した文書である人権方針を整備することは、社内外で人権の取り組みを進めることの「お墨付き」を得ることにもなりますので、まずは方針の整備から着手して、今後の取り組みの推進につなげていきましょう。

(2) 原則17～原則21：人権デュー・ディリジェンスの実践

原則17：人権への負の影響を特定し、防止し、軽減し、そしてどのように対処するかということに責任をもつために、企業は人権デュー・ディリジェンスを実行すべきである。そのプロセスは、実際のまたは潜在的な人権への影響を考量評価すること、その結論を取り入れ実行すること、それに対する反応を追跡検証すること、及びどのようにこの影響に対処するかについて知らせることを含むべきである。人権デュー・ディリジェンスは、

a. 企業がその企業活動を通じて引き起こしあるいは助長し、またはその取引関係によって企業の事業、商品またはサービスに直接関係する人権への負の影響を対象とすべきである。

b. 企業の規模、人権の負の影響についてのリスク、及び事業の性質並びに状況によってその複雑さも異なる。

c. 企業の事業や事業の状況の進展に伴い、人権リスクが時とともに変わり得ることを認識したうえで、継続的に行われるべきである。

人権方針策定の次に求められる取り組みが、人権デュー・ディリジェンス（以下、人権DD）です。指導原則の前文において「この枠組は、3本の柱に支えられている。（中略）第二は、人権を尊重するという企業の責任である。これは、企業が他者の権利を侵害することを回避するために、また企業が絡んだ人権侵害状況に対処するためにデュー・ディリジェンスを実施して行動すべきで

あることを意味する」と述べられているように、人権ＤＤは、指導原則において企業に求められる取り組みの中核であり、「人権尊重責任の履行＝人権ＤＤの適切な実践」といっても過言ではありません。指導原則において、第2の柱の運用上の原則16〜24のうち、過半数（原則17〜原則21）を人権ＤＤに関する記載が占めていることも、その重要性を示しているといえるでしょう。

しかし、一方で多くの企業が人権ＤＤの実践に悩みを抱えています。指導原則の記載や人権ＤＤの概念自体が曖昧であることもあって、どこまで取り組みを行えばよいのか、どのように人権ＤＤを行えばよいのかが必ずしも明らかではなく、各企業は手探りで取り組みを進めている状況です。そこで本項では、できるだけ分かりやすく、かつ、具体的に解説していきたいと思います。

人権ＤＤとは

まず人権ＤＤの定義について確認をしておきましょう。

指導原則のＦＡＱによれば、人権ＤＤとは「事業や製品、サプライヤーやビジネスパートナーのネットワーク全体における人権への影響を特定し、それらに対処するための継続的なプロセス」であるとされています。[10]また指導原則の解釈ガイドでは、人権ＤＤについて「人権を尊重する責任を果たすために、企業がその状況（分野、経営状況、規模等を含む）に照らして行う必要のある継続的な管理プロセスによって構成される」とされています。[11]これらの点から、人権ＤＤとは、重要な人権への影響を特定し、それに対して適切に対処するための継続的な取り組みであると考えることができます。

では ここで、「適切に対処する」とはどのようなことを意味するのでしょうか。この点、指導原則では、「実際のまたは潜在的な人権への影響を考量評価すること、その結論を取り入れ実行すること、それに対する反応を追跡検証すること、及び、どのようにこの影響に対処するかについて知らせることを含む」と記載されています。つまり、特定した人権課題に対して、防止・軽減措置を実行し、その結果を追跡評価（モニタリング）し、成果をステークホルダーに知らせる（開示する）ことが求められているのです。

これを整理すると、人権DDとは大きく4つのステップに分けることができます。

①人権への負の影響の特定（Plan）
②防止・是正・軽減措置の実施（Do）
③実施状況のモニタリング（Check）
④結果の開示による継続的改善（Action）

このように、人権DDとは、PDCAサイクルを継続的に回すこととほぼ同義であると考えることができます。よく「人権DDはどこまで（いつまで）やればよいのか」という質問を受けることがありますが、人権DDの意味するところを考えると、厳密な意味において「人権DDに終わりはない」ということが分かると思います。指導原則の原則17でも、人権DDについて「企業の事業や事業の状況の進展に伴い、人権リスクが時とともに変わり得ることを認識したうえで、

【図表26】　人権デュー・ディリジェンスの4ステップ

人権への 負の影響の特定 (Plan)	■企業が関与する、実際のあるいは潜在的な人権への負の影響の性質を特定し、評価する。 【求められること】 ● 内部や独立した外部からの人権に関する専門知識を活用する。 ● 企業規模及び事業の性質や状況に合わせて、影響を受けるグループや関連するステークホルダーとの協議を組み込む。
防止・是正・軽減 措置の実施 (Do)	■影響評価の結果を、関連する全部門や全社的プロセスに組み入れ、負の影響を防止し軽減するための適切な措置を取る。 【求められること】 ● 影響に対処する責任を、企業の然るべきレベルの担当者及び部門に割り当てる。 ● 影響に効果的に対処できるよう、意思決定、予算配分、監査のプロセスを設ける。
実施状況の モニタリング (Check)	■人権への負の影響が対処されているかどうかを検証する。 【求められること】 ● 適切な質的指標、量的指標に基づく評価を実施する。 ● 影響を受けたステークホルダーを含む、社内及び社外からのフィードバックを活用する。
結果の開示による 継続的改善 (Action)	■事業が人権に深刻な影響を及ぼすリスクがある場合、どのように対処しているかを公表する 【求められること】 ● 人権への影響を反映し、想定された対象者がアクセスできるような形式と頻度で情報提供を行う。 ● 人権への影響に対する企業の対処が適切であったかどうかを評価するのに十分な情報を提供する。 ● 影響を受けたステークホルダーや従業員、商取引上の機密といったリスクに配慮した形で情報を提供する。

(出所) 三菱UFJリサーチ&コンサルティング作成

継続的に行われるべきである」と記載されています。

つまり、人権DDとは、企業が人権課題に対処していくために確立していくべき、継続的なPDCAサイクルを指す言葉であると定義することができます。

なお、この4つのステップの整理は、OECDが発行している「責任ある企業行動のためのOECDデュー・ディリジェンス・ガイダンス

（以下、ＯＥＣＤのＤＤガイダンス）」でも取り入れられている考え方です。ＯＥＣＤのＤＤガイダンスは、国連ビジネスと人権作業部会からも、「指導原則に沿った人権ＤＤの実施を支援するための包括的な実践ツール」であると評されており[12]、指導原則に基づいて人権ＤＤを進める上でも大変参考になる文書となっています。

ＯＥＣＤのＤＤガイダンスでは、ＤＤの特徴・本質的要素として次の要素が挙げられています（なお、ＯＥＣＤのＤＤガイダンスは、人権のみならず、環境や腐敗等といった責任ある企業に求められる様々な課題を対象にＤＤを行うことを求めているため、これらの要素は人権ＤＤに限った話ではありませんが、ここでは、人権ＤＤの要素として記載しています）。

□人権ＤＤは予防手段である
▼人権侵害を回避し、防止することが人権ＤＤの目的である
□人権ＤＤには複数のプロセス及び目的が含まれる
▼人権ＤＤとは相互に係り合う一連のプロセスを指す
□人権ＤＤはリスクに相応する
▼影響の深刻度・発生可能性に基づいてリスクベースで対応する
□人権ＤＤには優先順位付けが必要になる
▼深刻度や発生可能性に基づいて対応の優先順位付けを行う

【図表27】 OECDのデュー・ディリジェンス・ガイダンス

● OECDが発行する「責任ある企業行動のためのOECD DDガイダンス」では、DDのステップを下記の通り整理している。

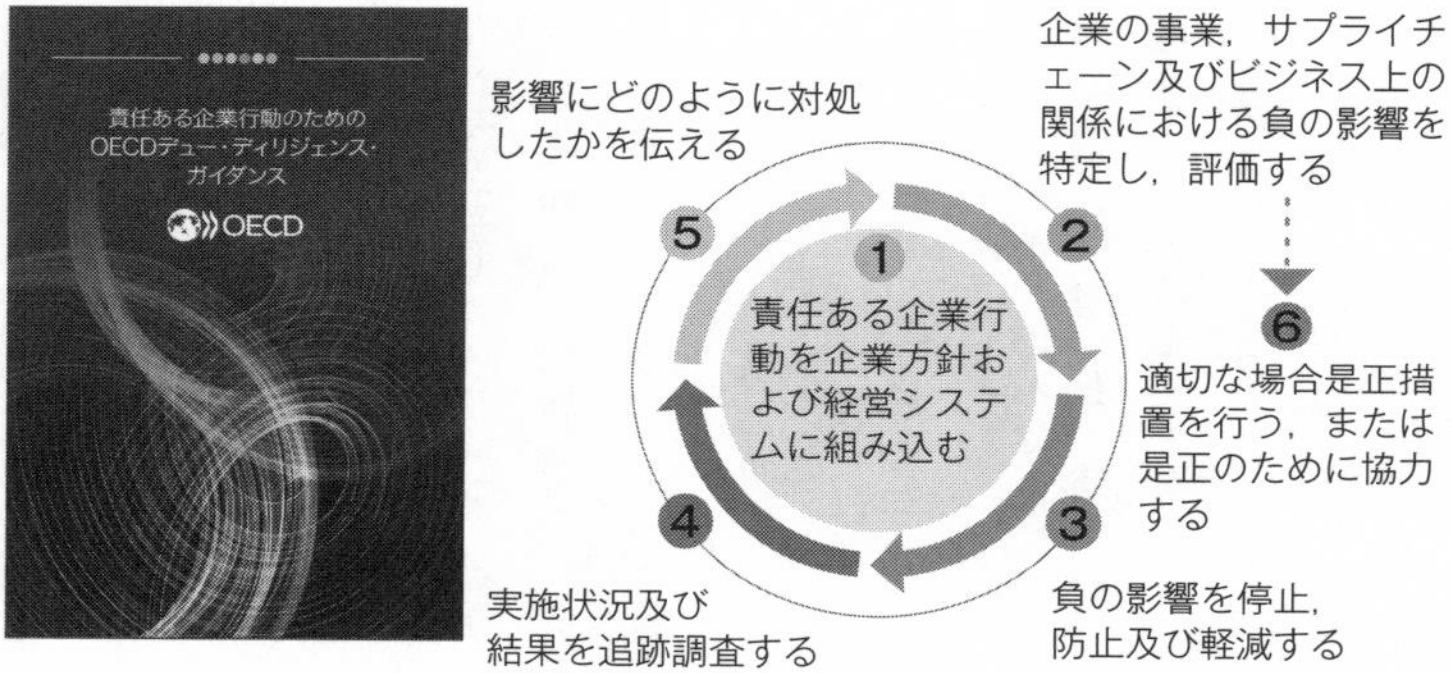

（出所）OECD（2018）, OECD Due Diligence Guidance for Responsible Business Conduct（日本語版：「責任ある企業行動のためのOECDデュー・ディリジェンス・ガイダンス」; https://mneguidelines.oecd.org/OECD-Due-Diligence-Guidance-for-RBC-Japanese.pdf

□人権ＤＤは動的である

▼人権ＤＤのプロセスは固定的なものではなく、常に進行し、反応し、変化する

□人権ＤＤは責任を転嫁しない

▼人権侵害の原因となる企業は直接的に結びついた企業へ責任を転嫁できない

□人権ＤＤは国際的に認められた基準に関連する

▼国内法の基準ではなく、国際的に認められた人権を基準とする

□人権ＤＤを企業の状況に適合させる

▼人権ＤＤの性質や範囲は、企業規模やビジネスモデル等によって異なる

□人権ＤＤはビジネス上の関係における制約に対処するために適応できる

▼企業は契約による取り決め等によって影響力の制限を克服できる
□人権ＤＤはステークホルダーとのエンゲージメントから情報を得る
▼影響を受けるステークホルダーとの双方向のコミュニケーションが重要である
□人権ＤＤには継続的なコミュニケーションが必要である
▼情報発信は人権ＤＤの一部であり、人権への対処を適切に伝えるべきである

人権ＤＤの４つのステップ――①人権への負の影響の特定（Plan）

原則18：人権リスクを測るために、企業は、その活動を通じて、またはその取引関係の結果として関与することになるかもしれない、実際のまたは潜在的な人権への負の影響を特定し評価すべきである。このプロセスでは、以下のことをすべきである。
a. 内部及び／または独立した外部からの人権に関する専門知識を活用する。
b. 企業の規模及び事業の性質や状況にふさわしい形で潜在的に影響を受けるグループやその他の関連ステークホルダーとの有意義な協議を組み込む。

人権ＤＤの最初のステップは、サプライチェーン等も含めた自社の事業や製品・サービスが人

権に与える負の影響は何かを把握することです（ビジネスと人権の世界では、個人が人権を享受する能力を奪う行動を指して、人権への「負の影響」を発生させるといいますが、[13]「負の影響」についてはよりシンプルに「人権への悪影響」と理解していただくことでも概ね問題ありません）。ここでの負の影響は、前節で紹介した企業の責任の3つのパターンで考えていきます。また負の影響の特定にあたっては、既に顕在化しているものだけではなく、潜在的なものについても対象に含めること、特に影響を受けるグループに注意を向けるため、ステークホルダーとの協議を評価に組み込むことも重要であるとされています。

具体的に評価のためのステップを解説していきます。

（A）自社のビジネスモデルの全体像を把握する。

- 自社製品等のサプライチェーンの上流～下流までの一連の流れを整理。主要な取引先として想定される業種や企業の特徴、自社拠点の進出国・地域やサプライチェーンの流れに組み込まれている国・地域等を確認する。

（B）整理した自社のビジネスモデルの全体像の中で、どのような人権課題が問題となり得るかを確認する。

- 「国際的に認められた人権」をベースとして、自社のビジネスモデルの中で顕在化している、あるいは潜在的な人権への負の影響は何かを検討する。前のステップで整理したビジネスモデルの全体像（サプライチェーンの流れ）の中に、想定され得る人権課題を落とし込んでいく。

（C）ビジネスモデルの中で発生し得る人権への負の影響について、深刻性の観点から優先順位付けを行う。

- 前ステップで整理をしたサプライチェーン上で発生し得る人権課題について、深刻性の観点から評価を行う。評価に際しては、外部有識者や専門家、外部ステークホルダーとの対話を通じて、人権に与える影響の「規模」や「範囲」、「是正困難性」等を基準として影響を受ける側の視点で評価することで、自社が対処すべき人権課題を特定する（ライツホルダー視点の評価）。

①—A：ビジネスモデルの全体像の把握

企業の人権尊重責任は、サプライチェーン全体を対象として果たしていかなければならないことから、人権DDもまた、サプライチェーン全体を対象としなければなりません。そこで、負の影響の特定及び評価の最初のステップとして、自社のビジネスモデルを改めて整理しておきましよう。方法としては、サプライチェーンの流れに沿ってビジネスモデルの「見取り図」を描いていくことが一般的ですが、整理の仕方は業種によって異なります。例えば、製造業であれば、原材料~製品の使用に至るまでの流れで整理をすることになると思いますが、IT業界や建設業界等であれば、下請や孫請等の委託先の階層構造に注意することになると思います。金融機関であれば、投資先、融資先との関係性等から整理を行っていく必要があります。また、複数の事業を持つ企業であれば、事業ごとに異なる見取り図を描くことが必要になってくるでしょう。

ビジネスモデルの全体像は、業種や事業形態によってそれぞれですが、重要な点は、自社ビジネスが影響を及ぼす範囲を対象に含めること、そして、次のステップで行う人権課題の洗い出しの作業を見据えて、それぞれの局面でどういった人々が自社ビジネスに関与しているかをイメージしながら、整理をしていくことです。

①—B：ビジネスモデルへの人権課題の落とし込み

次に、前ステップで整理したビジネスモデルの「見取り図」をベースとして、それぞれの局面において、どのような人々のどのような権利が関わり得るのかを検討していきます。

例えば食品製造業のサプライチェーンで考えてみると、原材料調達の段階では家内労働における児童労働や、原材料を生産する土地の権利等の問題、加工段階では加工工場における労働安全衛生や強制労働の問題、輸送段階ではドライバーの労働環境の問題、製品販売時には消費者の知る権利や広告・マーケティング上の差別的表現の問題等、サプライチェーンのそれぞれの段階において、憂慮すべき人権課題があることが分かると思います。

このように、①―Aで描いたビジネスモデルをもとに、自社事業と人権との関連性を考えていきましょう。ビジネスモデルの各段階で問題になり得る人権課題については、既に顕在化しているものだけでなく、潜在的なものも含めて洗い出しを行っていくことが重要です。

人権課題の洗い出しの際に参照する具体的な人権のリスト（人権カタログ）は、「国際的に認められた人権」がベースとなります。国際的に認められた人権とは、前述の通り、国際人権章典とＩＬＯ宣言で定められた中核的労働基準等が挙げられますが、すべてを参照することが難しければ、世界人権宣言の条文を活用してみるとよいかもしれません。世界人権宣言は、あらゆる人権条約の基礎となっている国際文書であり、30という条文数の中で、基本的人権が整理されています。ただ世界人権宣言はあまりビジネスを意識した表現にはなっていないため、法務省の冊子「今企業に求められる『ビジネスと人権』への対応」に記載されている「企業が尊重すべき主要な人権」のリスト等を参考にしてみるのもよいかもしれません。[14] またこの段階から、外部の有識者やステークホルダーとの対話によって課題を洗い出していくことも検討できます。

いずれのアプローチをとるにしても、「国際的に認められた人権」をベースに、自社のビジネスモデルの中で想定し得る人権課題を網羅的に洗い出していきましょう。

【図表28】 ビジネスモデルと人権課題の整理イメージ

- 自社の事業形態や展開する事業の種別や数等によって、適切な形でビジネスモデルを描出。そのビジネスモデルに沿った形で、国際的に認められた人権のリストを参照しながら、自社のビジネスにとって関連性のある人権課題を洗い出していく（潜在的なリスクも含む）。

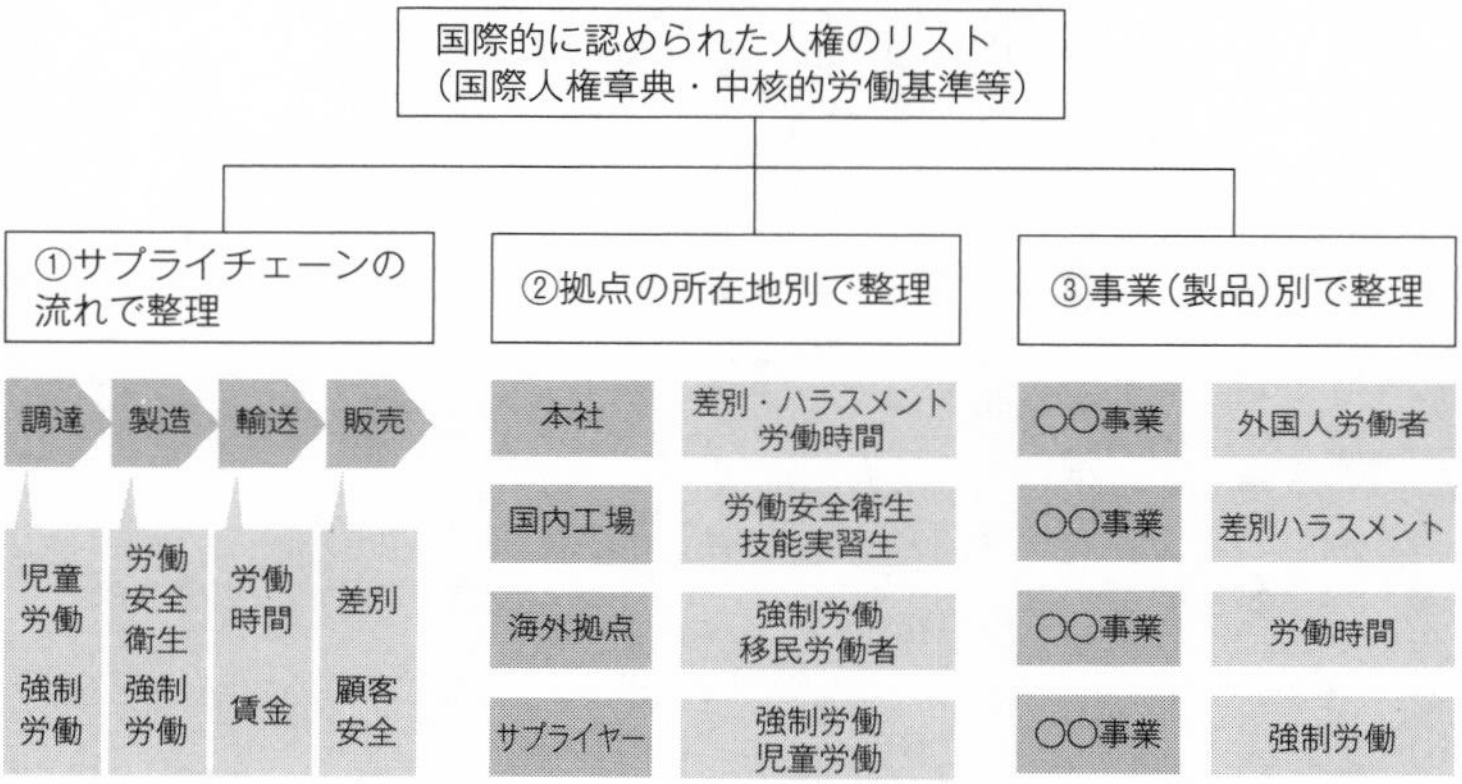

①
- 自社製品のサプライチェーンで整理をしていくパターン。
- 単一製品を扱う場合や自社製品が類似したサプライチェーンの流れで整理できる場合に採用しやすい。一次サプライヤー以外に取引先でつながっている人権課題の検討ができる点がメリット。

②
- 自社に関連する拠点ベースで整理をしていくパターン。
- カントリーリスクをメインに整理をしていくアプローチであり、業種等を問わず採用しやすい。自社⇒グループ会社⇒サプライヤーと段階的に取り組む際には有効な整理方法。

③
- 自社事業別に整理をしていくパターン。
- 多くの事業を展開するコングロマリット企業やカンパニー制を導入する企業等で、採用を検討できる。

（出所）三菱UFJリサーチ＆コンサルティング作成

人権課題を検討していく上での切り口について、ＯＥＣＤのＤＤガイダンスでは、①セクターのリスク、②製品のリスク、③地理的リスク、④企業レベルのリスク――の視点が例示されています。[15] 例えば①であれば、鉱物資源やパーム油の調達等、業種固有の人権課題、②であれば、自社の製品製造時に使用する化学物質の健康への影響や独自の製造工程に伴う労働安全衛生上の問題、③であれば、事業展開国・地域におけるガバナンス・ギャップの問題（政府の腐敗・汚職の程度）や、国際基準に基づく労働関連法令の整備状況、④であれば、サプライチェーン上において過去に不祥事を起こした企業の有無等を確認していくことが考えられます。

これらの情報を確認していくための資料としては、政府や国際機関が発行している調査資料や統計データ、各国の関連法令、ＮＧＯが発行している報告書、業界団体から提供される情報等が挙げられますが、一次情報として、労働者や労働組合等に直接ヒアリングしてもよいかもしれません。また、同業他社や同国・地域に進出している先進企業の開示情報等を確認することも考えられます。国・地域の調査においては、インターネットで検索すれば、当該国・地域において過去に企業が引き起こした人権問題や不祥事に関するニュース記事も確認できると思います。国内法令と国際基準との乖離等は、なかなか自社だけでは判断がつかないこともありますので、外部の専門家に調査を依頼する、ＮＧＯ等とのエンゲージメントを通じて課題の洗い出しに協力をしてもらう等も一案です。

参考までに、人権課題の洗い出しに有用な資料の一例を挙げます（図表29）。これらの資料は、

【図表29】 各国の人権リスク評価において有用な資料の一例

人権課題	指標名	発行元	概要
労働者の権利	ITUC GLOBAL RIGHTS INDEX	ITUC（国際労働組合総連合）	●労働者の権利の侵害状況から、各国を5つのレベルに分類している
ジェンダー	The Global Gender Gap Report	WEF（世界経済フォーラム）	●経済、教育、健康、政治の4分野におけるジェンダー格差指数と、4分野を総合的に評価したジェンダーギャップ指数を提供している
強制労働	THE GLOBAL SLAVERY INDEX	WFF（ウォークフリー財団）	●現代奴隷制に支配されている人口割合等を開示している
児童労働	Global Childhood report	Save the Children	●各国における児童労働のリスク等を評価している
結社の自由と団体交渉権	Global Freedom Score	Freedom House	●各国の自由度を評価しており、労働組合等の活動の自由度等に関するデータも提供している
国際基準への批准	ILO Ratification Conventions Data	ILO（国際労働機関）	●各国の国際労働条約への批准数や批准している条約について開示している
	Ratifications of IHRT	OHCHR（国連人権高等弁務官事務所）	●各国の国際人権条約の批准状況について開示している

（出所）三菱UFJリサーチ＆コンサルティング作成

各国の人権状況が国別に定量評価されており、どういった国・地域が高リスクであるかを確認できます。また、次の優先順位付けのステップにおいて発生可能性等を検討するプロセスでも活用することが可能です。

①—C：深刻性の観点からの人権課題の評価と優先順位付け

自社のビジネスモデルの各段階における人権課題が洗い出されたら、最後に各人権課題の深刻性を評価していき、自社が優先的に対応すべき人権課題を特定します。この優先的に対処すべき課題を「顕著な人権課題（Salient Human Rights Issues）」と呼ぶこともあります。

読者の中に企業のサステナビリティ担当の方がいらっしゃる場合は「マテリアリティと同じ考え方だろう」と思われるかもしれません。マテリアリティとは、もともとは会計上の用語ですが、企業のサステナビリティ情報開示が進む中で、企業に特定が求められている「取り組むべき重要課題」を指す言葉としても用いられています。確かに、「サステナビリティに対する自社の考え方や方針、戦略等をステークホルダーへ明確に発信する」「数あるＥＳＧ課題の中からマテリアリティを特定することで選択と集中を図り、効率的な資源配分によってサステナビリティ経営を実現する」という意味では、マテリアリティと顕著な人権課題の考え方には共通している部分があるといえるかもしれません。

しかし、マテリアリティと顕著な人権課題には大きな違いがあります。それは「評価の視点」

です。マテリアリティに関しても、ダブル・マテリアリティ、シングル・マテリアリティ等のように、昨今では概念や解釈の多様化がみられますが、現在主流となっているマテリアリティの特定手法では、企業目線で「事業上、インパクトの大きい課題かどうか」を評価の視点の中に盛り込むことが多いかと思います。一方で、人権に対する評価は、「企業への影響の大きさ」ではなく、「人権への影響の大きさ」から評価をしていきます。そして、人権への影響は、影響を受ける側、つまり権利を有している人（これを権利保持者：ライツホルダーといいます）の視点で評価をしていくべきであるとされているのです。

企業視点ではなく、ライツホルダー視点で評価を行っていくということは、評価基準として採用されている「深刻性」も、企業にとっての深刻性ではなく、人権への影響を受ける人々からみた深刻性として考える必要があるということです。ライツホルダー目線での評価が必要であるからこそ、外部の有識者やステークホルダーとの協議・対話によって、自社に欠けている視点や当事者からみた際の問題点等を補足し、評価に反映させていく必要があるのです。

この評価基準について「企業が対応すべき重要課題を特定するのだから、企業視点でリスク評価を行うべきではないのか」「企業はあくまで営利団体でありＮＰＯではない。これは企業の実情にはそぐわない評価手法ではないか」と思われる方もいるかもしれません。しかし、企業が取り返しのつかない深刻な人権侵害を引き起こした場合は、それだけ自社のブランド価値も大きく毀損することとなります。つまり、人権への負の影響が大きい事象は、必然的に企業に対する負の影響も大きいと考えられるのです。指導原則の解釈ガイドにおいても、「(事業が人権にもたらすリスクは)人権への影響が企業にもたらすリスクとは別のものであるが、両者の関連性はますます高まっている」といわれています。[16]

昨今では、マテリアリティに関する議論の中でも、ダイナミック・マテリアリティという概念が提唱されています。これは、時間の経過や社会・環境の変化等とともに絶えず変化する動的な概念としてマテリアリティを捉える考え方がベースとなっており、社会・環境に与える影響の大きい課題が、企業の価値創造におけるマテリアリティや財務報告上のマテリアリティにも変容し得るというものです。顕著な人権課題の考え方は、このダイナミック・マテリアリティの考え方を念頭に置くと理解が深まるかもしれません。つまり、「ビジネスと人権」の領域では、ライツホルダーにとって深刻な課題が、将来的な企業価値に対しても大きな影響を及ぼす課題になっているのです。

優先順位を設定する際の考え方

顕著な人権課題を特定するための「深刻性」の判断は、「規模」「範囲」「是正困難性」の3つの軸で評価を行っていきます。

「規模」：人権への影響の重大性

「範囲」：影響を受けている、またはその可能性のある人の数

「是正困難性」：影響を被った被害者が当該人権を享受していた元の状態に復帰できる可能性

「規模」における重大性とは、例えば、労働者の権利であれば、どの程度、労働者の健康や安全に重大な影響を及ぼすか等の観点から判断されます。特に、生命の自由等への影響は、非常に重大性の高い人権侵害であるといえるでしょう。

「範囲」については、比較的イメージしやすいと思います。影響を受ける人数や割合、人権への影響がどれほど構造的な問題であるかという観点から評価を行います。ただし一方で、社会的に脆弱といわれる集団や属性に基づく差別（女性や子ども、外国人労働者や障害者等）については、特に注意を払うことが求められている点に留意が必要です。範囲が狭い＝優先順位が低いと即断するべきではありません。規模や是正困難性の観点も含めて総合的に評価すること、いかに構造的問題であるかという視点も入れ込むことを忘れないようにしましょう。例えば、進出国・地域の政策上の問題やガバナンス・ギャップによって生じる（可能性のある）人権侵害は構造的問題であり、より多くの範囲の人々に影響を及ぼすおそれが高いといえます。

「是正困難性」は人権独自の評価視点といえるかもしれません。人権への影響をライツホルダーの視点から考えると、是正措置が講じられることによって人権侵害がなかった状態に戻れるかどうかという視点が非常に重要です。一例をあげると、「児童労働」という課題は非常に深刻な人権課題とされています。そして、児童労働の問題点としては、危険有害業務が児童の身体（健全な成長）に及ぼす影響のほか、労働に従事することで義務教育の機会が奪われてしまうことが挙げ

【図表30】 分析シートの一例

人権課題	事業との関連	規模	範囲	是正困難性	深刻性
強制労働	調達・製造	4	2	4	**10**
児童労働	調達	4	1	5	**10**
差別の禁止	製造・販売	2	3	2	7
結社の自由	製造	2	3	2	7
ハラスメント	製造・販売	2	3	2	7
賃金	調達・製造	2	2	1	5
労働時間	調達・製造・販売	1	3	2	6
移民労働者	調達・製造	4	2	3	**9**
⋮	⋮				

＋

発生可能性
2
1
3
2
4
3
3

（出所）三菱UFJリサーチ＆コンサルティング作成

られています。ここで、企業が児童労働の問題に気付いて是正措置を講じたとしても、危険有害業務によって身体の発達等に影響が出ていた場合、その影響を事後的に完全に排除することは難しいでしょうし、本来、義務教育に充てるべきであった、労働に従事していた時間が返ってくることもありません。一方で、例えば割増賃金の不払い等の金銭的な問題であれば、事後的な救済は比較的容易であると考えられます（生活賃金を下回っており、生活に致命的な影響が出ている場合は、規模〈重大性〉の観点から深刻性が高くなる可能性はあります）。このように、事後的な救済によって現状復帰が可能であるかという視点は、人権への負の影響を考える上で非常に重要です。

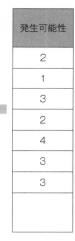

指導原則の解釈ガイドによれば、「規模」や「範囲」、「是正困難性」のすべてを要件として満たさなければならないとはいえないものの、一般的な傾向として、規模や範囲が大きければ、是正困難性も高いといわれています。[17]

人権への負の影響に関する「規模」や「範囲」、「是正困難性」については、例えば、図表30のような分析シートを用意することで評価していくことができます。評価は3段階、5段階等で行うほか、影響の大小で整理をしていくことも考えられますし、事業との関連性の項目も、サプライチェーンのステップごとに整理する、展開国・地域ごとの整理をする、複数事業を展開している企業であれば事業ごとに整理する等のアプローチも考えられます。評価シートについては、①—Aで採用した自社のビジネスモデルの見取り図をベースとして、①—Bで落とし込んだ人権課題をリストアップすることで作成できると思います。これまでの検討内容を踏まえて、各社ごとに適切な評価の切り口を設定し、顕著な人権課題の特定を行っていきましょう。

「発生可能性」という評価軸

人権への負の影響につながるリスクは深刻性をベースに判断していくことがメインとなりますが、もうひとつ考えられる視点が、「発生可能性」です。通常の企業リスク評価においては、深刻性（影響度）と発生可能性の両軸でマトリクス評価を行うことが一般的なアプローチかと思います。指導原則上も、企業のリスクマネジメントシステムの中に人権に関する評価を組み入れることを許容していますが、ひとつだけ、通常の企業リスク評価と異なる点があることに注意が必要です。それは、人権への負の影響において、深刻性と発生可能性を決して等価で評価してはならないということです。この点、指導原則の解釈ガイドでは、人権リスクについて、次のように記載されています。

［人権リスクの説明より］

従来のリスク評価では、リスクはある事象の結果（深刻性）と発生可能性を考慮する。**人権リスクの文脈では、深刻性が最も重要な要素である。**発生可能性は、状況によっては潜在的な影響に対処する順序の優先順位付けに役立つかもしれない。[18]

Q37：人権への影響はどのように評価されるべきか。

リスク評価の標準的なアプローチでは、人権への負の影響の発生可能性は深刻性と同じくらい重要であると考えられている。しかし、**潜在的な人権への影響について、発生可能性が低くても深刻性が高い場合、前者（発生可能性）は後者（深刻性）を相殺することはできない。**[19]

Q88：人権への影響はどのように評価されるべきか。

（前略）人権への影響が顕在化しているものではなく、潜在的なものである場合、リスクマネジメントの標準的なアプローチでは、発生可能性は深刻性と同様に主要な（評価）要因であるとされている。しかし、深刻な人権への影響が発生する可能性が低いだけでは、リスクを軽減するための取り組みの優先順位を下げることを正当化することはできない。むしろ、潜在的な影響の是正可能性が、そのような取り組みを遅らせることの正当性を判断する上での主要な要因でなければならない。つまり、人権へのリスクという文脈では、顕在化しているリスクや潜在的なリスクの深刻性こそが、最も重要な要因でなければならない。[20]

これらの記載から読み取れることは、仮に人権への負の影響の発生可能性が低くても、深刻性が高い場合は優先的に対処をしていかなければならない、ということです。通常のリスクマトリクスを使ったリスク評価においては、発生可能性と深刻性の双方が高い課題に対して優先的に対処していくことになりますが、顕著な人権課題の特定においては、深刻性が高ければ、その時点で優先的に対処すべき事項として抽出されることになります。したがって、このマトリクス評価のアプローチの違いを示すと図表31のようになります。人権への負の影響を特定するためのリスク評価においても、マトリクスを使った評価アプローチは整理として分かりやすく、有用であると思いますが、通常のリスク評価とは異なる視点で検討することが求められている点には注意が必要です。

【図表31】 マトリクス評価のアプローチの違い

● 一般的なビジネス上のリスク評価のアプローチと、人権DDにおけるリスク評価アプローチは異なる。ライツホルダー視点での「深刻性」が最重要視されることになるため、発生可能性が低くとも、深刻性が高ければ、優先的に対処すべき課題として抽出される。

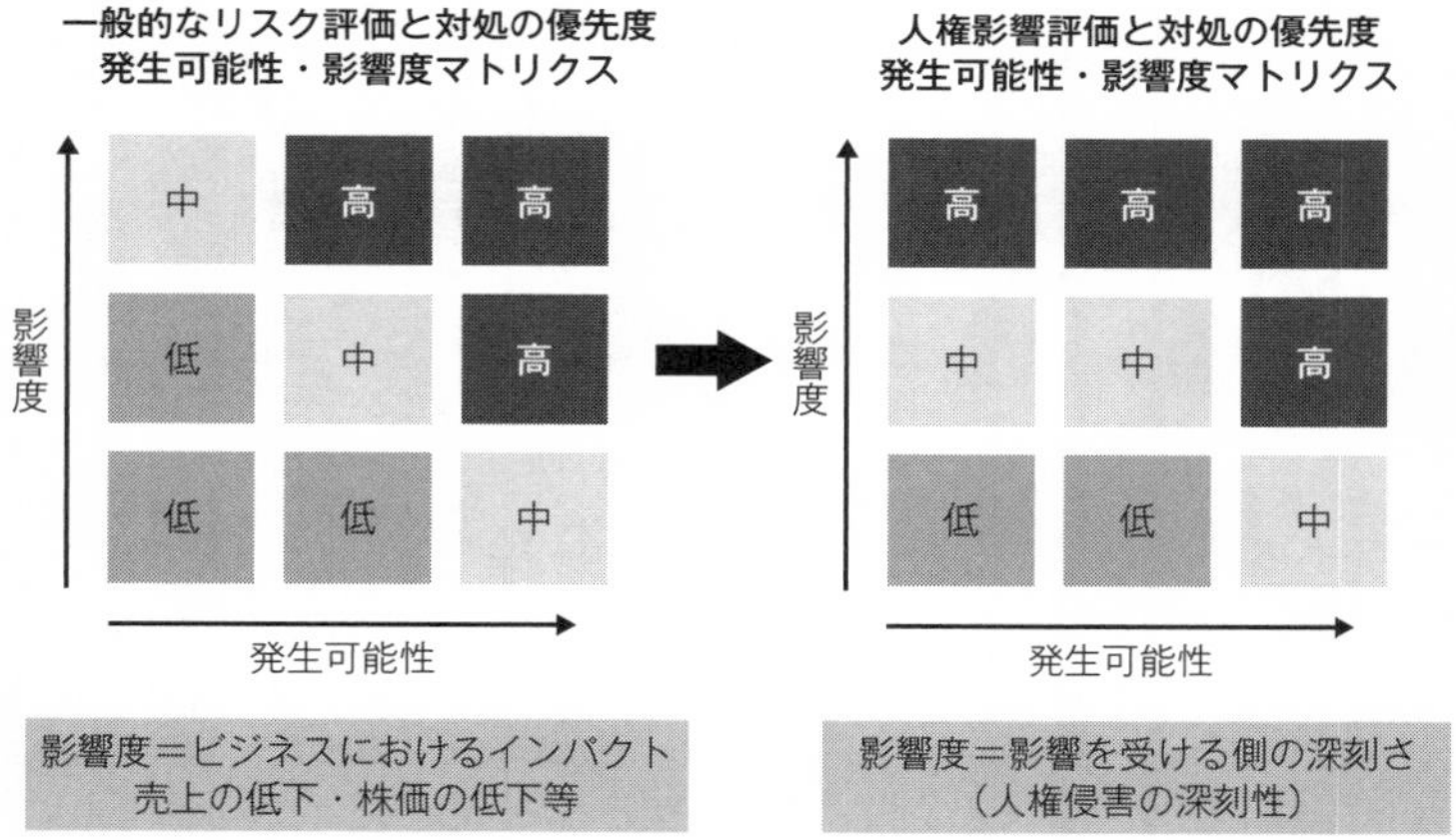

（出所）三菱UFJリサーチ＆コンサルティング作成

評価は全社的な取り組みが必要

評価に際しては、特定の部署や経営層だけで評価を行うのではなく、様々な部署や国内外の拠点等も巻き込んで進めていくことが重要です。この点に関しては、マテリアリティ特定と同様のアプローチといえるかもしれません。人権の領域も全社的な取り組みが必要となってきますし、具体的な防止・軽減措置の実践につなげていくためにも、課題特定の段階から主要な部署は巻き込んでいくことが望ましいといえます。

どのような部門を巻き込むかについては業種やビジネスモデルによって異なりますが、社内の人権尊重という視点では総務や人事等の部門が考えられますし、社外ステークホルダーの人権という観点からは取引先窓口としての営業部門や購買・調達関連部門、契約手続を担う法務・コンプラ部門、社外発信媒体の作成を行う広報・IR部門等が重要です。また、部門横断的に組織に横串を通して取り組んでいくためにも、サステナビリティ部門や経営企画関連部門が、全体の統括等を行っていくことも欠かせません。関連部門における社内のキーパーソンにも人権の影響評価に参加してもらうことで、のちに各部門において社内施策を推進するための土壌を作っておきましょう。

また、原則18に明記されている通り、評価に際しては、社内外の専門家の知見を活用することと、ステークホルダーとの協議を行うことが必要とされています。社外の専門家としてコンサルタントに依頼する方法もありますが、同時に社内の専門的知見を活用していくことも考えていきましょう。社内では、例えば従業員ホットラインやストレスチェック等を担当している部署が評価に有用なデータを持っている場合もありますし（ただし、これらの情報は取り扱いに注意が必要です）、企業内組合がある場合はその代表者から話を聞くこともできます。また、外部ステークホルダーとしては、NGO・NPOといった市民社会組織や機関投資家、産業別に組織された労働組合や業界団体等が考えられます。取引先や顧客、消費者の声を反映させる仕組みがあれば、それらも評価の中に組み込んでいきましょう。

外部ステークホルダーに関しては、評価の過程から関与を依頼することが難しければ、自社内で評価を行った上で、その結果についてコメントや意見をもらうことでもよいと思います。ステークホルダーへのアプローチは、コンサルタントや他社等から紹介してもらうこと等が考えられますが、NGO等は問い合わせをすれば引き受けてもらえることも多いので、対話を行いたいNGO等へは直接、問い合わせてみてもよいかもしれません。

繰り返しになりますが、人権への負の影響の評価は、ライツホルダーの視点が必要です。自社だけで評価を行うのではなく、外部の視点も積極的に取り入れていくことで、客観性や透明性を確保しつつ、ライツホルダーの視点で顕著な人権課題を特定していきましょう。

人権DDの4つのステップ――②防止・是正・軽減措置の実施（Do）

原則19：人権への負の影響を防止し、また軽減するために、企業はその影響評価の結論を、関連する全社内部門及びプロセスに組み入れ、適切な措置をとるべきである。

a．効果的に組み入れるためには以下のことが求められる。

・そのような影響に対処する責任は、企業のしかるべきレベル及び部門に割り当てられている。

・そのような影響に効果的に対処できる、内部の意思決定、予算配分、及び監査プロセス。

b．適切な措置は以下の要因によって様々である。

- 企業が負の影響を引き起こしあるいは助長するかどうか、もしくは影響が取引関係によってその事業、製品またはサービスと直接結びつくことのみを理由に関与してきたかどうか。
- 負の影響に対処する際の企業の影響力の範囲。

自社の事業が人権に与える負の影響や顕著な人権課題を特定できたら、次はその影響に対処していくことが求められます。「対処」とは、ただ特定の措置を行うことではなく、影響を防止し、あるいは軽減するために社内的な体制を整えて、既存のマネジメントシステムの中に取り込んでいくことも含まれています。

ここでは、防止・是正・軽減のそれぞれの措置について考えていきたいと思います。

まず人権に対する負の影響の防止ですが、これは、指導原則においては、特定された負の影響が潜在的なものであって、まだ顕在化していない場合に、そのような影響が発生することのないように取られる予防的措置のことを指します。[21] また、ＯＥＣＤのＤＤガイダンスでは、「負の影響がそもそも発生しないようにするための活動」であると定義されており、「ＤＤの最重要目標は、防止にある」とされています。[22] これを企業の具体的取り組みに置き換えれば、人権研修の実施や人権方針の周知を通じた啓発活動、予防的なモニタリングプロセスの確立等といったことが考えられるでしょう。

次に是正措置ですが、これは、仮に人権への負の影響が発生してしまったときに救済を提供するプロセスと、負の影響を打ち消し、改善するための実質的な成果の双方を指すとされ、具体的には、原状回復や謝罪、金銭賠償や金銭以外の補償、懲罰的な制裁、司法的措置等が該当するとされています。[23] 企業の場合は、不当に解雇した従業員を復職させる、ハラスメントの加害者に対して懲戒処分を課す、労働災害が発生した場合に企業として適切な対応策を取る、地域住民からの苦情に対して騒音や振動、環境汚染等の原因となっている製造工程を見直す等といった対応が考えられるでしょう。また、指導原則では、「企業活動により潜在的に影響を受ける人々に対する事業レベルの苦情処理メカニズムは、（中略）是正を可能とするひとつの有効な手段となりえる」とされており、後述の苦情処理メカニズムの構築も是正措置を講じていく上で重要な取り組みのひとつです。

企業としては、自社が原因となっていないサプライチェーン上の人権侵害等に対しては是正措置の提供までを求められているわけではありません。しかし仮に、自社が人権への負の影響を直接的に引き起こしている場合や、助長している場合、是正措置の提供を通じて人権への負の影響を取り除くことが求められています。

最後に軽減措置ですが、これは、是正が必要な負の影響は残存するものの、その影響を少なくするための措置、あるいは、人権リスクの発生可能性を低減させるための措置を指すものとされています。[24] 軽減措置の具体例としては、取引先への影響力の行使（ガイドラインの遵守要請や調査票での現状把握、監査の実施等）を通じて、サプライチェーン上の人権侵害の発生リスクを軽減すること等が考えられます。防止・軽減措置については、影響力の行使を通じて、自社が直接的に引き起こしていない負の影響への対処も求められますので、注意が必要です。

負の影響への対処

指導原則の中では、「人権への負の影響に対処することとは、その防止、軽減、そして、適切な場合には、是正のため適切な措置を取ること」であるとされ、防止・軽減措置と是正措置はそれぞれ異なる整理がされています（原則11：コメンタリー）。是正については、指導原則の第2の柱である企業の人権尊重責任にも記載されていますが、第3の柱である救済へのアクセスの中に詳細が示されていますし、解釈ガイドの中でも、「人権ＤＤは、企業が関与する可能性のある人権への影響を防止し、軽減することを目的としている。是正は、企業が引き起こし、または助長する実際の人権への影響を正しい状態にすることを目的としている。この2つのプロセスは別々であるが、相互に関連している」と記載されています。[25] さらに、ＯＥＣＤのＤＤガイダンスにおいても、「是正措置の実施は、デュー・ディリジェンスを構成する要素ではなく、デュー・ディリジェンスによって可能となり、またデュー・ディリジェンスによって支えられるべき、分けられた重要なプロセスである」とされています。[26] これらの記載によれば、厳密には人権ＤＤのプロセスと是正・救済のプロセスは分けられるべきであるかもしれません。

しかし、負の影響の特定プロセス等において是正が可能な負の影響が確認された場合、積極的に是正に取り組む責任があること（原則22：コメンタリー）から、このタイミングで特定された負の影響に対して是正が可能であるかを検討することを考えていくことを推奨します。負の影響が存在したときに、まず優先されることは是正措置の提供です。サプライチェーン上の人権状況の把握等を行った結果、自社が人権への負の影響を引き起こしているか、助長していることが明らかになった場合は、ただちに是正措置の実施を検討しましょう。是正への途を確保するための苦情処理メカニズムの構築については、次項で詳細を紹介します。

企業は、特定した顕著な人権課題に関する人権への負の影響が既に顕在化しているものなのか、それとも潜在的なものなのかを認識した上で、自社との結びつきの強さや是正の可能性等に応じて適切な措置（防止、是正、軽減措置）を取っていくことが求められています。適切な措置は対処すべき人権課題の性質にもよりますが、取るべき措置の検討の流れを整理すると、図表32のようなフローチャートで考えていくことができます。

対処すべき措置が決まったら、それらを実行に移すための体制整備や資源配分を検討していく必要があります。例えば、予防的措置を講じるためにモニタリングプロセスを強化する場合は、担当部署や責任者の割り当て等、社内での管理体制を整備していかなければなりません。また、研修を行う場合も、研修ツールの作成や外部講師の依頼等で人的、経済的なリソースを割いていく必要があります。特に、サプライチェーン上の監査体制を整備していく場合、自社だけでは対

【図表32】 負の影響への対処のフローチャート

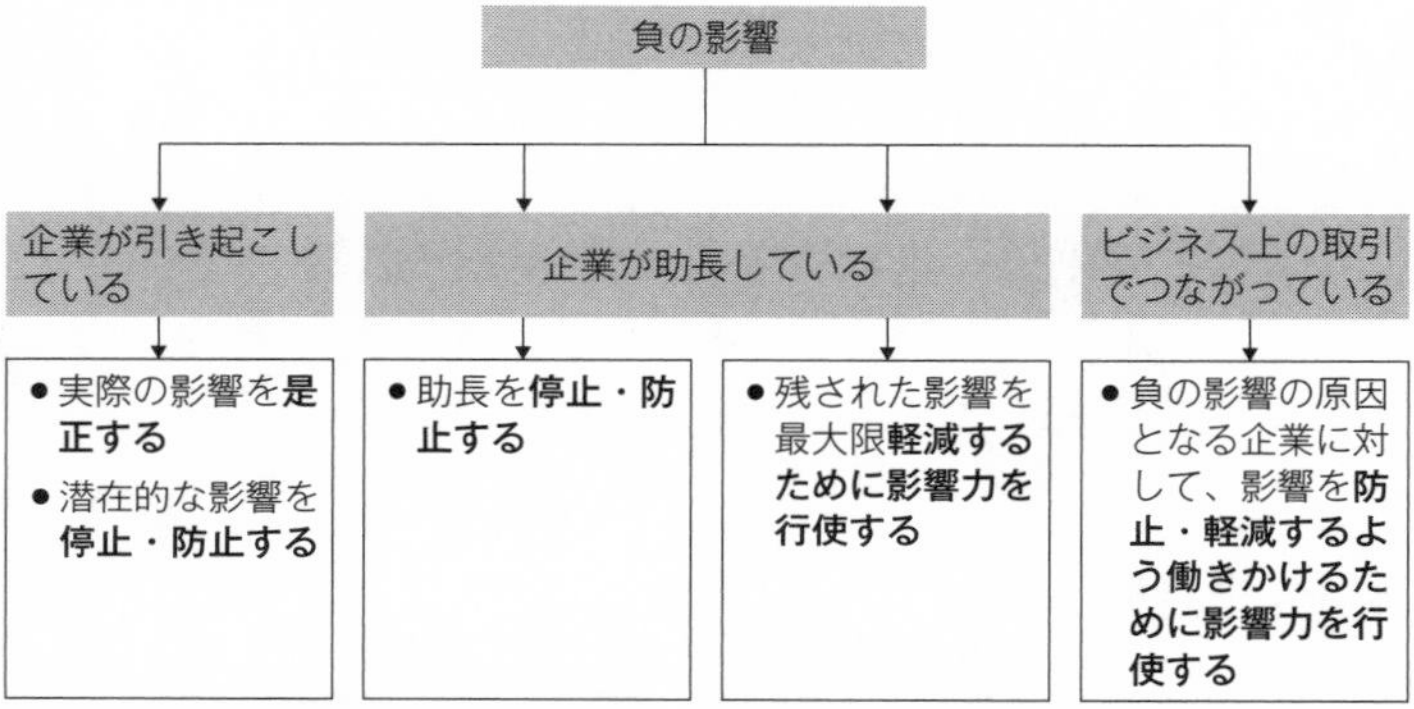

（出所）OECD「責任ある企業行動のためのOECDデュー・ディリジェンスガイダンス」より三菱UFJリサーチ＆コンサルティング作成

応が困難なことも考えられます。必要に応じて、社外の専門家の知見やリソースを活用しながら、必要な措置を実行に移していきましょう。

なお、指導原則では、企業が負の影響を防止することも軽減することもできず、またその状況を変えることができない場合は、取引関係を終了させることを考えるべきであるとされています（指導原則19：コメンタリー）。ただし、取引関係の終了は、取引先の人権状況にさらなる負の影響を与える可能性もありますので注意が必要です。例えば、取引先で強制労働等の事実が発覚した場合、その取引先と取引を終了させても強制労働の事実が是正されることはないですし、もしかすると、取引の終了によって業績が悪化し、さらなる労働環境の悪化を招くことにもなりかねません。取引の終了はあくまで最後の手段ですので、まずは対話を通じて、状況を改善させる手段がないかを確認していきましょう。

また、「取引を終了すべきである」と「べき論」を語ることは簡単ですが、実際のビジネスの現場では、簡単に取引を停止できない場合もあります。その取引先から調達する原料が自社の製品に不可欠であり、代替取引先をみつけることが困難なケース等では、仮に人権上の問題があったとしても、すぐに取引を終了させることは難しいでしょう。その場合は取引先の状況を注視した上で、「影響を軽減するための継続的な努力をしていることを証明できるように」しておくべきであるとされています（原則19：コメンタリー）。当該取引先に対して直接的に是正措置を講じることが困難であったとしても、調査票の展開や監査の実施等による状況確認、是正の依頼や改善計画書の提出依頼等を通じて継続的なコミュニケーションを図り、その結果を開示することで、自社の取り組みや努力を説明できることが重要です。ただし、指導原則では、継続的な働きかけをしつつも、当該取引先と取引を続ける以上は、評判の低下等といったリスクを受け入れる覚悟をすべきであるとも述べられています。

昨今、サプライチェーン上の人権問題が企業にとってリスクとなっている点は前章でも説明しましたが、人権侵害を引き起こしている企業との取引は、自社としてリスクになることは間違いありません。そのため、人権の観点から事業継続計画（ＢＣＰ）を考える上でも、特定の取引先に依存しない体制を作ることは重要です。それでも、代替取引先を探すことが難しい場合もありますし、一時的には特定の取引先にどうしても依存しなければならないこともあります。その場合は、人権状況の是正に向けた継続的な働きかけを行いつつも、最終的には取引の終了も可能なように、並行して代替調達先や代替原材料等を探すことを検討しましょう。

人権DDの4つのステップ――③実施状況のモニタリング(Check)

原則20：人権への負の影響が対処されているかどうかを検証するため、企業はその対応の実効性を追跡評価すべきである。

a．追跡評価は、適切な質的及び量的指標に基づくべきである。

b．影響を受けたステークホルダーを含む、社内及び社外からのフィードバックを活用すべきである。


次に、人権への負の影響に対して実施した防止、軽減措置が有効に機能しているか、定期的なモニタリングを行って効果検証を行っていく必要があります。指導原則の解釈ガイドでは、マネジメントの大家で知られるピーター・ドラッカーの「測定できるものは管理できる（what gets measured gets managed)」という言葉が紹介されています。[27] これはつまり、測定できないものは管理ができず、改善もできない、ということでもあります。ＰＤＣＡを回しながら継続的な改善を図っていく人権ＤＤのプロセスを構築する上では、測定可能な指標に基づく実効性の追跡評価は不可欠といえるでしょう。

また、実効性の追跡評価をすべき理由として、指導原則では、説明責任という観点もあげられています。企業による人権尊重の責任が適切に履行されているかについて、内部では経営陣に対して、外部には株主や広範なステークホルダーに対して説明責任を果たすために、追跡評価が求められているとされています。[28]

追跡評価における留意点は、原則20に記載されている通りです。質的・量的な指標に基づくべきであること、そして、社内外のステークホルダーからのフィードバックを活用していくことです。まず、質的・量的な指標に基づく評価ですが、これは、ＫＰＩ（主要業績評価指標）に基づく目標管理を行っている企業にとっては比較的なじみやすい概念かもしれません。実効性評価を行うための指標を設定するとともに、社内でのマネジメント体制を整備して、人権ＤＤをモニタリングしていくことを検討します。

指標は可能な限り、定量的に測定可能なものが望ましいとはされていますが、定量的な指標の設定にこだわるあまりに、手段を目的化しないように注意しましょう。例えば、自社のビジネスモデルにおける人権課題の特定を行った際に、サプライチェーン上の労働者の権利等がより深刻性の高い、対処すべき問題であるとされたにもかかわらず、定量的な計測のしやすさを重視して社内の人権研修の受講率等を指標に設定しているようなケースも散見されます。計測可能であっても、実際の課題に対する措置の有効性を測れなければ意味はありません。自社の是正措置や防止、軽減措置の実効性を図るための指標であることが必要です。

特にライツホルダーの視点で人権の取り組みの実効性を評価するためには、ときに定量的な評価だけでは不十分なこともあります。そこで企業は、社内外のステークホルダーからのフィードバックを活用しながら、適宜、質的指標による評価を行っていく必要があります。この点、指導原則の解釈ガイドでも、量的指標は、その正確さや他の分野で使われている指標との統合及び関連付けが容易であることから、質的指標よりアドバンテージがあるとはされているものの、特に、人権の尊重は「人間の尊厳」に関わることであるため、影響を受けるステークホルダーの視点を取り入れた質的指標が常に重要であると記載されています。[29] 例えば、社内の賃金や労働時間、休暇制度の利用状況等といったデータを指標として取るときに、ジェンダーや国籍、年齢等の視点を考慮しているか、障害者雇用率の達成状況等の量的指標のみならず、職場における合理的配慮の提供状況等の質的指標を取り入れているか、といった点が実効性の評価には求められるでしょう。

また、質的な指標はときに、定量的な指標の正しい解釈に使われるともいわれています。例えば、安全衛生に関する基準違反の件数が減少したという事実が、そもそも違反件数自体が減少しているこどを示しているのか、それとも、違反に関する報告制度が機能していないことによるものなのかは、質的評価を行っていかなければ判断がつかない場合もあります。[30] このように、特に人権の評価においては定量的指標だけではなく、定性的な評価も積極的に取り入れていくことが重要です。

国家の人権保護義務の文脈で用いられる3種類の指標

指標（indicator）や目標（benchmark）の設定によって人権の実現状況を測定するという考え方は、国際人権法の領域においても、特に国家が「権利の完全な実現を『漸進的』に達成する（社会権規約第2条第1項）」ことを目指す社会権の文脈等において議論されてきました（余談ですが、筆者が英国エセックス大学のＬＬＭで国際人権法を学んでいたときにお世話になっていた、健康に関する権利の元国連特別報告者であるポール・ハント教授は、人権指標の開発における先駆者のひとりでした）。現在では、国連の人権条約の報告制度等でも、人権指標の考え方は広く受け入れられています。

国家の人権保護義務における人権指標とは、「人権規範・基準に関連し、人権の促進や実施を評価・監視するために使用可能な対象、出来事、活動等に関する具体的な情報」と定義されています。[31] そして、人権指標は、組織的・法的枠組みに関わる構造指標（structural indicators）、権利の実現に対する予算配分等に関するプロセス指標（process indicators）、人権への負の影響を取り除くことができた人数等といった成果指標（outcome indicators）、の３つに分類されています。[32] 国家の人権保護義務において使用される指標を企業の人権尊重責任の文脈にそのまま利用できるわけではありませんが、量的指標と質的指標の考え方は、明らかに国家の人権指標の考え方を採用していると思われる部分もありますので、企業において指標を設定する際のヒントになると思います（図表33）。

特に、企業にとって有用と思われるフレームワークが、指標を選定する際の「ＲＩＧＨＴＳ」

【図表33】　国家の人権保護義務の文脈で用いられる3種類の指標

- 国家の人権保護義務の文脈で用いられる指標の考え方は、企業のモニタリング指標としても応用可能である。

構造指標 (Structural indicators)	● 制度やルール等が、人権に関して一定の要件を満たしているかどうか、またどのように満たしているかに関する指標
プロセス指標 (Process indicators)	● コミットメントの実現に効果を発揮し、人権の実現に役立つ成果を達成するために実施したプログラムや特定の介入に関する指標
成果指標 (Outcome indicators)	● 構造やプロセスの影響によって人権がどの程度享受されたのかというレベルを反映させるための指標

■上記指標の種類に関わらず、人権指標は可能な限り、下記の特徴を有するべきであるとされている。

- **関連があること**(relevant)
- **信頼性が高いこと**(reliable)
- **シンプルであること**(simple)
- **数が少ないこと**(few in number)
- **時間の経過や各国間で比較に適していること**(suitable for comparison over time and among countries)
- **社会的に脆弱で周縁化されたグループに対する深刻な影響を測定可能なこと**(allow disaggregation to show disparate impacts on vulnerable or marginalized groups)

(出所) DIHR, ICAR, NATIONAL ACTION PLANS ON BUSINESS AND HUMAN RIGHTS A Toolkit for the Development, Implementation, and Review of State Commitments to Business and Human Rights Frameworks　より

と呼ばれる基準です。OHCHRは、2012年に公表した「人権指標―測定と実施のためのガイド」という報告書の中で人権指標に求められる要件を整理していますが、その要件の頭文字を並べたものが「RIGHTS」です。[33]読者の皆さんも、目標やKPI設定において使われる「SMART」というフレームワークを聞いたことがあるかもしれません。RIGHTSもSMARTとよく似た考え方を採用しており、両者に重複する基準もありますが、「人権基準を中心に据えるこ

【図表34】 RIGHTS指標とSMART指標

- OHCHRが公表しているHuman Rights Indicatorsでは、下記の通り、人権に関する影響を測定する指標を整理しており、指標に共通して求められる要件として「RIGHTS Criteria」を設定している。これらは、目標やKPI設定において広く用いられているSMART指標と共通している事項も多い。

R	■**R**elevant and **R**eliable ● **関連性と信頼性がある**
I	■**I**ndependent in its data-collection methods from the subjects monitored ● **モニタリング対象からデータ収集方法が独立している**
G	■**G**lobal and universally meaningful but also amenable to contextualization and disaggregation by prohibited grounds of discrimination ● **グローバルで普遍的に有意義であるが、差別禁止事由による集計や文脈化にも適している**
H	■**H**uman rights standards-centric; anchored in the normative framework of rights ● **人権基準中心であり、権利の規範的枠組みに支えられている**
T	■**T**ransparent in its methods, Timely and Time-bound ● **方法に透明性があり、タイムリーで期限を定めたものである**
S	■**S**imple and **S**pecific ● **シンプルで明確である**

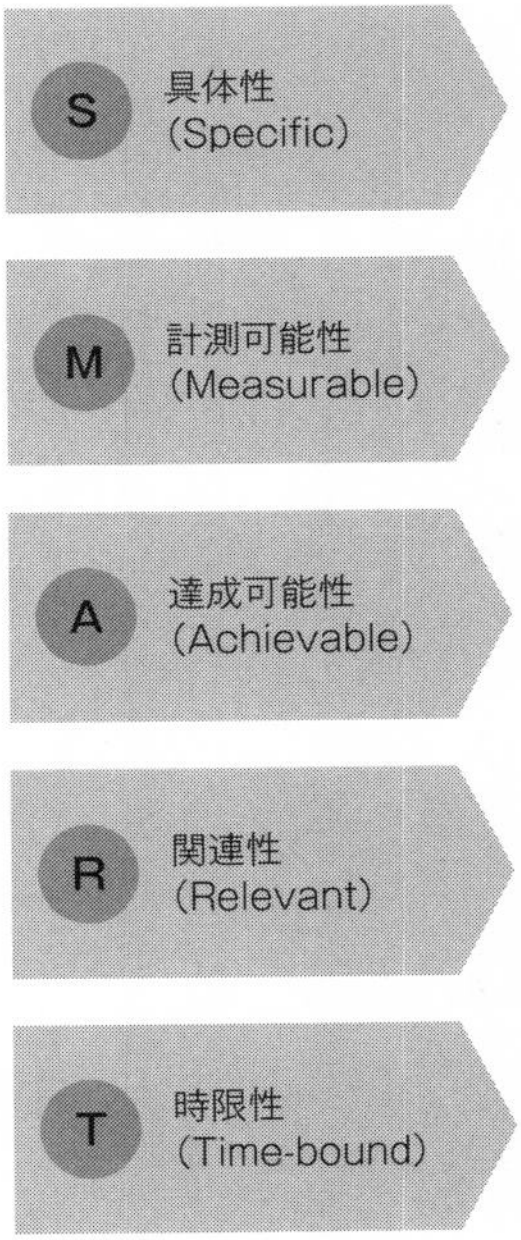

(出所) OHCHR, HUMAN RIGHTS INDICATORS, A Guide to Measurement and Implementation より

と」「グローバルで普遍的な基準でありながら、文脈に沿った適用も可能であり、差別禁止事由による細分化も可能であること」といった基準は、人権指標独自のものです。企業が実効性評価のための指標を設定する際は、ぜひＳＭＡＲＴに加えて、ＲＩＧＨＴＳの視点に沿った指標をご検討いただければと思います（図表34）。

人権DDの4つのステップ――④結果の開示による継続的改善（Action）

原則21：人権への影響についての対処方法について責任をとるため、企業は外部にこのことを通知できるように用意をしておくべきである。影響を受けるステークホルダーまたはその代理人から懸念が表明される場合には、特にそうである。企業は、その事業や事業環境が人権に深刻な影響を及ぼすリスクがある場合、どのようにそれに取り組んでいるかを公式に報告すべきである。あらゆる場合において、情報提供は、

a. 企業の人権への影響を反映するような、また想定された対象者がアクセスできるような形式と頻度であるべきである。

b. 関与した特定の人権への影響事例への企業の対応が適切であったかどうかを評価するのに十分な情報を提供すべきである。

c. それと同時に、影響を受けたステークホルダー、従業員、そして商取引上の秘密を

守るための正当な要求にリスクをもたらすべきではない。

最後のステップとして、企業はこれまでの取り組みを積極的に開示し、ステークホルダーに対して説明責任を果たすとともに、開示した情報をエンゲージメントや対話のきっかけとしていくことが求められます。情報開示の方法としては、自社のＷＥＢサイトやサステナビリティ報告書、統合報告書等を通じて行っていくことが一般的ですが、昨今では、人権に関する開示に特化した「人権報告書」を発行する企業も増えています。２０１５年に、ユニリーバが世界で初めて発行した人権報告書ですが、日本企業では２０１８年にＡＮＡホールディングスが発行して以降、日本たばこ産業（ＪＴ）や野村総合研究所（ＮＲＩ）等といった企業が作成、公表しています。ビジネスと人権の領域に対するステークホルダーの関心はますます高まっており、今後、日本でも人権報告書を発行する企業は増えてくることが想定されます。

人権報告書の発行等を通じて指導原則に沿った情報開示を行っていく上では「国連指導原則報告フレームワーク」を参照するとよいでしょう。[34] この報告フレームワークは、指導原則の策定を主導したラギー教授等によって設立された研究機関であるＳｈｉｆｔが、監査・アドバイザリサービス企業であるＭａｚａｒｓと共同で作成した、指導原則に基づく開示を推進するツールです。主な構成は図表35の通りですが、日本語版も公表されていますので、詳細はＷＥＢサイトからダウンロードの上、参照下さい。

ここでは、情報開示の考え方として、報告フレームワークに記載されている「報告原則」のうち、特にお伝えしたい点についてのみ述べておきたいと思います。それは、報告原則で要求している情報開示は、「進行中の改善内容を説明する」ものであるということです。報告フレームワークには、次の通り記載されています。

> C・進行中の改善内容を説明する
>
> 人権尊重責任を果たすのに必要な方針及び手続の実施には時間を要します。また人権リスクは、企業の活動や事業活動地、及び取引関係の変化とともに進展していきます。したがって「指導原則」の実施は、間断ない改善を必要とする継続的なプロセスといえます。つまり、「完了」として報告できるような有限のプロセスではないということです。
>
> 本「報告フレームワーク」を利用すれば、企業はその規模や「指導原則」実施のどの段階にあるかに関わらず報告を開始することができ、経時的に進捗を示すこともできるようになります。（以下略）

これは非常に重要な考え方です。これまでも、人権ＤＤとは継続的改善のプロセスであり、終わりはないということをご説明してきましたが、まさに本報告フレームワークにおいても、指導原則の実施は「有限のプロセスではない」と明記されています。日本企業は特に、「実施が完了し

【図表35】 指導原則報告フレームワーク

- 指導原則に沿った情報開示や人権報告書の制作を考える場合、「指導原則報告フレームワーク」を参照して開示を進めていくことが推奨される。

（出所）国連指導原則報告フレームワークより
https://www.ungpreporting.org/wp-content/uploads/2017/06/UNGPReportingFramework-Japanese-June2017.pdf

た内容でないと開示しない」「取り組み途中のものは開示しない」といったように、情報開示に対して完璧主義的なスタンスを取ることが多い傾向にあると思います。しかし、それでは一向にビジネスと人権の取り組みは進みません。人権方針は策定したが、人権ＤＤはまだ着手していないので、開示に耐え得るサプライチェーン上の情報が集まってから開示をしようとか、人権方針を策定中なのでそれが完成した段階で開示を進めていこう等のように、情報開示を後回しにせず、自社が指導原則の実施のどの段階であったとしても、進行中の改善内容を説明することを心がけましょう。

また、ステークホルダーへの結果の開示手段は、一般に公表するものだけに限られません。指導原則では「対面会議、ネットワークによる対話、影響を受けるステークホルダーとの協議」等、ステークホルダーへの情報提供は様々な形を取り得ることが記載されています（指導原則21：コメンタリー）。重要なポイントは「アクセス可能性」と「情報の質と量の担保」です。原則21に記載されている通り、企業は、自社ビジネスに影響を受けるステークホルダーがアクセスできるような形式と頻度で、自社の対応が適切であったかどうかをステークホルダーが評価できるように十分な量と質の情報を提供する必要があります。そして、影響を受けたステークホルダーが必要とする情報の質と量は、必ずしも一般に公表する情報だけでは十分であるとはいえないケースもあります。例えば、発展途上国等でビジネスをしている企業であれば、現地の地域住民等といったステークホルダーに対する情報提供の手段として、自社ＷＥＢサイトでの情報公開は適した手段であるとはいえないことが分かると思います。企業は、自社と関連するステークホルダーが質・量ともに十分な情報にアクセスできるようにしなければなりません。そのためには、個別に影響を受けるステークホルダーや従業員、労働組合等と対話の機会を設けて、積極的に情報提供を行っていく必要があるといえるでしょう。

(3) 原則22、29、31：是正や救済を可能とするプロセスとしての苦情処理メカニズムの構築

企業が果たすべき人権尊重責任のうち、3つ目の取り組みは、是正や救済を可能とするプロセスの提供です。人権DDのプロセスの中でも是正措置について取り上げましたが、本項では特に、苦情処理メカニズムの構築について紹介していきたいと思います。

> 原則22：企業は、負の影響を引き起こしたこと、または負の影響を助長したことが明らかになる場合、正当なプロセスを通じてその是正の途を備えるか、それに協力すべきである。

原則22では、企業が人権への負の影響を引き起こしている、あるいは助長している場合に、正当なプロセスを通じて是正につなげる手段を確保することを企業に求めています。企業が人権方

針を策定し、人権DDの継続的な実践を通じて人権への負の影響の防止、軽減に努めていたとしても、人権への負の影響をゼロにすることはできませんし、人権侵害をゼロにすることもできません。そこで、企業は人権DDのプロセスを通じて、負の影響を引き起こしていること、助長していることが確認できた場合は、自社、あるいは他のアクターと協力することによって、是正や救済に積極的に取り組むとともに、是正や救済を可能とするひとつの手段として、潜在的に影響を受ける人々に対する事業レベルの苦情処理メカニズムを構築することが求められています。

事業レベルの苦情処理メカニズムについては、原則29にその詳細が述べられています。

> **原則29：苦情への対処が早期になされ、直接救済を可能とするように、企業は、負の影響を受けた個人及び地域社会のために、実効的な事業レベルの苦情処理メカニズムを確立し、またはこれに参加すべきである。**

事業レベルの苦情処理メカニズムとは、企業により負の影響を受けることになるかもしれない個人及び地域社会が直接アクセスできるものである必要がありますが、必ずしも一企業が単独で提供しなければならないわけではなく、NGOや業界団体、企業間のイニシアティブ等との協力を通じ、他者と協力して提供することも考えられます。また、当事者に受け入れられるために、外部の専門家や機関を介して提供されることが推奨されています（原則29：コメンタリー）。

企業の方に苦情処理メカニズムについてお話をすると、公益通報者保護法上の内部通報制度や、従業員ホットラインと同一視される方が多くいらっしゃいますが、これは、明示的に異なるものとして整理がされているため、注意が必要です。指導原則の解釈ガイドによれば、事業レベルの苦情処理メカニズムは、「単に苦情や負の影響を処理する内部管理手続ではない」とされ、これらの仕組みは、「内部通報制度、つまり従業員にとって害となるかどうかに関わらず、従業員が企業規範や倫理規定の違反に関する懸念を提起することを可能にする制度とは異なる」とされています。[35]

事業レベルの苦情処理メカニズムは、社内外の個人が、自身や他者への影響に懸念を提起するための手段であり、企業の規範等に対する違反を示すことを個人に求める制度ではありません。つまり、内部通報窓口は、「従業員」が「企業規範や一定の法令に対する違反」を通報するものであるのに対して、指導原則に基づく苦情処理の窓口は、「影響を受ける個人」が「自身や他者に対する負の影響への懸念」を通報し救済を求めるものであるということです。

もちろん、指導原則上も、従業員向けの苦情処理メカニズムと社外ステークホルダー向けの苦情処理メカニズムを別個に備えることは許容されており、現状の従業員ホットラインの制度を強化して苦情処理メカニズムに発展させることも検討できますが（具体的にどういった視点で強化をすべきかについては、実効性要件の箇所で後述）、従業員ホットラインや内部通報制度を設けていることをもって苦情処理メカニズムを整備しているとはいえません。日本企業の人権に関する

【図表36】 苦情処理メカニズムと内部通報制度の違い

	内部通報制度の相談窓口	指導原則上の苦情処理メカニズム
利用主体	●労働者等（派遣労働者、退職者、取引先の労働者、役員等を含む） （公益通報者保護法　第２条第１項）	●自社のビジネスにおいて影響を受けるすべてのステークホルダー ⇒地域住民等のほかNGOや労働組合等の代理人も含まれる。
通報対象	●犯罪行為の事実や、過料の理由とされている事実 ●行政指導や行政処分の理由となる事実 （公益通報者保護法　第２条第３項）	●人権への影響に関する「懸念」 ⇒規範・法令の違反であることの説明を個人に要求しない。
設置の目的	●リスクの早期把握及び自浄作用の向上 ●企業による法令違反の発生と被害の防止 （消費者庁WEBサイト）	●救済へのアクセスの確保 ⇒人権の観点から適切な救済を図るかが最も重要である。

（出所）三菱UFJリサーチ＆コンサルティング作成

開示情報をみていると、この点を少し誤解されている企業もありますので、留意いただければと思います（図表36）。

事業レベルの苦情処理メカニズムは、企業が人権尊重の責任を果たす上で、２つの重要な機能を果たすとされています。

１つ目は、企業が継続的に実践する人権ＤＤの一環で、人権への負の影響を特定するために有益な情報を入手できるということです。苦情処理の窓口に寄せられる中立の傾向やパターンを分析することによって、組織としての課題の特定につながるだけでなく、その分析を通じて人権ＤＤの方向性を修正していくことも可能です。例えば、苦情窓口に寄せられる内容としてハラスメントが多く発生している、労働時間が長く従業員に疲労がみられる、地域住民から騒音や振動、環境汚染に関する苦情が多い等の傾向があれば、それらを顕著な人権課題として特定し、優先的に是正措置や予防、軽減措置を講じていくことが可能となります。

2つ目の機能は、負の影響の早期是正や予防が可能になるという点です。訴訟の提起等とは異なり、事業レベルの苦情処理メカニズムは人権侵害の顕在化や基準・規範の違反等を待つことなく、懸念の段階から個人やステークホルダーの相談を受け付けることが可能です。したがって、影響がより深刻化する前に予防的な対処が取れるのです。例えば、労働災害では災害の発生予防が企業にとって最も重要ですし、メンタルヘルスの領域でも不調を未然に防止する「一次予防」が最重要であるとされています。また、従業員の長時間労働等は、放置しておくと心身の健康に重大な影響を与えることになりますので、発生している場合は早期に対応（是正）を検討する必要があります。特に、人権への負の影響については是正困難性が問題とされるように、人権侵害は一度発生してしまうと原状回復が難しくなる場合もありますので、苦情処理メカニズムの構築を通じて、人権への負の影響の早期是正や予防につなげていきましょう。

苦情処理メカニズムの実効性を確保するために求められる要件は、原則31に記載されています。

> **原則31：その実効性を確保するために、非司法的苦情処理メカニズムは、国家基盤型及び非国家基盤型を問わず、次の要件を充たすべきである。**

a. 正当性がある：利用者であるステークホルダー・グループから信頼され、苦情プロセスの公正な遂行に対して責任を負う。

b. アクセスすることができる：利用者であるステークホルダー・グループすべてに認知されており、アクセスする際に特別の障壁に直面する人々に対し適切な支援を提供する。

c. 予測可能である：各段階に目安となる所要期間を示した、明確で周知の手続が設けられ、利用可能なプロセス及び結果のタイプについて明確に説明され、履行を監視する手段がある。

d. 公平である：被害を受けた当事者が、公平で、情報に通じ、互いに相手に対する敬意を保持できる条件のもとで苦情処理プロセスに参加するために必要な情報源、助言及び専門知識への正当なアクセスができるようにする。

e. 透明性がある：苦情当事者にその進捗情報を継続的に知らせ、またその実効性について信頼を築き、危機にさらされている公共の利益をまもるために、メカニズムのパフォーマンスについて十分な情報を提供する。

f. 権利に矛盾しない：結果及び救済が、国際的に認められた人権に適合していることを確保する。

g. 継続的学習の源となる：メカニズムを改善し、今後の苦情や被害を防止するための教訓を明確にするために使える手段を活用する。

事業レベルのメカニズムも次の要件を充たすべきである。

h．エンゲージメント及び対話に基づく：利用者となるステークホルダー・グループとメカニズムの設計やパフォーマンスについて協議し、苦情に対処し解決する手段として対話に焦点を当てる。苦情への対処が早期になされ、直接救済を可能とするように、企業は、負の影響を受けた個人及び地域社会のために、実効的な事業レベルの苦情処理メカニズムを確立し、またはこれに参加すべきである。

これらの要件を充たした苦情処理メカニズムの構築は、一社が単独で構築していくことは難しいかもしれません。「c.予測可能である」の箇所で言及されている苦情処理の所要期間の明示や、「f.権利と矛盾しない」において示されている結果及び救済に対する国際的に認められた人権との整合等も企業にとって対応が難しい要件かと思いますが、特に企業リソースの観点からハードルが高いと思われる要件が「b.アクセス可能性」だと思います。

指導原則では、アクセスへの具体的な障壁として「使用言語、識字能力、費用、所在地の問題及び報復に対する恐れ」等を挙げています（原則31：コメンタリー）。そのため、これらを解消するためには、①「使用言語」の障壁に対応するために、想定されるあらゆる言語に対応し、②の「識字能力」の障壁に対応するために、メールやファクシミリ、WEBサイトの受付フォームの他、電話やホットライン等の口頭でも中立を受け付ける手段を確保し、③「所在地」の障壁に対応するために、24時間中立を受け付ける窓口や地域ごとの窓口を設置する等、時差の影響を受けない体制を整備する必要があるということです。そして、④費用面の課題を解消するためにこれらの苦情処理窓口を無料で提供し、⑤通報者の報復の恐れを払拭するべく匿名性や機密性等が担保された体制を構築するために、システムの導入や対応者の教育研修等も実施しなければなりません。これらをすべて備えた苦情処理のメカニズムを構築していくことの難しさは、想像に難くないと思われます（図表37）。

外部窓口の活用や外部との連携も考慮

そこで、政府や公的機関等が提供する外部窓口の活用や、企業・ステークホルダー間の連携等も積極的に考慮に入れていきましょう。もちろん、指導原則の考え方からすれば、企業の人権尊重責任は国家の人権保護義務とは独立したものであり、仮に国家が十分な苦情処理メカニズムを備えていたとしても、それをもって企業の責任を軽減するものではありませんし、特に、大企業や深刻な人権リスクを抱えた企業は、自社内で苦情処理メカニズムを構築すべきであるとされています。[36] しかし、原則31の要件を満たしたメカニズムの構築には、社内体制の整備に係る人的負担やシステム導入等に係る経済的負担等を鑑みると長いスパンでの検討が必要ですので、社外窓口の紹介や社外との協働は、現実的に人権への負の影響に対する救済を用意していく上では有効な

【図表37】 苦情処理メカニズムの実効性を左右する8要件

1	正当性	ステークホルダーから信頼され、**苦情処理のプロセスの公正な遂行**に対して責任を負う。
2	アクセス可能性	利用者すべてに認知され、**アクセスする際に支援が必要な人々に対し、適切な支援を提供**する。
3	予測可能性	各段階に**目安となる所要期間を示した、明確で周知された手続**が設けられている。利用可能なプロセスや得られる成果の種別、履行をモニタリングの手段が明確である。
4	公平性	被害を受けた当事者が、公平な苦情処理プロセスに参加するために、**必要な情報源、助言及び専門知識への正当なアクセスを確保**する。
5	透明性	当事者に**苦情の進捗状況を継続的に知らせ、苦情処理メカニズムのパフォーマンスに関する十分な情報を提供**して、実効性について信頼を構築する。
6	権利との適合性	結果及び救済が、**国際的に認められた人権に適合**していることを確保する。
7	継続的学習の源泉	メカニズムを改善し、**今後の苦情や被害を防止するための教訓を明確にする手段**を取る。
8	エンゲージメントと対話	**ステークホルダーとメカニズムの設計やパフォーマンスについて協議**し、苦情に対処し解決する手段として対話に焦点を合わせる(企業が運営する事業レベルの苦情処理メカニズムについて)。

(出所) 国連「ビジネスと人権に関する指導原則」より三菱UFJリサーチ&コンサルティング作成

施策であると思います。

まず、政府が提供する相談窓口ですが、これは外務省の「ビジネスと人権」ポータルサイトに一覧が掲載されています。人権相談窓口（法務省）やハラスメント相談室（厚生労働省）、外国人技能実習生向け母国語相談窓口（外国人技能実習機構）や消費者ホットライン（消費者庁）等、様々な窓口が省庁横断的に紹介されていますので、是非とも参照してみてください（図表38）。

なお、国際人権法上の救済窓口としては、個人通報制度と呼ばれる仕組みもあります。これは、国際人権条約で定められた権利を侵害された被害者が、国内の救済手続によっても救済されない場合に、条約機関に対して直接的に通報することを可能とする制度です。国際人権規約（自由権規約及び社会権規約）や女性（女子）差別撤廃条約、障害者権利条約等といった主要な人権条約では、選択議定書において個人通報制度を定めています。また、人種差別撤廃条約等、条約本文の中で規定している条約もあります。しかし、日本は選択議定書を批准しておらず、個人通報に関する条約本文の規定の受諾宣言も行っていないため、この個人通報制度を利用することはできません。

また指導原則では、国家が苦情処理メカニズムを提供する上で「国内人権機関が特に重要な役割を果たす」と規定されています。国内人権機関とは、政府から独立した立場で人権問題に関する調査・報告や提言、人権侵害への対応、人権条約の批准とその履行確保、人権教育の支援等、人権に関する広範な任務を遂行する機関です。[37] 国連は「国家機関（＝国内人権機関）の地位に関

【図表38】 外務省 ビジネスと人権ポータルサイト

- 外務省「ビジネスと人権」ポータルサイトでは、「救済へのアクセス」のページで政府関連機関が提供する苦情処理窓口が紹介されている。

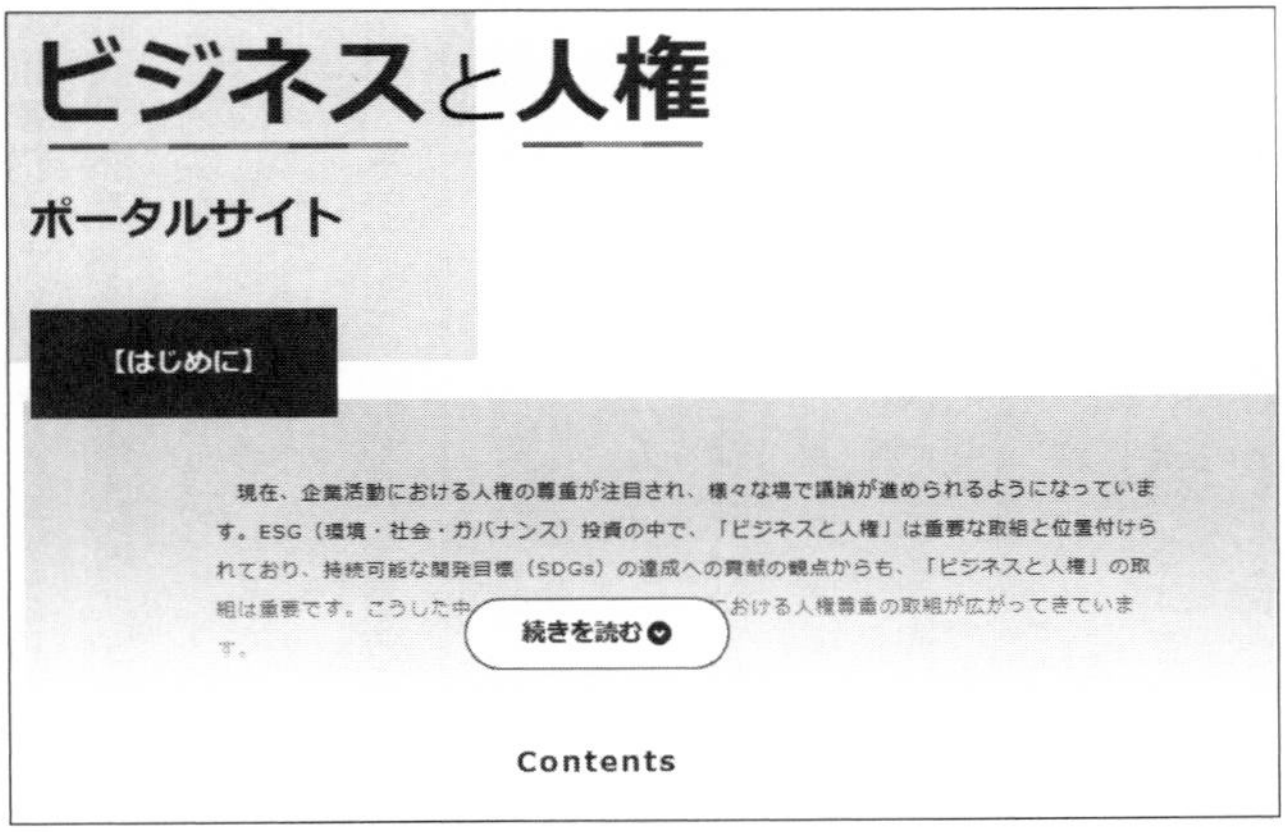

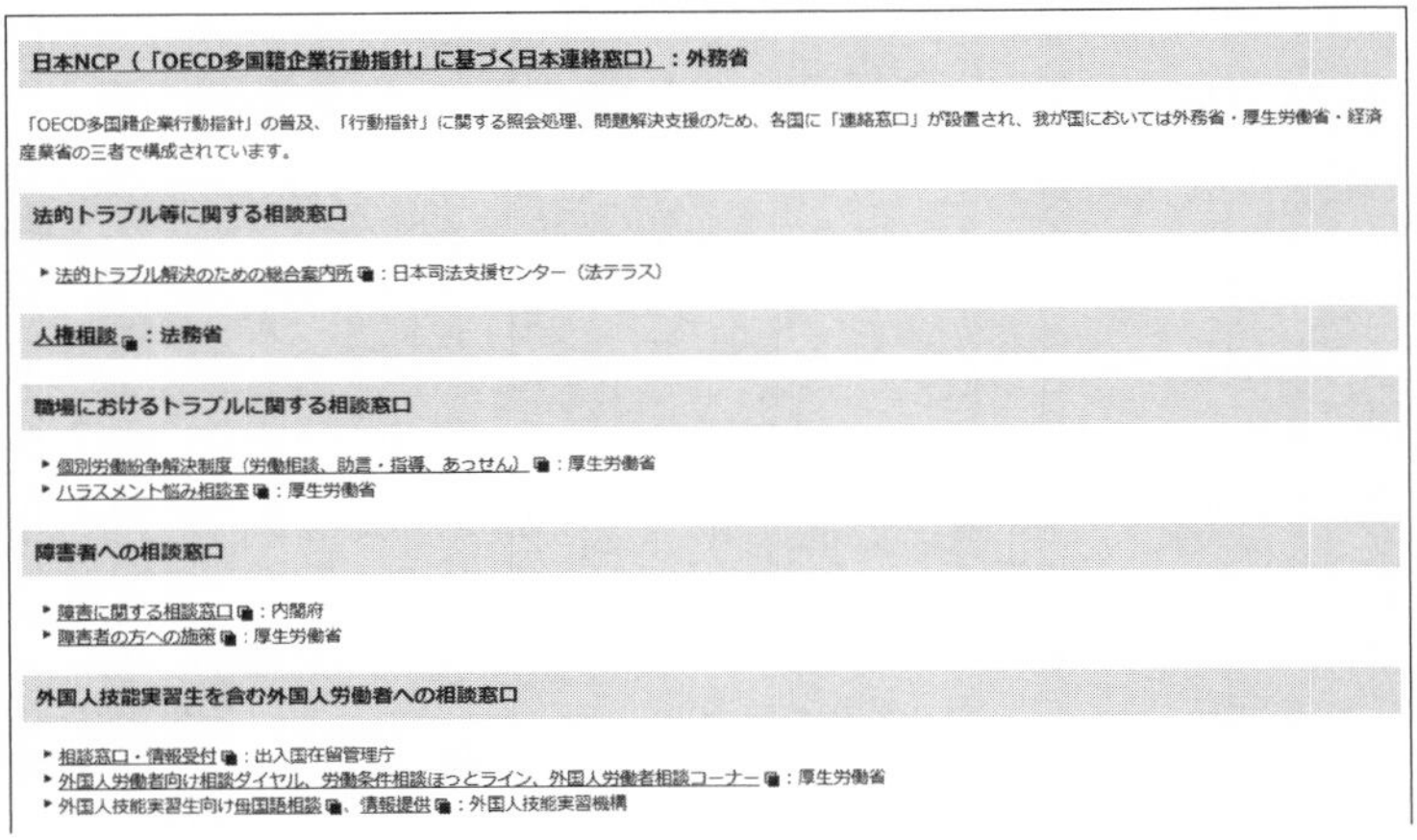

（出所）外務省「ビジネスと人権　救済へのアクセス」より https://www.mofa.go.jp/mofaj/gaiko/bhr/salvation_access.html

する原則（パリ原則）」を採択するとともに、１９９３年の「ウィーン宣言及び行動計画」の中で、この原則に沿った国内人権機関を設置することを各国に奨励しています。各国の国内人権機関の連携組織である「国内人権機関世界連盟（ＧＡＮＨＲＩ）」は、パリ原則に準拠している機関に対して認証制度を設けていますが、２０２２年４月現在でメンバーとなっている１１９機関のうち、89機関がパリ原則に準拠しているとして「Ａ」ランクの認証を取得しています[38]。国内人権機関の設立は、ＳＤＧｓの観点からも設立が求められている政府組織であり（目標16「平和と公正をすべての人に」の中で、「パリ原則に準拠した独立した国内人権機関の存在の有無」が指標のひとつとして設定）、多くの国が設置しています。

しかし、日本では未だ国内人権機関は設置されておりません。日本において、個人通報制度と国内人権機関という２つの救済窓口が利用できないことは、救済へのアクセスを提供する上で障壁となりますので、日本政府として国家の人権保護義務を履行する観点からも、個人通報制度に関する選択議定書の批准や国内人権機関の設置等といった対応が期待されるところです。

日本ＮＣＰ

外務省ポータルサイトにも掲載されていますが、国家が提供する非司法的な苦情処理メカニズムのひとつとして、「日本ＮＣＰ」と呼ばれる窓口が設置されています。これは、少し説明が必要かもしれません。

ＮＣＰとは、「ＯＥＣＤ多国籍企業行動指針」に基づく「各国連絡窓口（National Contact Point）」のことで、２０００年の指針改訂において、行動指針の普及、行動指針に関する照会処理、問題解決支援のため、各国に設置されたものです。日本では、外務省・厚生労働省・経済産業省の3省によって運営されています。その後、２０１１年の改訂で、ＮＣＰによる問題解決支援の機能が強化されることになり、日本ＮＣＰにおいても、行動指針に基づく問題提起を受け付ける窓口が設置されました。

ＯＥＣＤの行動指針を遵守していないと思われる多国籍企業のふるまいについて、個人や団体はＮＣＰに対して問題提起を発出することが可能となっていますが、行動指針の中には「人権」に関する章もあり、多国籍企業が人権に及ぼす負の影響を根拠として、影響を受けた当事者がＮＣＰに通報することができる仕組みになっています。通報が正式に受理された場合、ＮＣＰは当事者による問題解決を支援するため、あっせんを提供することになります。あくまであっせんなので、当事者が応じない場合等もありますが、当事者の一方が手続に参加しようとしない場合には声明の発出を行うことになるため、企業にとっては評判の低下につながる可能性もあります。

日本では、外務省のＷＥＢサイトの中で、日本ＮＣＰに対して問題提起を行う際の手引きや指定のフォーム等が掲載されています。ただ、２０２２年7月現在、手続が終了した案件は9件と、約10年間で受付件数は10件にも満たない状況です。そのため、日本ＮＣＰについては、政府からのより一層の広報が求められるとともに、企業側としても、関連するステークホルダーに対してNCPの存在を周知・啓発していく必要があるのではないかと思われます。例えば、グローバルアパレルブランドのアディダス（adidas）では、自社の苦情処理メカニズムの窓口紹介とともに、本社を置くドイツのNCPを苦情処理窓口として紹介しています。[39]日本でも、人権方針の中でOECD多国籍企業行動指針の遵守を表明している企業は多いと思いますが、企業としてNCPの利用を奨励し、積極的に発信していくことは、合意に基づくNCPプロセスの実効性を高める意味でも重要ではないかと考えます。

関連団体等が設立している苦情処理メカニズム

次に、国家以外の取り組みとして、関連団体等が設立している苦情処理メカニズムを紹介します。

まず、国際協力機構（JICA）が事務局を務め、民間セクター（企業・業界団体・経済団体等）、公的セクター（関係省庁・関係団体・国際機関等）連携の下で運営されている「責任ある外国人労働者受入れプラットフォーム（JP-MIRAI）」[40]があります。JP-MIRAIでは、外国人労働者の相談・救済窓口の提供を活動のひとつとして定めており、外国人労働者が仕事や生活の場で困ったことを、JP-MIRAIポータルのサイトから母国語で相談できる仕組みを運営する予定となっています。2022年5月からパイロット事業が動き出しており、指導原則に準拠した苦情処理メカニズムの構築に向けた準備が進められています。JP-MIRAIは外国人労働者の救済を対象とするプラットフォームではありますが、独立行政法人であるJICAが事務局を務めるマルチステークホルダー組織であることから、今後の取り組みが注目されるところです。

ビジネスと人権対話救済機構（JaCER）[41]は、電子情報技術産業協会（JEITA）、笹川平和財団、BHR Lawyersを中心とする組織で、指導原則に基づく非司法的な苦情処理の共同プラットフォームを構築し、中立的な立場から企業の苦情処理の支援を行うことを目指すものです。具体的には、①苦情処理メカニズムの運用支援、②第三者へのアクセス窓口の提供、③情報の発信・共有——の3つの機能を提供していくとされています。こちらは、民間主導の組織ではありますが、指導原則でも実効性要件のひとつとして要請されている正当性の確保等を念頭に置き、幅広い専門家やステークホルダーを巻き込んで設計されていることから、今後の効果的な運用が期待されています。

このように、マルチステークホルダーによる苦情処理メカニズムは未だ発展段階ではありますが、様々な団体が様々な取り組みを進めています。人権DDを積極的に進めてきた企業ほど、指導原則に沿った苦情処理メカニズムを個社で構築していくことに限界を感じている側面もあると思いますので、今後は企業や団体、専門家が知見やリソースを共有し合いながら、いかに協働して実効的な苦情処理メカニズムを構築していくかという点が、実務上のポイントとなってくるでしょう。

(4) 原則23、24：状況の問題

国内法と国際基準の要求水準が異なる場合

指導原則では、第2の柱における最後の原則として、「状況の問題」という見出しの中で、特定の状況において企業はどのようにふるまうべきかを規定しています。原則23では、次のように述べられており、企業が人権尊重責任を果たしていく際に直面する課題に対して、具体的な考え方を示しています。

原則23：あらゆる状況において、企業は、次のことをすべきである。

a．どこで事業をおこなうにしても、適用されるべき法をすべて遵守し、国際的に認められた人権を尊重する。

b．相反する要求に直面した場合、国際的に認められた人権の原則を尊重する方法を追求する。

c．どこで事業をおこなうにしても、重大な人権侵害を引き起こすまたは助長することのリスクを法令遵守の問題としてあつかう。

どこで事業を行う場合も適用される法を遵守することは当然のことですし、国際的に認められた人権を尊重することは、人権方針の中でコミットメントが求められる内容ですので、a.で記載されている事項は問題ないと思います。企業の実務上、問題となるのはb.の規定です。ここでは、国内法や国内の規則・慣行が国際的に認められた人権の考え方と相反する場合には、人権を尊重する方法を追求すべきであるとされています。この点について、人権方針で明記している企業も多いですが、具体的にどういうことか、少し説明が必要ではないかと思います。

まず、国内法と国際基準が相反する状況ではないものの、要求水準が異なる場合は、より高い水準を採用しましょう。もし国内法が国際基準を上回っている場合は、法違反の状況を招かないように、国内法の水準をクリアすることが求められます。一方で、国内法の基準が国際基準を下回っている場合は、企業の人権尊重責任が法令遵守を超える責任であることに鑑みて、国際基準を採用するべきとされています。

例えば、最低就労年齢については、途上国や軽易業務等に関する例外こそあるものの、義務教育修了年齢とし、いかなる場合も15歳を下回ってはならない、というのが国際基準とされています（ＩＬＯ１３８号条約第2条第3項。詳細は次章で解説）。ここで、例えば中国では、国内法で最低年齢を16歳と設定していますので（中華人民共和国労働法第15条）、15歳を雇用すると国内法違反となりますから、国際基準を上回る国内法の基準を採用しなければなりません。

一方で、インドでは2016年の児童労働改正法によって14歳から18歳が青年と定義されており、危険有害業務への従事等は禁止されているものの、企業は14歳から雇用することが可能となっています。[42] ILOでは、「経済及び教育施設が十分に発達していない加盟国」に対して、「開発途上国」の例外として、就業最低年齢を14歳とすることを許容しており、開発途上国に該当するかどうかの判断は、当該国自身が決めることとしています。[43] しかし、GDPにおいて既にフランスやイタリア、カナダ等のG7各国を上回っているインドが、開発途上国の例外を適用することの違和感もありますし、グローバルな監査基準では、途上国例外を許容しないものもあります。したがって、インドでは国内法において14歳が就労可能であったとしても、より高い基準である15歳以上を採用時の基準として採用することが、人権尊重を掲げる企業にとっては望ましい判断であるといえるでしょう。

このように、国内基準と国際基準が「異なる」場合であれば、高い基準を採用するという前提をまず、おさえていただければと思います。

国際基準と国内基準に矛盾がある場合

問題は、国内法の基準と国際的に認められた人権の考え方が「相反する」「矛盾する」ような場合です。このケースでは、国際基準を採用することが結果的に法違反を招くことになってしまうため、企業としては大変悩ましい問題となります。指導原則の解釈ガイドでは、具体的なケースとして、女性の権利や労働者の権利、プライバシーについての権利に関連するものが想定されるとしています。[44] 例えば、労働者の権利として、すべての労働者に対して結社の自由を保障するというのが国際基準の考え方ではありますが、国内法において、移民労働者等に対して労働組合の結成を制限するような規定があるといったようなケースが該当するでしょう。この場合、企業としてはどのように対応すべきでしょうか。

まず、人権尊重とは「ビヨンド・コンプライアンス」、すなわち法令遵守を超える企業の責任であることはこれまで述べてきた通りですが、一方で、原則23でも記載されている通り、どこで事業を行うにしても、適用される法律を遵守することは必要です。指導原則は、決して企業に対して当該国・地域での法律違反を奨励しているわけではありません。

指導原則では、相反した状況に直面した場合に、「国際的に認められた人権の原則を尊重する方法を追求」せよといっています。これはつまり、法律に違反しない限りにおいて、権利を尊重する方法を探せ、ということです。国際的に認められた人権には、その権利を保障すべき「理由」や「背景」が存在します。世界人権宣言等で列挙されている人権が、なぜ重要なのか、なぜその権利を保障しないと「人間の尊厳」が脅かされることになるのか、そういった点をきちんと理解することで、国内法に違反しない範囲で、国際的に認められた人権を実質的に保障する取り組みを行うことが企業には求められます。

先ほどの例として、中核的労働基準のひとつである「結社の自由」について考えてみましょう。

【図表39】 国際基準と国内基準の考え方

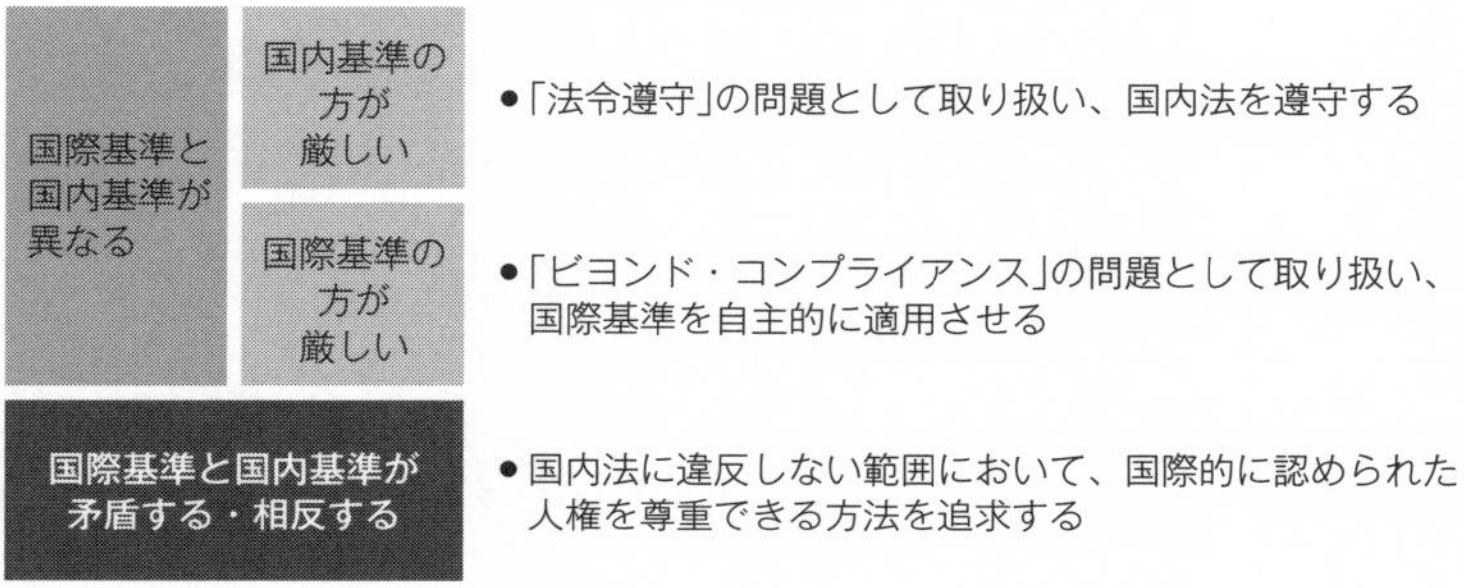

国際基準と国内基準が異なる	国内基準の方が厳しい	●「法令遵守」の問題として取り扱い、国内法を遵守する
	国際基準の方が厳しい	●「ビヨンド・コンプライアンス」の問題として取り扱い、国際基準を自主的に適用させる
国際基準と国内基準が矛盾する・相反する		●国内法に違反しない範囲において、国際的に認められた人権を尊重できる方法を追求する

（出所）三菱UFJリサーチ＆コンサルティング作成

国内法で、移民労働者について労働組合の加入が禁止されている場合、企業の判断や裁量で組合に加入させることは、国内法遵守の観点からも、また、組合への干渉という観点からも問題になるでしょう。こういった状況に直面する場合、結社の自由の保障が求められている「理由」や「背景」に立ち返って考え、実質的にその権利を保障するための代替策を考えていきます。

ここで、結社の自由を保障する背景を考えてみると、使用者の立場がどうしても強くなってしまう労使関係の中で、労働者が団結することで労使対等の理念を実現し、対等な立場で労働条件等を交渉することによって、労働者が搾取されるような事態が発生することを防ぐためであると考えられます。そこで、移民労働者が労働組合への加入を禁止されているのであれば、別途、移民労働者一人ひとりと面談する機会を設けたり、移民労働者の代表者を選定してもらい、その代表者と対話を行う枠組みを設けたりすることで、労働条件に関する意見を吸い上げる仕組みを整えること等が、代替案として考えられます。

このように、国際基準と国内法が矛盾する場合、企業は国内法を犯すのではなく、また、「国内法で禁止されているからしょうがない」と判断して国際基準を無視するでもなく、国内法の枠内で権利を実質的に保障する施策を検討していきましょう。企業だけで代替案の策定が難しい場合は、現地のNGOや人権に関する専門家等との対話を通じて、解決策を見出していくこともひとつの方法です。そして、企業は自社が国際的に認められた人権を尊重する方法を模索し、解決に向けて継続的に努力していることを示すために、積極的な情報開示を行っていくことが重要であると考えられます。

何を優先すべきか

また、原則23では「人権侵害のリスクを法令遵守の問題としてあつかう」とされていますが、これはどういうことなのかを簡単に説明しておきたいと思います。

日本にも刑法において「幇助犯」という概念がありますが、多くの国では犯罪への加担を禁止していますし、場合によっては犯罪に加担した企業に刑事責任を課すこともあります。また、企業は人権侵害を引き起こしたことによって、民事上の損害賠償責任が課せられることもあります。そして、こういった法的責任は、関係する人権リスクという面でも、また、地理的な適用範囲という面においても、近年、法律上の適用対象が拡大しています。したがって、企業は思いもよらないつながりから、法的責任を追及されることが考えられるのです。

指導原則の解釈ガイドでは、企業が提供した化学薬品が、その後、集団殺害犯罪行為（ジェノサイド）に使用されてしまったことで、戦争犯罪の後方支援を行ったとの申立てに基づいて、法律上の「加担」の罪に問われる、といったケースを事例として挙げています。このことから、指導原則では、企業活動が行われている国・地域の法律によらず、重大な人権侵害への関与のリスクがある事例に関しては、企業は常に法令遵守の問題として取り扱うべきであると規定しているのです。[45]

> 原則24：人権への実際及び潜在的な負の影響への対応策に優先順位をつける必要がある場合、企業は、第一に最も深刻な影響または対応の遅れが是正を不可能とするような影響を防止し、軽減するよう努めるべきである。

原則24が、第2の柱（企業の人権尊重責任）の最後の原則となります。この原則では人権への負の影響に対処する優先順位の付け方について述べた内容となっており、人権ＤＤの最初のステップで解説した内容と概ね同様です。人権とは不可分性、相互依存性や相互関連性等といった性質を持つものではありますが、一方で、企業がすべての人権への負の影響に即座に対応することは難しいとされています。そのため、規模や範囲、是正困難性等の基準によって優先順位付けを行い、ライツホルダーにとってより深刻な影響を及ぼすものから対処していくことが求められています。

(5) まとめ——企業に要請されている取り組み

本章では、指導原則において、企業に求められる人権尊重責任とはどのようなものかを解説してきました。本項では、最後に指導原則の中で企業に要請されている取り組みについておさらいをしておきたいと思います。

①人権方針の策定

■企業として、国際的に認められた人権を尊重することを文書等の形で宣言することが求められる。人権方針は、次の要件を満たす必要がある。

▼企業の最上級レベル(経営者)の承認を得ていること
▼社内外から得られた専門的助言を反映していること
▼企業が持つ人権についての期待を明記していること
▼一般に公開されていること
▼人権方針を事業方針及び手続の中に反映させ、定着させること

②人権DDの実践

■人権DDとは、重要な人権への影響を特定し、それに対して適切に対処するための、継続的な取り組みであり、次の4つのプロセス（PDCA）を回していくことを意味する。

▼自社が影響を与える人権課題の特定（Plan）

▼防止・是正・軽減措置の実施（Do）

▼実施状況のモニタリング（Check）

▼結果の開示による継続的改善（Action）

③是正や救済を可能とするプロセスとしての苦情処理メカニズムの構築

■指導原則が求める苦情処理メカニズムと内部通報窓口は異なるものである。企業は、次の要件を満たした苦情処理メカニズムを構築する必要がある。

▼正当性があること

▼社内外のステークホルダーがアクセスできること

▼手続等の予測可能性が担保されていること

▼公平であること

▼透明性があること

▼国際的に認められた人権の考え方と適合していること
▼継続的改善につなげるための情報源となること
▼ステークホルダーとのエンゲージメントや対話に基づくこと

■実効的な苦情処理メカニズムの構築は、①人権への負の影響を特定する際の情報源として活用できる、②苦情を受け付けることで負の影響の早期是正につなげることができる等、人権ＤＤを実施する上でもメリットがある。

■これらの要件をすべて満たした苦情処理のメカニズムを個社単位で構築していくことは難しい。国家が提供している苦情処理窓口の周知・啓発に努めることで補完的に活用すること、企業間のイニシアティブや業界団体、ＮＧＯ等との連携・協業を積極的に検討することも検討すべきである。

【状況の問題】

■人権尊重責任を履行する上では、次の点に留意すべきである。

▼国際基準と国内法の基準が異なる場合や、国内法において国際基準を遵守することが許容されている場合等は、より高い水準を採用して対応を行うことが求められる。

▼国際基準と国内基準が相反する場合、矛盾する場合は、国内法に違反しない範囲において国際的に認められた人権を尊重する方法を追求することが重要である。

▼人権への対処に優先順位をつけて対処していく必要がある場合には、人権の影響を受ける側（ライツホルダー）の視点で評価を行うことが重要である。優先順位をつける際の判断基準はライツホルダーにとっての「深刻性」の大きさであり、これは「規模」や「範囲」、「是正困難性」等によって評価される。

以上が、企業が果たすべき人権尊重責任の全体像です。

企業は、指導原則で定められた3つの取り組みの実践を通じて、人権への負の影響に適切に対処することが求められているのです。しかし、実際にどのように取り組みを実践していくか、まだイメージがつかめないという読者もいらっしゃるかもしれません。そこで、次章では、日本企業の先進事例を紹介していきたいと思います。先行して企業の人権尊重責任を積極的に果たそうとしている企業の事例を通じて、本章でご紹介した取り組みを推進していく具体的なイメージをつかんでいただければと思います。

▼注

1 国連連合広報センター「ビジネスと人権に関する指導原則：国際連合「保護、尊重及び救済」枠組実施のために（A/HRC/17/31）」（２０１１年３月21日）（指導原則の翻訳は国連広報センターの翻訳に基づく）（https://www.unic.or.jp/texts_audiovisual/resolutions_reports/hr_council/ga_regular_session/3404/ ２０２２年８月５日閲覧）

2 The Office of the United Nations High Commissioner for Human Rights, "THE CORPORATE RESPONSIBILITY TO RESPECT HUMAN RIGHTS：An Interpretive Guide"，（https://www.ohchr.org/sites/default/files/Documents/Issues/Business/RtRInterpretativeGuide.pdf 2022年8月5日閲覧）

3 The Office of the United Nations High Commissioner for Human Rights, "FREQUENTLY ASKED QUESTIONS ABOUT THE GUIDING PRINCIPLES ON BUSINESS AND HUMAN RIGHTS"（https://www.ohchr.org/sites/default/files/Documents/Publications/FAQ_PrinciplesBussinessHR.pdf ２０２２年８月５日閲覧）

4 前掲注３ ＦＡＱ Ｑ27

5 国連広報センター「ＩＬＯとは」（https://www.unic.or.jp/info/un_agencies_japan/ilo/ ２０２２年８月５日閲覧）

6 ＩＬＯ「ＩＬＯ憲章、フィラデルフィア宣言」（https://www.ilo.org/tokyo/about-ilo/organization/WCMS_236600/lang--ja/index.htm ２０２２年８月５日閲覧）

7 前掲注２ 解釈ガイド Ｑ11

8 前掲注２ 解釈ガイド ７ページ

9 OHCHR and UN Global Compact,「A Guide for Business How to Develop a Human Rights Policy（2015）" 16p（https://www.ohchr.org/sites/default/files/Documents/Issues/Business/guide-business-hr-policy.pdf ２０２２年８月５日閲覧）

10 前掲注３ ＦＡＱ Ｑ26

11 前掲注２ 解釈ガイド p.6, Due Diligence

12 Working Group on Business and Human Rights, Companion note I to the Working Group, 2018 report to the General Assembly（A/73/163), Corporate human rights due diligence – Background note elaborating on key aspects Version 16.10.2018,（https://www.ohchr.org/sites/default/files/Documents/Issues/Business/Session18/CompanionNote1DiligenceReport.pdf　２０２２年８月５日閲覧）

13 前掲注２ 解釈ガイド p.5, Adverse human rights impact

14 法務省「今企業に求められる「ビジネスと人権」への対応 詳細版」11頁以降（https://www.moj.go.jp/content/001376897.pdf　２０２２年８月６日閲覧）

15 ＯＥＣＤ「責任ある企業行動のためのＯＥＣＤデュー・ディリジェンス・ガイダンス」（２０１８年）Ｑ20、62－63頁（https://mneguidelines.oecd.org/OECD-Due-Diligence-Guidance-for-RBC-Japanese.pdf　２０２２年８月５日閲覧）

16 前掲注２ 解釈ガイド p.7, Human rights risks

17 前掲注２ 解釈ガイド Ｑ13

18 前掲注２ 解釈ガイド p.7, Human rights risks

19 前掲注２ 解釈ガイド Ｑ37

20 前掲注２ 解釈ガイド Ｑ88

21 前掲注２ 解釈ガイド p.7, Prevention

22 前掲注14 ＯＥＣＤ ＤＤガイダンス p.74 Ｑ32

23 前掲注２ 解釈ガイド p.7, Remediation/remedy

24 前掲注２ 解釈ガイド p.7, Mitigation

25 前掲注２ 解釈ガイド Ｑ32

26 前掲注14 ＯＥＣＤ ＤＤガイダンス Ｑ48

27 前掲注２ 解釈ガイド Ｑ48

28 前掲注２ 解釈ガイド Q48

29 前掲注２ 解釈ガイド Q51

30 前掲注２ 解釈ガイド Q51

31 OHCHR, Report on Indicators for Monitoring Compliance with International Human Rights Instruments（HRI/MC/2006/7）, p.3, para 7（https://documents-dds-ny.un.org/doc/UNDOC/GEN/G06/419/60/PDF/G0641960.pdf?OpenElement　２０２２年８月５日閲覧）

32 申 惠丰『国際人権法【第２版】―国際基準のダイナミズムと国内法との協調』（信山社、２０１６年）３１４頁

33 OHCHR, "HUMAN RIGHTS INDICATORS A Guide to Measurement and Implementation（2012）p.50（https://www.ohchr.org/sites/default/files/Documents/Publications/Human_rights_indicators_en.pdf　２０２２年８月５日閲覧）

34 Shift & Mazars LLP, The UN Guiding Principles Reporting Framework（2015）（https://www.ungpreporting.org/wp-content/uploads/UNGPReportingFramework_withguidance2017.pdf　２０２２年８月５日閲覧）

35 前掲注２ 解釈ガイド Q65、Q70

36 前掲注２ 解釈ガイド Q77

37 前景注32 ４４４頁

38 Global Alliance of Human Rights Institutions（GANHRI）ＷＥＢサイト Membership,（https://ganhri.org/membership/　２０２２年８月５日閲覧）

39 adidas, Third Party Complaint Process Breaches to the adidas, Workplace Standards or Violations of International Human Rights or Environmental Harm"（https://www.adidas-group.com/media/filer_public/dd/67/dd6737b9-cbfd-4859-9735-74500d3a24d9/third_party_complaint_process_adidas_august_2021.pdf　２０２２年８月５日閲覧）

40　ＪＰ－ＭＩＲＡＩ　ＷＥＢサイト「活動内容」（https://jp-mirai.org/jp/%e6%b4%bb%e5%8b%95%e5%86%85%e5%ae%b9/　２０２２年８月５日閲覧）

41　笹川平和財団WEBサイト「ビジネスと人権対話救済機構」の発足を発表苦情処理の共同プラットフォームを構築　責任ある企業行動のための対話救済フォーラム２０２２」（https://www.spf.org/spfnews/information/20220314.html　２０２２年８月５日閲覧）

42　ＪＥＴＲＯ「インド労働法の改正点」（２０１７年３月）（https://www.jetro.go.jp/ext_images/_Reports/02/2017/1beabca6601ec1bb/rp-In201703.pdf　２０２２年８月５日閲覧）

43　ＩＬＯ「児童労働Ｑ＆Ａ」（https://www.ilo.org/tokyo/helpdesk/WCMS_634108/lang-ja/index.htm#A8　２０２２年８月５日閲覧）

44　前掲注２　解釈ガイド　Ｑ83

45　前掲注２　解釈ガイド　Ｑ84

第3章

指導原則に基づく企業の取り組み事例

本章では、本書執筆時点（2022年7月現在）における日本企業の実際の取り組みについて、指導原則で要請される、①人権方針の策定、②人権DDの実践、そして、③苦情処理メカニズムの構築――の3点に分けて紹介していきます。海外企業の事例も参考とはなりますが、今回はより読者の皆さんに具体的な取り組みイメージを持っていただけるように、日本企業の事例に絞っています。なお、本書で紹介する情報は各社の公開情報に基づく内容ですので、関心のある企業の事例については各社のWEBサイト等で詳細を確認してみて下さい。

1 人権方針の策定

指導原則等で求められる要件に従って策定されている先行企業の人権方針をいくつか紹介して

いきますが、その前に、第2章で取り上げた人権方針のコンテンツについて、改めて整理をしておきます。企業の人権方針では、指導原則で定められた形式要件に加えて、記載が必要な項目（必要記載項目）と記載が推奨されている項目（推奨記載項目）がありました。これから紹介するのは、これらの形式要件や必要記載項目をクリアし、推奨記載事項についても一部、言及しているような事例です。企業が人権方針を策定する際には、まず形式要件と必要記載事項をおさえた上で、可能な限り、推奨記載項目への言及を検討していきましょう。

【形式要件】
□企業の最上級レベル（経営者）の承認を得ていること
□社内外から得られた専門的助言を反映していること
□一般に公開されていること
【必要記載項目】
□人権方針を事業方針及び手続の中に反映させ、定着させること
□国際的に認められた人権基準を尊重するというコミットメント
□従業員、ビジネスパートナー、そのほか関係者に対する自社からの期待
□会社としてどのように人権方針で宣言した内容を実践していくかの情報
【推奨記載項目】

□人権方針の策定プロセス
□企業が重要視している人権に関する優先領域
□国内の法的要求事項と国際的な人権基準が矛盾した際の対処方法
□人権を「支持」するための宣言
□最も重要な人権課題の概要と人権尊重責任を果たすための対応

(1) ANAホールディングス(HD)

ANAHDの人権方針は、A4で1枚というコンパクトな分量の中に指導原則で求められている内容がカバーされており、非常に参考になります。

まず、形式要件についてですが、企業の最上級レベルの承認として、代表取締役の署名がなされています。次に、専門的な助言については「7　対話・協議」の項目において、「独立した外部からの専門知識を活用する」ことが明記されています。また、本方針は、ANAHDのWEBサイト上で一般に公表されています。人権方針が事業方針や手続の中に反映されているかという点に関しては、「1　位置づけ」の項目において、「本方針は、グループ経営理念、経営ビジョン、行動指針（ANA's WAY）に基づき、人権尊重の取り組みについての約束を示すものです」と記載することで、既存の方針・規程類の中での位置づけを明確にしています。

【図表40】 ANAグループの人権方針

ANA グループ人権方針

ANA グループは、「世界のリーディングエアライングループ」となるうえで、自らの事業活動において影響を受けるすべての人びとの人権が尊重されなければならないことを理解し、これらの人びとが尊厳を守られ、敬意を払われるように力を尽くします。

1. 位置づけ

ANA グループは、国際人権章典(世界人権宣言と国際人権規約)、労働における基本的原則および権利に関する国際労働機関の宣言、国連グローバル・コンパクトの 10 原則、および国連のビジネスと人権に関する指導原則を基に、ANA グループ人権方針（以下、本方針）を定め、人権尊重の取り組みを推進していきます。また本方針は、グループ経営理念、経営ビジョン、行動指針（ANA's Way）に基づき、人権尊重の取り組みについての約束を示すものです。

2. 適用範囲

本方針は、ANA グループの全役職員（役員・正社員・契約社員を含む、すべての社員）に対し適用されます。また、ANA グループは、ビジネスパートナーおよびサプライヤーに対して、本方針を支持し、同様の方針を採用するように継続して働きかけ、協働して人権尊重を推進します。

3. 人権尊重の責任

ANA グループは、自らの事業活動において影響を受ける人びとの人権を侵害しないこと、また自らの事業活動において人権への負の影響が生じた場合は是正に向けて適切に対処することにより、人権尊重の責任を果たします。ビジネスパートナーやサプライヤーにおいて人権への負の影響が引き起こされている場合には、影響力を行使し、適切な対応をとるよう促します。ANA グループは、本方針実施の責任者（チーフ CSR プロモーションオフィサー）を置き、当該責任者は本方針が遵守されているか監督する責任を負います。

4. 適用法令の遵守

ANA グループは、日本国はもとより、事業活動を行うそれぞれの国または地域における法と規制を遵守するとともに、国際人権基準を最大限尊重し、積極的に推進します。

5. 教育

ANA グループは、自らの役職員に対し、適切な教育を行います。

6. 人権デューディリジェンス

ANA グループは、国連のビジネスと人権に関する指導原則において詳述される手順に従って人権尊重の責任を果たすため、人権デューディリジェンスの仕組みを構築し、これを継続的に実施します。人権デューディリジェンスとは、自社が社会に与えうる人権への負の影響を防止または軽減するために、予防的に調査・把握を行い、適切な手段を通じて是正し、その進捗ならびに結果について外部に開示する継続的なプロセスを言います。

7. 対話・協議

ANA グループは、本方針の一連の取り組みにおいて、独立した外部からの人権に関する専門知識を活用するとともに、私たちの事業の影響を受ける人びととの有意義な協議を、誠意をもって行います。

制定年月日 2016 年 4 月 1 日
ANA ホールディングス株式会社
代 表 取 締 役 社 長
片野坂　真哉

（出所）ANAホールディングスHP

必要記載事項については、「1　位置づけ」の箇所で、国際的に認められた人権として最低限参照すべきとされている「国際人権章典」と「ILO宣言」に言及し、「4　適用法令」において、「国際人権基準を最大限尊重し、積極的に推進する」としています。また、「2　適用範囲」の中でビジネスパートナーやサプライヤーに対して、本方針を支持することを求めています。そして、具体的に何を実践していくかについては、人権DDの仕組みの構築、役職員に対する研修、ステークホルダーとの有意義な対話・協議等を継続的に実施していくことが宣言されています（図表40）。

（2）キリンホールディングス（HD）

キリンHDの人権方針は、方針の位置付けやビジネスパートナーへの期待、適用範囲や運用の責任者等について前文で明記しています。また、「1　人権尊重の実践」において、国際的に認められた人権を尊重することを宣言しているほか、「当該国の法規制と国際的な人権規範が異なる場合は、より高い基準に従い、相反する場合には、国際的に認められた人権を最大限尊重する方法を追求します」と述べています。さらに、「3　人権デューデリジェンスの実施」では、実効性のある通報体制の整備や教育研修、ステークホルダーとの協議の実施について言及するだけでなく、「優先順位をつける必要がある場合には、規模、範囲、是正困難性を鑑み、人権に対する最

【図表41】 キリングループの人権方針の策定プロセス

策定プロセス	目的
プロジェクト結成	社内外専門家のアドバイスを得る。グループメンバーの人事・CSV戦略・調達・法務・経営企画・監査・協和発酵キリン社・ライオン社・ミャンマーブルワリー社で協働し、人権の状況や理解を深めていく。
ベンチマーク分析	先行企業の人権尊重の取り組み状況を確認し、取り組むべきポイント、好事例を理解する。
人権リスクの洗い出し	酒類/飲料、医薬業界に関連し、かつキリングループが操業や調達を行う地域で、一般的に想定される人権上のリスクを認識し、理解する。
人権方針ドラフト作成	「指導原則」に準拠し、各事業に照らし対処すべき人権課題や長期的な取り組みについてコミットする。
ステークホルダー・ダイアログ	影響力を持つ人権活動家・有識者と人事役員が意見交換し、アドバイスを取り入れる。ステークホルダーとは継続した対話と関係づくりをしていく。
キリンホールディングス取締役会決議	「指導原則」に従い、最上級レベルで承認する。

（出所）キリンホールディングスHP

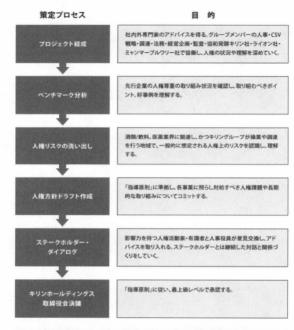

も深刻な負の影響に対処することを優先します」と記載しており、指導原則に基づいて段階的に取り組みを進めていくとしています。

キリンＨＤの人権方針が公表されているＷＥＢサイトでは、人権方針の策定プロセスが詳細に説明されていますが、ステークホルダーとのエンゲージメントを策定プロセスに組み込んでいることが非常に特徴的です。同サイトによれば、人権方針策定プロジェクトを社内で立ち上げた後、先行企業のベンチマーク分析や業種の人権リスクの洗い出しを実施した上で、人権方針のドラフトを策定しています。そして、人権方針のドラフトを基に人権活動家や有識者等の社外ステークホルダーとの対話を実施し、最終的には指導原則に従って最上級レベルでの承認を経て最終版の方針を公表しているとのことです。同サイトでは、冒頭に社長のメッセージも記載されており、トップのコミットメントが強く感じられる開示となっています（図表41）。

（3）カシオグループ

カシオグループの人権方針では、「1　基本原則と本方針の位置づけ」の中で国際的な人権規範の遵守と人権方針の位置づけを定めているほか、人権ＤＤの実施や是正措置の実施、情報開示や教育・研修の推進、ステークホルダーとの対話・協議について記載しています。また、事業活動を行う各国・地域の法令遵守のみならず、各国・地域の法令と国際的な人権の原則が相反する場合に、国際的な人権の原則を尊重する方法を追求することについても言及しています。WEBサイトでの公表や代表取締役社長名義での発信等、指導原則上の形式要件等も十分に満たしているといえます。

カシオグループの人権方針の特徴は、推奨記載項目である「重要な人権課題」について、「別表」で整理していることです。人権方針本文においても、「9　人権に関する重点課題」の中で、重点課題を設定した上で人権ＤＤの仕組みを構築していくことや、当該重点課題は社会の変化や事業の動向などを踏まえ、適宜見直しを図っていくことなどが明記されており、方針の後に「別表」として、カシオグループの重点課題が記載されています。

企業にとって優先的に取り組むべき人権課題は、人権尊重のコミットメントを示す上で非常に重要であるといえますが、一方で、人権課題の優先順位付けや顕著な人権課題の特定は、人権ＤＤのプロセスの中で実施される取り組みです。前章で述べたように、多くの企業は、セオリー通り、人権方針を策定した後に人権ＤＤに着手していくことになるため、人権方針策定時に、自社にとって重要な課題を特定できていないケースも多いと思います。そこで、まずは人権方針を策定した上で、方針に基づいて人権ＤＤを実施し、その過程で顕著な課題の特定が完了したら別表のような形で方針に反映するというアプローチも有効といえるでしょう（図表42）。

【図表42】 カシオグループの人権方針

9. 人権に関する重点課題
カシオは、人権に関する当面の重点課題を別表「カシオグループ　人権に関する重点課題」のとおり設定し、これらについて、本方針に基づき人権デュー・ディリジェンスの仕組みを構築した上で、適切に実施していきます。
なお、当該重点課題については、社会の変化や事業の動向などを踏まえ、適宜見直しを図っていきます。

カシオグループ　人権に関する重点課題

(1)差別の排除
カシオは、あらゆる差別やハラスメント等個人の尊厳を傷つける行為は行いません。

(2)児童労働、強制労働の禁止
カシオは、児童労働、強制労働・奴隷労働、および人身売買による労働を一切認めません。

(3)労働基本権の尊重
カシオは、結社の自由、ならびに労働者の団結権および団体交渉をする権利をはじめとする労働基本権を尊重します。

(4)適切な賃金支払いおよび労働時間の管理
カシオは、賃金支払いや労働時間の管理を適切に行います。

(5)多様性の尊重
カシオは、従業員の多様性を尊重し、活力ある職場環境の整備に努めます。

(6)ワークライフバランス実現の支援
カシオは、従業員のワークライフバランスの重要性を理解し、その実現の支援に努めます。

(7)安全な職場環境の確保と健康増進の支援
カシオは、安全かつ衛生的で快適な職場環境を確保し、従業員の健康づくりの支援に努めます。

制定年月日　2014年　7月　1日
改定　2016年11月　1日

※本別表の内容につき、カシオグループ各社は、各国・地域の法令や社会慣習、事業特性に配慮し、その本旨と矛盾しない範囲で、修正することができます。

（出所）カシオグループHP

(4) NTTグループ

NTTグループの人権方針は2021年11月に策定されたもので、比較的新しいといえますが、特に、重要と考える人権課題への対応について、非常に踏み込んだ独自性のある記載内容になっています。

まず特筆すべきは、そのボリュームの多さです(全6ページ)。欧州の企業等では大ボリュームの人権方針も散見されますが、日本企業でこれだけの分量で人権尊重に向けたコミットメントを表明している事例は少なく、企業としての意欲や本気度を感じることができます。

また、自社として取り組むべき人権課題についても大変詳しく記載されています。NTTグループの人権方針では、グローバルなテクノロジー企業として、特に注力すべき重要な人権課題が特定されており、それぞれの課題別に行っていくべき施策についても言及されています。例えば、「『高い倫理観に基づくテクノロジー』の推進」の項目では、個人情報保護やプライバシー等に関する権利のほか、テクノロジーの発展が新たにもたらす人権課題への対応、アルゴリズムやデータバイアスから生まれる差別といったデータ利用におけるネガティブな影響について記載されています。

非財務情報開示の領域では、しばしば「自由演技」と「規定演技」のバランスが大切であるというたとえが用いられますが、人権方針にも同じことがいえるかもしれません。指導原則に基づ

【図表43】 NTTグループの人権方針

前文
第一章　国際規範への対応
第二章　特に重要と考える人権課題への対応

■ **「Diversity & Inclusion」の推進**
- 差別の禁止
- 自由と権利の尊重
- 職場における公平性
- 格差と貧困

■ **「高い倫理観に基づくテクノロジー」の推進**
- テクノロジー
- データバイアス
- プライバシー
- 個人情報保護
- セキュリティ

■ **「Work in Life（健康経営）」の推進**
- 多様な働き方
- 強制労働・児童労働の禁止
- 職場の安全
- 結社の自由と団結権
- 生活賃金
- 福利厚生の充実

■ **「適切な表現・言論・表示」の推進**
- 広告や表示における表現
- 表現の自由
- アクセシビリティ

第三章　適用の範囲
- ステークホルダー
- バリューチェーン・マネジメント

第四章　デューデリジェンス
- リスク特定・評価
- 事業への浸透
- 実効性・有効性の確認
- 公開・評価
- 第三者機関との対話
- 取引の中止

第五章　告発・救済

（出所）NTTグループHP

く要求事項をただなぞるだけでは、その企業の人権に対する考えやスタンス、トップのコミットメントの強さや本気度といったものはみえません。これから人権方針を策定する企業は、必要事項や形式要件を満たした上で、いかに自社の独自性を出していくかも問われてくるといえるでしょう（図表43）。

2 人権ＤＤの実践

次に、企業の人権尊重責任の中核である人権ＤＤ（デューディリジェンス）の実践に関する事例を紹介します。近年、人権方針を策定する企業はかなり増加してきている印象ですが、指導原則に基づいて人権ＤＤを適切に実施できている企業は、そこまで多くはありません。本書で紹介する事例を参考に、ぜひ人権ＤＤを実践に移してもらえればと思います。

第2章で述べた通り、人権ＤＤとは継続的な改善のプロセスそのものですから、ここで紹介する企業の取り組みも決して完璧とはいえません。人権ＤＤのプロセスに終わりはなく、先進企業においても、段階的な改善プロセスの途上であるといえるでしょう。そのため、先進企業の事例をみて、「こんな取り組みは自社にできるはずはない」と思わずに、まずはできるところから着手していくことが重要です。

人権ＤＤの具体的な内容は第2章で解説した通りではありますが、ここで、改めて概要を整理しておきたいと思います。人権ＤＤとは「事業や製品、サプライヤーやビジネスパートナーのネットワーク全体における人権への影響を特定し、それらに対処するための継続的なプロセス」です。自社が対処すべき重要な人権への影響を特定し、それに対して適切に対処するための継続的な取り組みであり、次の４つのプロセス（ＰＤＣＡ）を回していくことを意味するものとされています。

①自社が影響を与える人権課題の特定（Plan）
②防止・是正・軽減措置の実施（Do）
③実施状況のモニタリング（Check）
④結果の開示による継続的改善（Action）

この４つの取り組みを適切に回すことができている企業が、人権ＤＤのプロセスを構築できている企業です。日本企業の中には、取引先に調査票を展開し、状況の把握を行うことが人権ＤＤであるとしている企業も散見されます。確かに、サプライチェーンの実態把握や取引先とのコミュニケーションは人権ＤＤのプロセスを回していくうえで重要な取り組みではありますが、ただ取引先に調査票を配布し、その結果を開示するだけでは人権ＤＤを適切に行っているとはいえません。自社のビジネスモデルにおける人権への負の影響を評価し、特定することで適切な優先順位と資源配分を行い計画的に取り組んでいくこと、そして、その計画に沿った施策が実効性を持ったものであったのかをモニタリングし継続的改善につなげていくことこそが、人権ＤＤの要諦であるといえるでしょう。以下では、そのような観点で人権DDに取り組んでいる企業の事例を紹介していきます。

(1) SOMPOホールディングス(HD)——人権課題の特定

SOMPOHDの人権DDのプロセスは、2018年度から、戦略的リスク経営(ERM)及びCSRマネジメントシステムの枠組みを活用し、体系的、継続的に運用されています。関係部門やグループ会社が行う全社的リスクアセスメントに人権リスクの観点を新たに加えることで、グループの業務に起因する人権に負の影響を与えるリスクの洗い出しに活用しています。また、CSRマネジメントシステムに人権課題を組み込んでおり、関係部門やグループ会社において、人権リスクの洗い出し、対応策の計画、実施をボトムアップ形式で実施しています。

人権リスクの洗い出し・評価については、SOMPOグループのすべての事業(損保・生保・介護・その他戦略事業)及び事業プロセス(バリューチェーン全体)において発生する可能性のある「人権の尊重に関する潜在的な影響とリスク」を特定しています。人権リスクの洗い出しでは、UNEP FIが金融機関向けに策定した人権リスクに関するガイダンス(UNEP FI Human Rights Guidance Tool for the Financial Sector)や、国連グローバル・コンパクト・ネットワーク・ジャパンのCSR調達セルフ・アセスメント質問表等のガイドラインを参照しています。

【図表44】 SOMPOホールディングスの取り組み

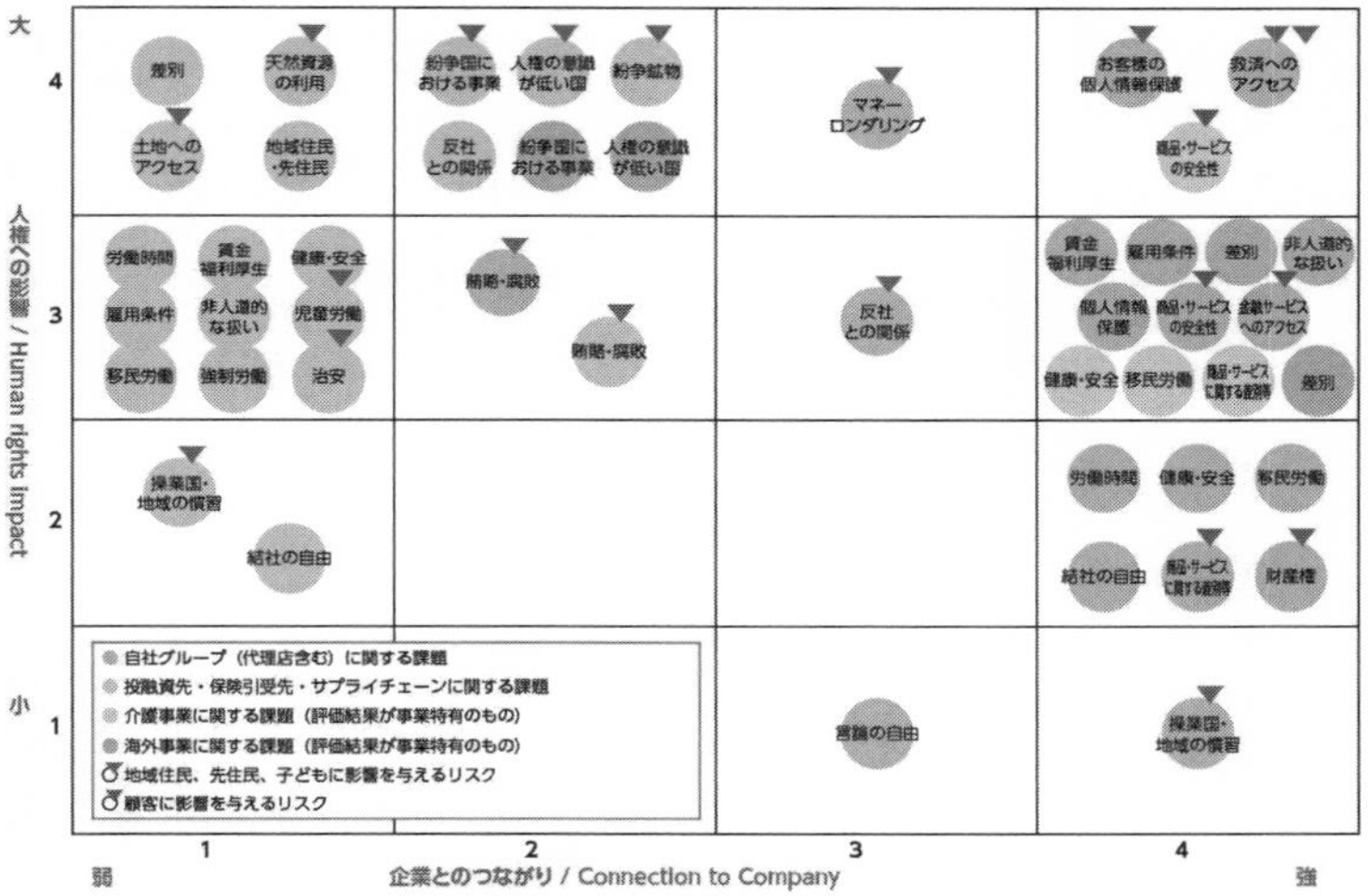

重点課題	影響を受けるグループ	事業
従業員の健康および安全	従業員	全事業共通
長時間労働	従業員・サプライチェーン上の労働者	全事業共通
不適切な賃金および福利厚生	従業員・サプライチェーン上の労働者	全事業共通
従業員等への非人道的扱い（ハラスメントを含む）	従業員	全事業共通
従業員およびお客様の個人情報漏えい・プライバシー侵害	従業員・お客さま	全事業共通
商品・サービスにかかわる差別などの人権侵害	お客さま	介護事業
商品・サービスの安全	お客さま	介護事業

（出所）SOMPOホールディングスHP

2020年度に実施した人権リスク評価では、「人権への影響度（深刻度、影響を受ける人数、救済可能性）」と、そのリスクと「企業（自社）とのつながり」を評価軸とした分析を行い、結果を開示しています。

SOMPOHDでは、発生可能性のある人権課題をバリューチェーン全体で洗い出し、深刻性等の視点から重点課題を特定している点が特徴的です。同社も採用しているマトリクス評価アプローチは、サステナビリティ経営におけるマテリアリティ特定に慣れている担当者であれば馴染みやすい手法であり、参考となる事例といえるでしょう（図表44）。

(2) ソフトバンク――人権課題の特定～防止・是正・軽減措置の実施

ソフトバンクでは、人権DDのプロセスを「コミットメント」「アセスメント」「アクション」「コミュニケーション」のステップに分けて開示を行っています。

そのうち、「アセスメント」のステップでは、影響度を縦軸、発生可能性を横軸にしたマトリクス評価を行っています。また、マトリクス評価を実施する際に、評価対象となる人権リスクについて、影響を受けるステークホルダーを「ソフトバンク従業員」「グループ会社従業員」「サプライチェーン」「フランチャイズ」「顧客」に分けて整理しています。その上で、評価の結果として特定された人権リスクと紐づけを行い、ステークホルダーセグメントごとに詳細なアセスメントを実施しています。

「バリューチェーンに対する人権アセスメント」では、２０２０年度以降、主要サプライヤー並びに主要な当社販路かつお客さまとの窓口であるソフトバンクショップ、ワイモバイルショップを運営する販売代理店に対して、人権への取り組み及び人権侵害の加担の有無などに関するセルフアセスメントを継続的に実施しています。全国のソフトバンクショップ及びワイモバイルショップのうち９割以上の店舗を運営する販売代理店87社に対して、セルフアセスメントを実施し、潜在的な人権リスクのみられた11社に対しては、改善要請等を依頼しています。

また、「当社グループ会社に対する人権アセスメント」では、当社及び国内外の子会社１６６社、関連会社34社に対して、人権に関するセルフアセスメントを実施しており、その結果、潜在的な人権リスクがみられた34社（うち、関連会社２社）に対しては、リスクの緩和策として、バリューチェーンへの対応同様に改善要請等を依頼しています。

さらに、「当社従業員に対する人権アセスメント」では、２０１５年から２０２１年にかけて、累計２万６１００名の従業員との人事面談を行うとともに、２０２１年には従業員２万５５００名に対して、人権に関する理解促進と職場での人権侵害有無の確認を目的としたアンケート調査を実施しており、その結果浮かび上がった人権リスクになり得る11の項目に対して、リスク低減のための施策を立案・実施しています。

ソフトバンクでは、コミットメントから人権課題の特定～各課題に基づく施策の実施の流れが

【図表45】 ソフトバンクの取り組み

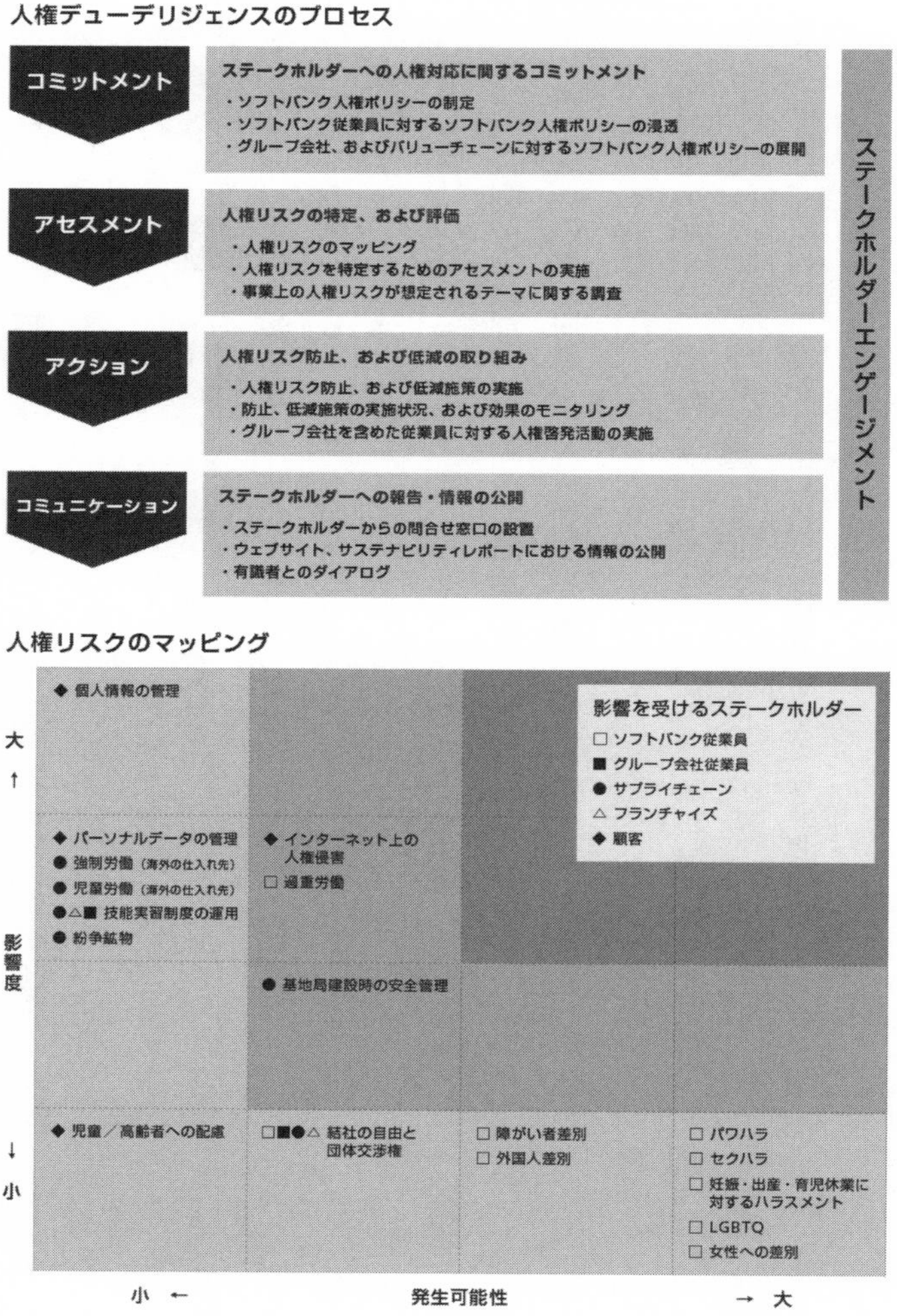
人権デューデリジェンスのプロセス
コミットメント
ステークホルダーへの人権対応に関するコミットメント
・ソフトバンク人権ポリシーの制定
・ソフトバンク従業員に対するソフトバンク人権ポリシーの浸透
・グループ会社、およびバリューチェーンに対するソフトバンク人権ポリシーの展開
アセスメント
人権リスクの特定、および評価
・人権リスクのマッピング
・人権リスクを特定するためのアセスメントの実施
・事業上の人権リスクが想定されるテーマに関する調査
アクション
人権リスク防止、および低減の取り組み
・人権リスク防止、および低減施策の実施
・防止、低減施策の実施状況、および効果のモニタリング
・グループ会社を含めた従業員に対する人権啓発活動の実施
コミュニケーション
ステークホルダーへの報告・情報の公開
・ステークホルダーからの問合せ窓口の設置
・ウェブサイト、サステナビリティレポートにおける情報の公開
・有識者とのダイアログ
ステークホルダーエンゲージメント
人権リスクのマッピング
◆ 個人情報の管理
◆ パーソナルデータの管理
● 強制労働（海外の仕入れ先）
● 児童労働（海外の仕入れ先）
●△■ 技能実習制度の運用
● 紛争鉱物
◆ インターネット上の人権侵害
□ 過重労働
● 基地局建設時の安全管理
◆ 児童／高齢者への配慮
□■●△ 結社の自由と団体交渉権
□ 障がい者差別
□ 外国人差別
□ パワハラ
□ セクハラ
□ 妊娠・出産・育児休業に対するハラスメント
□ LGBTQ
□ 女性への差別
影響を受けるステークホルダー
□ ソフトバンク従業員
■ グループ会社従業員
● サプライチェーン
△ フランチャイズ
◆ 顧客
大 ↑ 影響度 ↓ 小
小 ← 発生可能性 → 大

（出所）ソフトバンクHP

整理されており、それらの進捗状況を定量的に公表しているため、参考になる事例かと思います（図表45）。

(3) ライオン——防止・是正・軽減措置の実施

ライオンでは、「原材料の調達」から「消費者による使用」に至るバリューチェーン上で起こり得る人権課題の抽出と対応を最優先に、人権の負の影響をステークホルダー別に評価・特定し、負の影響の防止、軽減、救済措置を行う仕組みの充実を図っています。

「原材料の調達」の現場では、児童労働や移民労働者に対する強制労働等の人権侵害リスクが危惧されているほか、「当社での活動」では、人種、宗教、性別、性的指向、年齢、国籍、障害等の多様性を認めること等を確認しています。そこで、ライオンは、これらの人権リスクの低減・緩和対策として、年1回、国内外グループ会社及びサプライヤーに対する調査を実施しています。

海外関係会社においては、責任者にコンプライアンス状況のヒアリングを行い、取り組みや課題の把握に努めています。その他にも、事業を展開する国や地域で新たに制定された人権や労働に関する法律や制度、現地で発生した人権侵害事例の情報提供を外部のコンサルタントに依頼し、その情報を現地と共有することで、懸念される人権リスクへの対応を促進しています。

ライオンでは、潜在的な人権への負の影響を特定し、自社のバリューチェーンに落とし込むと

【図表46】 ライオンの取り組み

バリューチェーン・ステークホルダー別　当社の人権侵害防止に対する取り組みの全体像

バリューチェーン	原材料調達	当社での活動	消費者による使用
潜在的な人権侵害リスク	・調達・生産現場での強制・児童労働等 ・外国人労働者、移民、難民への差別 ・森林伐採による住民の健康被害	・工場稼働による地下水の枯渇／排水処理の不備 ・従業員の労働安全と健康の未配慮 ・職場でのパワハラ、セクハラ行為 ・セクシャルマイノリティへの差別 ・長時間労働の強要	・商品への不適切表示、商品誤使用による事故 ・不適切なお客様対応 ・個人情報の漏洩やプライバシーの侵害
	ステークホルダー・エンゲージメント➡関連情報 人権影響評価		
ステークホルダーと主な取り組み	パーム農園 ・RSPOの活動に参画 ➡関連情報 ・認証パーム 誘導体の継続購入 ➡関連情報 サプライヤー ・調達基本方針、ライオングループサプライヤーCSRガイドラインに基づくCSR調達 ➡関連情報 ・Sedexへの加入 ➡関連情報	当社工場周辺の居住者 ・環境方針の下での環境管理による汚染の予防や法規制の遵守 ➡関連情報 ・新工場の建設時における環境アセスメントの実施 ヒト試験の被験者 ・ヘルシンキ宣言の尊重 ・被験者の安全と倫理的配慮を最優先するための「ヒト試験実施規程」の運用 グループ従業員 ・「ライオン企業行動憲章」「行動指針」の周知徹底 ➡関連情報 ・宗教や人種差別、採用・人事評価・処遇への不当な対応を抑制する環境づくり ・結社の自由と団体交渉権の尊重 ➡関連情報 ・労働安全衛生管理の強化と健康経営の推進 ➡関連情報 ・「ハラスメント防止宣言」の周知徹底による意識向上 ・人権教育の実施（e-ラーニング研修） ➡関連情報 ・「コンプライアンス意識調査アンケート」の実施による負の影響のモニタリング ➡関連情報 ・ワーク・ライフ・バランスの推進 ➡関連情報	お客様 ・「製品マネジメントシステム」による安全と機能の徹底的な追及 ➡関連情報 ・「表示作成マニュアル」による高齢者や子ども等の弱者への配慮 ➡関連情報 ・お客様満足度向上に向けた顧客志向経営の推進 ➡関連情報
	・社内・社外の通報制度「AL（オールライオン）心のホットライン」を設置 ➡関連情報		・お客様相談窓口の設置・対応 ➡関連情報

（出所）ライオンHP

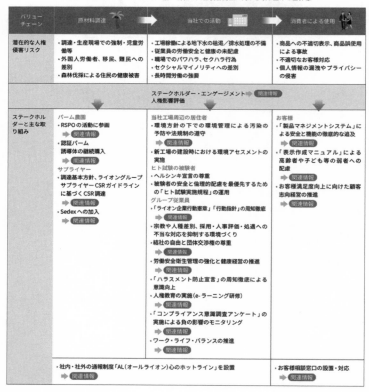

ともに、バリューチェーンの各段階における予防・軽減措置をステークホルダー別に整理しています。潜在的な人権課題の整理の方法や、それぞれの課題に対応する予防・軽減措置をどのように検討し、開示するかという点で、ライオンの事例は非常に参考になります。特に製造業等、バリューチェーンの流れで自社事業の人権リスクを分析することに適した企業は、ライオンの開示事例を参考に、開示情報を整理していくことを検討していきましょう（図表46）。

（4）野村アセットマネジメント――実施状況のモニタリング

投資サイドの企業として資産運用会社の事例を1社、紹介しておきます。

野村アセットマネジメントでは、投資対象ユニバース銘柄の人権リスクを継続的にモニタリングし、運用ポートフォリオレベルにおける人権侵害リスクの低減を目指しています。また、サプライチェーンが複雑になっている業種や歴史的に人権リスクが高いプロダクト（パーム油等）を取り扱う業界を特定した上で、当該業種に対して定期的に調査を行っています。人権リスクのモニタリングの結果、人権リスクが高いと判定された企業を投資対象として保有する場合はエンゲージメントを進め、改善のためのアクションプランの検討や定期的な進捗状況の確認等を行っています。改善の見通しが立った銘柄は人権ハイリスク銘柄のフラグが外され、投資対象として通常のモニタリングが行われることになります。

【図表47】 野村アセットマネジメント責任投資レポート2021

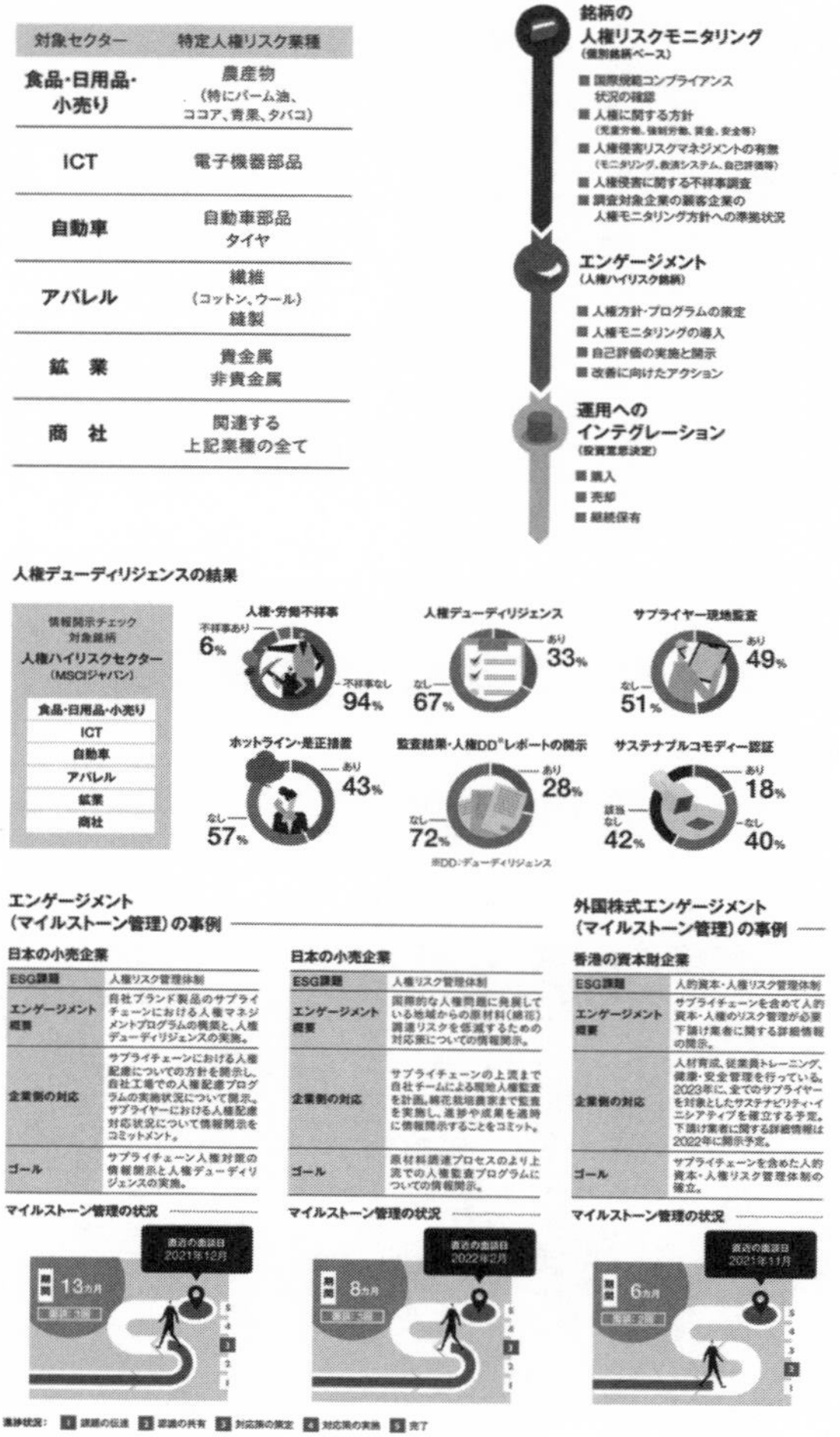

（出所）野村アセットマネジメントHP

人権リスクの判定は、①サプライチェーンや自社従業員に対する人権侵害、不祥事の有無、②人権ＤＤの実施状況、③サプライヤー現地監査の実施状況、④是正措置・通報窓口の有無、⑤人権監査結果の開示状況、⑥認証された原材料等調達の実施状況――の6点です。２０２１年には、これら6つの視点から大型株銘柄の人権ハイリスクセクターを対象とした実態把握を行っています。その結果を踏まえて、課題がみられた企業に対しては、人権エンゲージメントを実施しています。また、エンゲージメントのマイルストーン管理を行い、概要や企業側の対応、目指すゴール等を開示している点も特徴的です。

野村アセットマネジメントの事例は、投資先に対するモニタリングやエンゲージメントという形式を取ってはいますが、これらの取り組みを、サプライチェーン上の負の影響の特定、高リスクの取引先の実態把握、課題がみられる取引先に対する継続的なモニタリングと読み替えれば、多くの企業にとって参考になる開示事例ではないかと思います（図表47）。

（5）セブン＆アイホールディングス（ＨＤ）――実施状況のモニタリング

セブン＆アイＨＤでは、人権の尊重等が明記された「グループお取引先サステナブル行動指針」を20以上の言語に翻訳して取引先に展開することで、行動指針に基づくサプライチェーン上の人権ＤＤ体制を構築していますが、特にモニタリングのシステムが非常に洗練されています。

セブン&アイHDは、グループ各社のプライベートブランド商品の製造委託先工場のうち、人権保護、法令遵守についてリスクの高い地域（主に中国、東南アジア）の工場について、CSR監査への協力を依頼しています。グループ各社と新しく取引を開始する場合は、行動指針の理解と遵守を依頼し、CSR監査の「適合認証書」の取得を取引開始の条件としています。さらに、取引継続にも「適合認証書」の取得を要件とすることで、取引先に対して行動指針の普及を徹底しています。

CSR監査では、ILO等の国際条約やISO 26000に準拠した監査項目（16大分類項目、117チェック項目）を独自に作成しています。監査の結果は、A・B・C・D・Eの5段階で評価されており、C評価以上で取引継続となります。D評価の場合は再監査となりますが、児童労働や強制労働等といった重大な不適合がみられる場合やE評価となった場合は不適格、認証不可となります。なお、監査で発見された不適合事項は、監査終了後10営業日以内に是正計画、90日以内に是正措置が行われた証跡の提出を求めています。さらに、A、B、C評価で3年から1年の認証有効期間を設定することで、定期的かつ効率的なモニタリングを実行している点も特徴です。

長大かつ複雑なサプライチェーンの中で、すべての取引先に対して同じレベルで対応を実施しようとしても、リソースが足りず疲弊してしまいますし、結果的により深刻な課題を見落としてしまう可能性もあります。人権DDは、深刻性が高いところから優先順位をつけて対応するべき

【図表48】 セブン&アイ認証運用ルール（中国・東南アジア）

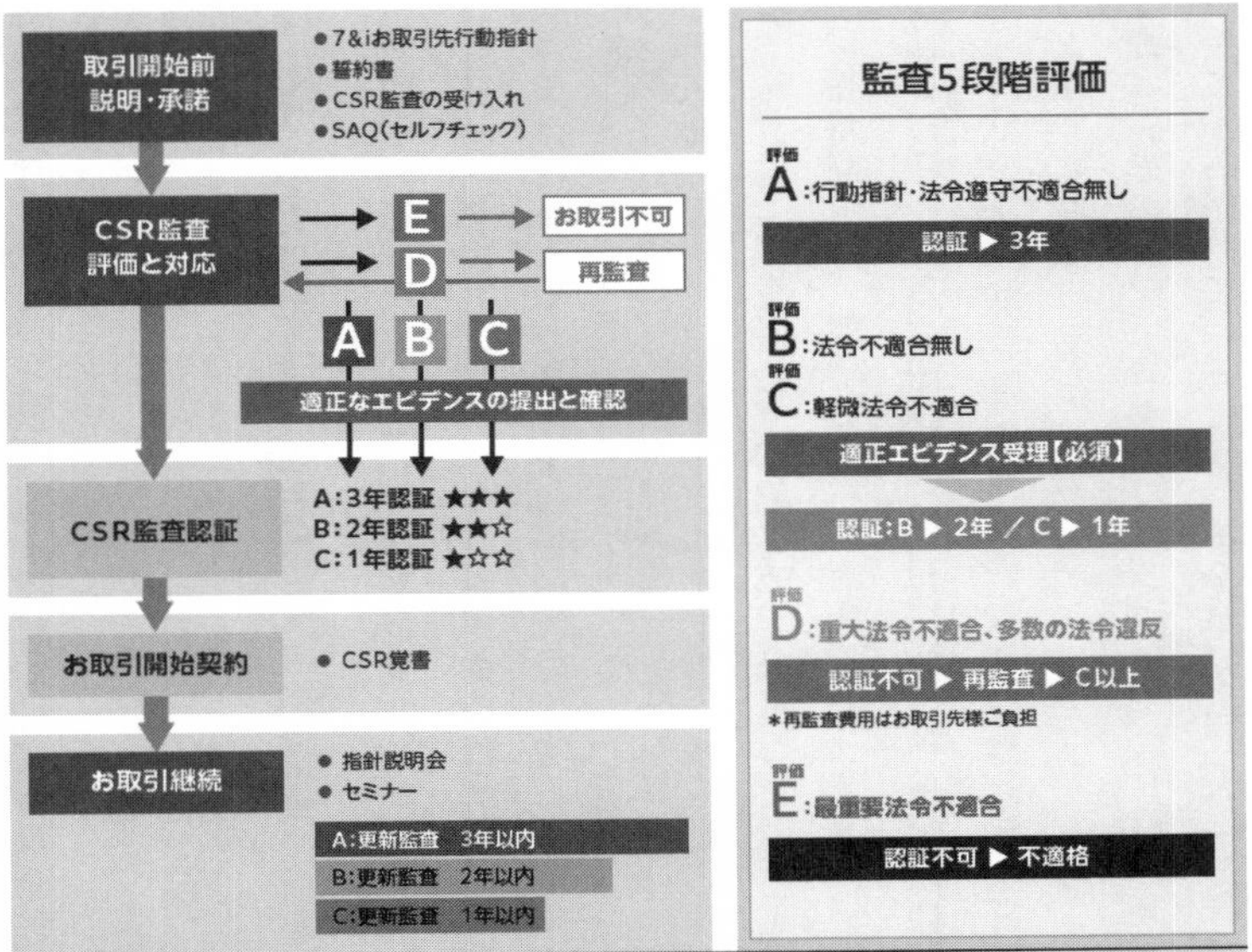

評価	不適合内容	条件（不適合数）	認証基準
A	不適合なし	0	3年認証
B	● 軽微不適合（7&i方針不適合）	1～9	適正証左受理 2年認証
	● 重大不適合（法令不適合）	0	
C	● 軽微不適合（7&i方針不適合）	10以上	適正証左受理 1年認証
	● 重大不適合（法令不適合）	1～9	
D	● 重大不適合（法令不適合）	10～19	要再監査 「C」以上お取引継続 ＊1年認証まで
	● C2重大不適合	1～9	
E	● 重大不適合（法令不適合）	20以上	お取引終了勧告
	● C2重大不適合	10以上	
	● C1重大不適合	1以上	

＊C1：7&i監査要求事項及び報告書内の強制労働、児童労働および若年労働者、懲罰、生活賃金における重大不適合
＊C2：健康および安全、労働時間、下請契約環境、商品の安全確保における重大不適合

（出所） セブン&アイHP

とされていますので、モニタリングについても深刻性に応じた効率的な実施を検討することも重要といえるでしょう（図表48）。

（6）ＪＴグループ――情報開示

情報開示の先進企業として、日本企業の中で人権報告書を発行している企業のうち、ＪＴグループの事例を紹介します。ＪＴグループでは、指導原則の発行10周年に合わせて、人権尊重へのコミットメントと取り組みを包括的に発信するべく、２０２１年６月にはじめて人権報告書を発行しました。

この人権報告書では、ＪＴグループの人権方針に基づいた人権ＤＤのアプローチや、９つの顕著な人権課題（児童労働、強制労働、公正な賃金、差別、ハラスメント／ジェンダー、労働安全衛生、長時間労働、環境影響、健康リスク）を軸とした具体的な施策等について、「指導原則報告フレームワーク」等に準拠しつつ包括的に整理・紹介されています。なお、９つの顕著な人権課題は、ＪＴグループの事業展開及び事業環境の変化に応じ、外部専門家の知見も踏まえて、２０２１年に特定されたものです。

また、冒頭のイントロダクションでは、ＣＥＯのメッセージや新型コロナウイルスへの対応等について記載されているほか、第2章では、人権影響評価の概要やグループ内の推進体制等も紹

【図表49】 JTグループの人権報告書

■ 目次（報告書は英文、以下和訳）

第1章　イントロダクション

CEOメッセージ、JTグループ概要、サステナビリティ戦略、ガバナンス、気候変動への対応、COVID-19への対応、JTグループ人権への取り組みの進化、UNGPへの支持

第２章　JTグループにおけるビジネスと人権の取り組み

戦略概要、人権デュー・ディリジェンスのアプローチ、人権影響評価の実施概要、グループ内施策推進体制、顕著な人権課題の特定

第３章　JTグループの顕著な人権課題についての取り組み

児童労働、環境影響、公正な賃金、強制労働、ハラスメント、労働安全衛生、健康リスク、非差別と平等、労働時間

第４章　エンゲージメント

人権施策における協業とパートナーシップ、ステークホルダーエンゲージメント、救済措置、人権社内教育、人権関連法令への支持

第５章 2030年に向けて

（出所）JTグループHP

介されています。JTグループでは、グローバルへの情報開示を企図して英語での報告書発行を行っていますが、多国籍企業が社外のステークホルダーに説明責任を果たしていく上では英語対応は必須といえるでしょう（なお、JTグループでは、HP等で日本語での情報開示も行っています）。

今後、「指導原則報告フレームワーク」に基づいて人権報告書を発行する企業は、ますます増えてくるものと思います。しかし、「指導原則報告フレームワーク」に準拠した内容で開示を行うためには、前提として、開示できる施策を実施していることが必要です。人権DDのプロセスを実行に移した上で、それらの取り組みをより改善していくために、人権報告書の発行を通じてステークホルダーとのエンゲージメントを進めていきましょう（図表49）。

3 苦情処理メカニズムの構築

最後に、苦情処理メカニズムの構築に関する事例を紹介します。

前述の通り、指導原則の要件を満たした苦情処理メカニズムを個社で構築することはチャレンジングではありますが、先進企業の多くは、外部の団体と協働しながら取り組みを進めています。本書で紹介する事例等を参考に、範囲の拡充や体制・制度の充実を図っていきましょう。

指導原則の原則31に記載されている企業の苦情処理メカニズムの要件について、ここでもう一度、復習しておきたいと思います。

【実効的な苦情処理メカニズムの要件】
□正当性があること
□社内外のステークホルダーがアクセスできること
□手続等の予測可能性が担保されていること
□公平であること
□透明性があること
□国際的に認められた人権の考え方と適合していること
□継続的改善につなげるための情報源となること
□ステークホルダーとのエンゲージメントや対話に基づくこと

ビジネスと人権における苦情処理メカニズムの特徴は、ステークホルダーに開かれている点にありますが、内部通報制度や従業員向けのホットライン等、社内向けの窓口のみを用意している企業の中には、社外のステークホルダーからの苦情を受け付ける窓口設置を、どうしても躊躇してしまうことがあるかもしれません。しかし、指導原則の解釈ガイドでも記載されているように、幅広いステークホルダーからの意見に耳を傾けることは、企業にとってもメリットとなることがあります。

実効的な苦情処理メカニズムを構築することで、負の影響の特定において有益な情報源となること、人権への影響が深刻化する前の対応が可能になることの2つのメリットがある点は、第2章で紹介した通りです。そして、負の影響の特定や人権侵害への早期対応は、いずれも自社とのつながりが弱くなるほど困難になります。苦情処理メカニズムをうまく活用することによって、はじめてサプライチェーン上の先端までのリスク把握や是正措置の提供等が可能となるといっても過言ではありません。ＯＥＣＤのＤＤガイダンスでも、苦情処理のプロセスはＤＤと相互に作用し合い、また、最終的にはＤＤの支えとなり得るものであるとされています[1]。

人権ＤＤのプロセスだけを適切に実践したとしても、サプライチェーン上の人権リスクをゼロにすることはできません。人権ＤＤを補完するメカニズムとして、苦情処理のメカニズムの構築にぜひとも取り組んでいただければと思います。

(1) イオングループ

イオングループでは、２００4年から、内部通報制度として「イオン行動規範１１０番」を設置しています。この窓口は、人権に関する通報や法令違反、不正等の通報だけでなく、「上司に話せないこと」「困っていること」といった職場に関わる様々な問題に対応する窓口として、広く通報・相談を受け付けています。対象はイオングループで働くすべての従業員で、社内と社外の2本立てで相談窓口を用意しています。

これに加えて、2020年からは、役員を行為者とする重大な違法行為を通報する窓口として「弁護士事務所通報窓口」を新設し、コンプライアンスの強化を図っています。通報・相談内容は、企業倫理チームによりグループ該当各社に連絡され、その後2週間を目途として、事実関係を調査・対応のうえ、是正措置を含む結果について企業倫理チームへ報告するというルールを徹底しています。

こうした社内向けの窓口に加えて、2020年12月からは、サプライチェーン上の従業員からの相談、通報窓口として「お取引先さまホットライン」を設置しています。職場において人権侵害、ハラスメント、不当な扱いを受けている、イオンサプライヤーCoC（取引行動規範）に反する事案などに対応する窓口として通報、相談を受け付けています。ホットラインの開設にあたっては、企業と協働してサプライチェーン上の課題解決に取り組むNGOである一般社団法人ザ・グローバル・アライアンス・フォー・サステイナブル・サプライチェーン（ASSC）と協働して、正当性を確保しています。

また、イオングループの取り組みの素晴らしいところは、サプライチェーン全般でアクセス可能性の担保に努めている点です。ゲンバ・ワイズというアプリを導入して、スマートフォンから多言語で苦情を受け付けているほか、周知用のポスターや説明用資料・ポスターも日本語、英語、

【図表50】 イオングループの取り組み

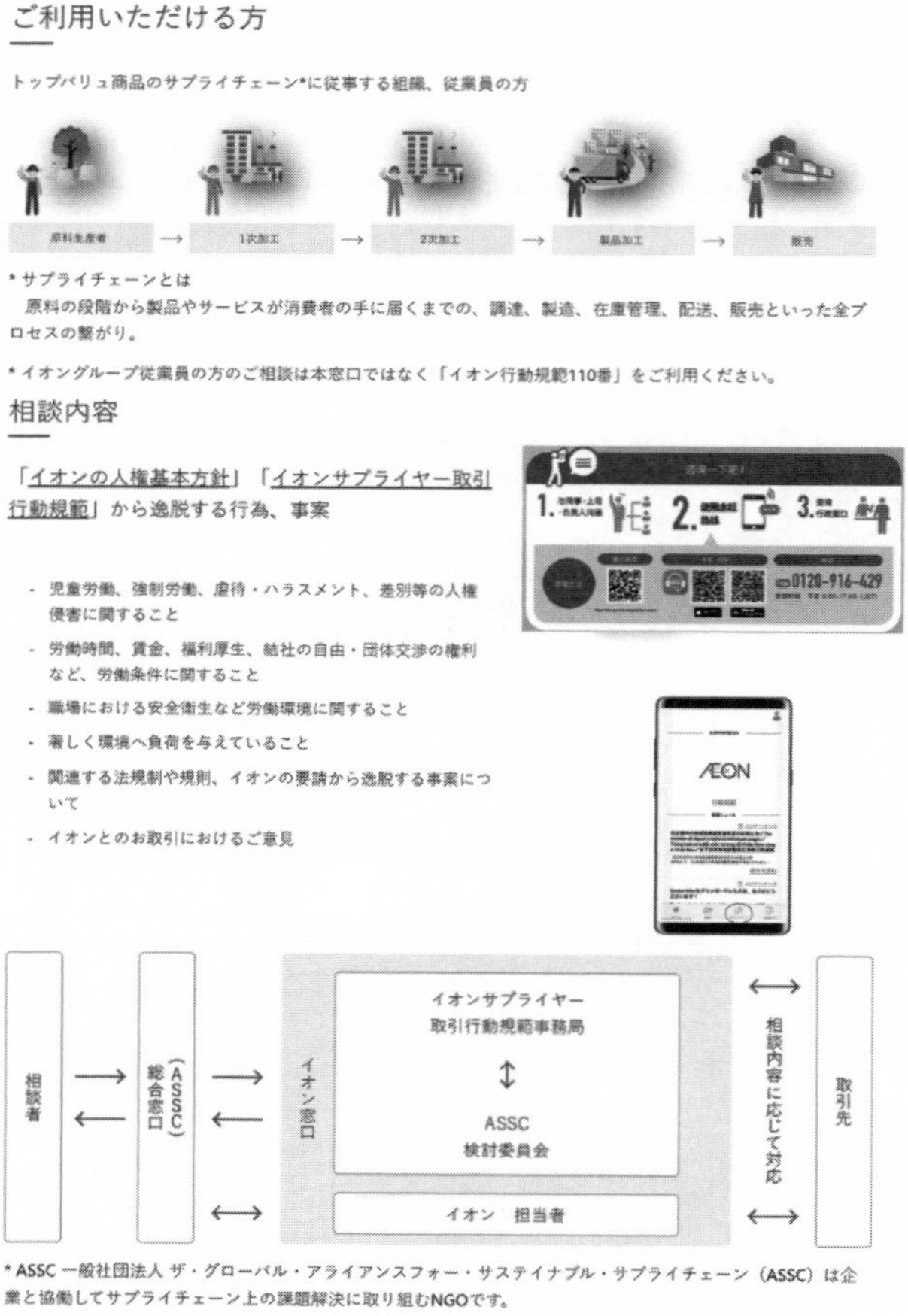
ご利用いただける方
トップバリュ商品のサプライチェーン*に従事する組織、従業員の方
原料生産者
1次加工
2次加工
製品加工
販売
* サプライチェーンとは
原料の段階から製品やサービスが消費者の手に届くまでの、調達、製造、在庫管理、配送、販売といった全プロセスの繋がり。
* イオングループ従業員の方のご相談は本窓口ではなく「イオン行動規範110番」をご利用ください。
相談内容
「イオンの人権基本方針」「イオンサプライヤー取引行動規範」から逸脱する行為、事案
- 児童労働、強制労働、虐待・ハラスメント、差別等の人権侵害に関すること
- 労働時間、賃金、福利厚生、結社の自由・団体交渉の権利など、労働条件に関すること
- 職場における安全衛生など労働環境に関すること
- 著しく環境へ負荷を与えていること
- 関連する法規制や規則、イオンの要請から逸脱する事案について
- イオンとのお取引におけるご意見
1.
2.
3.
0120-916-429
ÆON
相談者
総合窓口(ASSC)
イオン窓口
イオンサプライヤー取引行動規範事務局
ASSC検討委員会
イオン 担当者
相談内容に応じて対応
取引先
* ASSC 一般社団法人 ザ・グローバル・アライアンスフォー・サステイナブル・サプライチェーン(ASSC)は企業と協働してサプライチェーン上の課題解決に取り組むNGOです。

(出所) イオングループHP

中国語、ベトナム語等、多くの言語で公開しています（図表50）。

（2）不二製油グループ

不二製油グループは「不二製油グループ社内通報窓口」及び社外通報窓口（法律事務所）を運用しているほか、特定分野の協力会社を対象とした通報窓口としては、適正な取引継続の観点で、「公正取引ヘルプライン」を運用しています。海外グループ会社においては、グループ会社従業員向けの通報制度「不二製油グループコンプライアンス・ヘルプライン」を運用しています。

国内外いずれにおいても、外部機関を起用することで通報者の秘密・匿名性を確保し、24時間・365日受け付けるなど、通報しやすい環境を整備しており、通報者となった従業員を、通報したことを理由に解雇及び不利益に取り扱うことを内部通報規程で禁止しています。また、通報者に対して不利益な取り扱いや嫌がらせなどをしたものに、就業規則などに従い処分を課すことができると定めています。

このような社内向けの窓口に加えて、不二製油グループでは、「責任あるパーム油調達方針」を実現する目的で苦情処理メカニズムを構築しています。この苦情処理メカニズムは、ステークホルダーから不二製油グループに提起されたサプライチェーン上の環境・人権問題について、パーム油調達方針に基づき対応するものとされており、苦情はeメールや電話等で受け付けています。

【図表51】 不二製油グループの取り組み

FUJI OIL

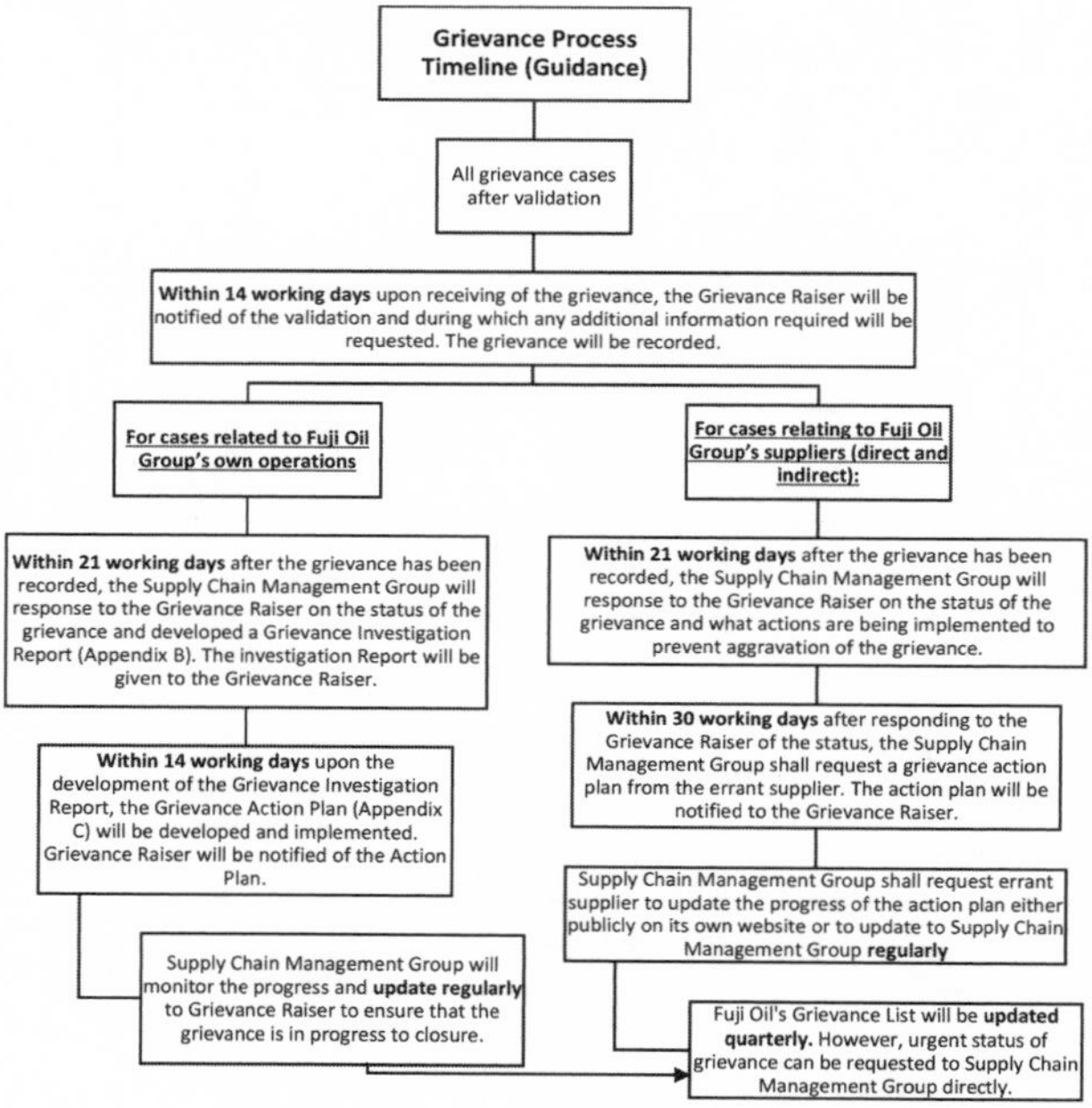

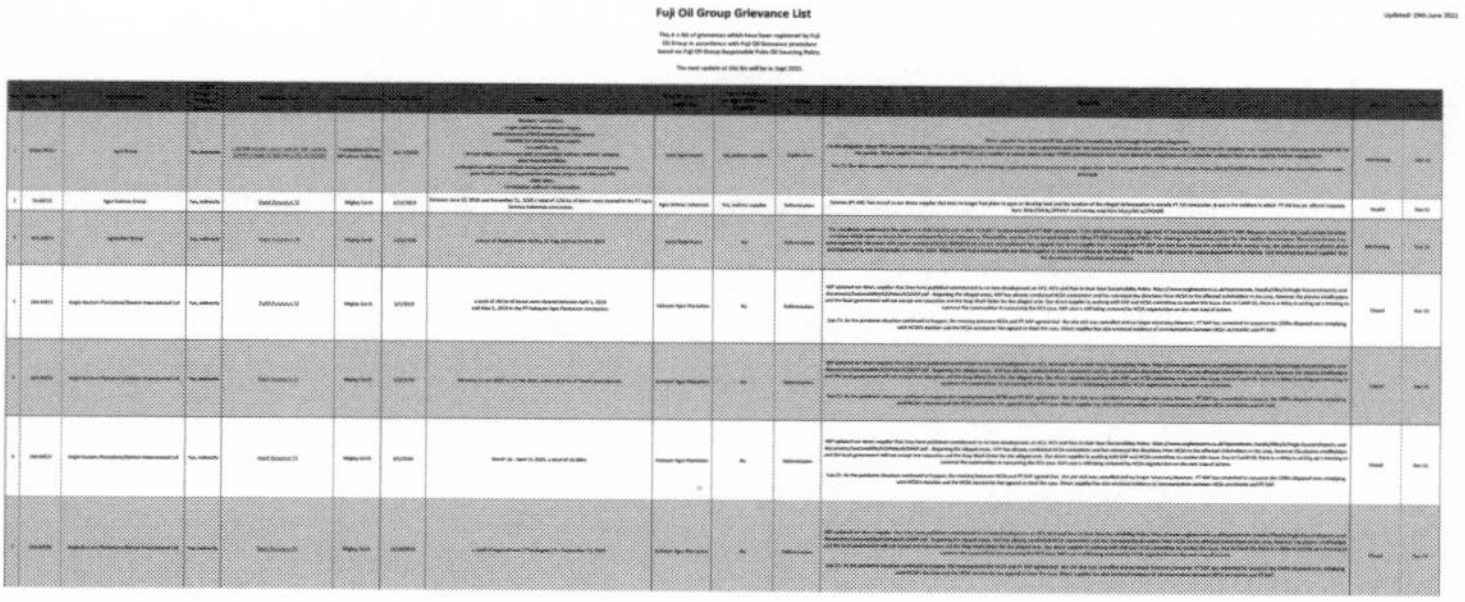

（出所）不二製油グループHP

不二製油グループの苦情メカニズムの優れた点は、その透明性の高さです。不二製油グループは、苦情処理メカニズムの手続等を説明した資料を公表していますが、その中では、受け付けられた苦情がどのようなプロセスを辿って処理されるのか、それぞれのプロセスにおいてどの程度の時間がかかるのか等の情報が詳細に記載されています。また、過去に受け付けた苦情はリストの形で一覧化してWEBサイト上で開示されており、対応の進捗が確認できるようになっています（図表51）。

(3) ファーストリテイリング

最後に、ファーストリテイリングの事例をご紹介します。本書では、苦情処理メカニズムの取り組みを紹介しますが、同社は、2021年の企業の人権ベンチマーク（CHRB）評価において日本企業トップの評価を獲得しており、人権DDのプロセス等も参考となります。関心のある方は確認してみて下さい。

ファーストリテイリングでは、工場に対し、従業員の苦情に対応するための仕組みの導入等を求めており、その導入状況は、定期的に行われる「労働環境モニタリング」で確認しています。加えて、主要な縫製工場及び素材工場の従業員や従業員代表が、匿名かつ現地語でファーストリテイリングに直接相談できるホットラインを、上海、ホーチミン、ジャカルタ、ダッカ、東京等に設置しています。

相談が寄せられた場合、原則24時間以内に、携帯のショートメッセージ機能や電子メール、電話などの、現地の状況に応じた方法で相談者に回答します。そして、サステナビリティ部と生産部が中心となって、対応策や改善策を工場に要請し、対応策が最終的に実行されたか否かは、工場訪問で確認します。また、相談内容は人権委員会に報告され、特に深刻な案件が発生した場合、人権委員会は対策案への助言や改善案の提言を行います。

ファーストリテイリングの苦情処理メカニズムのポイントは、指導原則の8要件に照らしたホットライン機能の自己評価を行っていること、これまでに受け付けた相談内容を分析し、改善につなげていることです。ホットライン機能の自己評価では、アクセス可能性と公平性に課題があることが分かり、移住労働者が母語で相談できるシステムの導入等につなげています。また、相談内容の分析では、バングラデシュでハラスメントに関する相談が多かったため、工場経営層への注意喚起、苦情処理委員会の設置促進などを行った結果、２０２１年度上期には、ホットラインへの相談件数が多かったほぼすべての工場で、ハラスメントの相談がなくなったとされています。苦情処理メカニズムで収集した情報を人権ＤＤにつなげている好事例といえるでしょう（図表52）。

【図表52】 ファーストリテイリングの苦情処理メカニズム

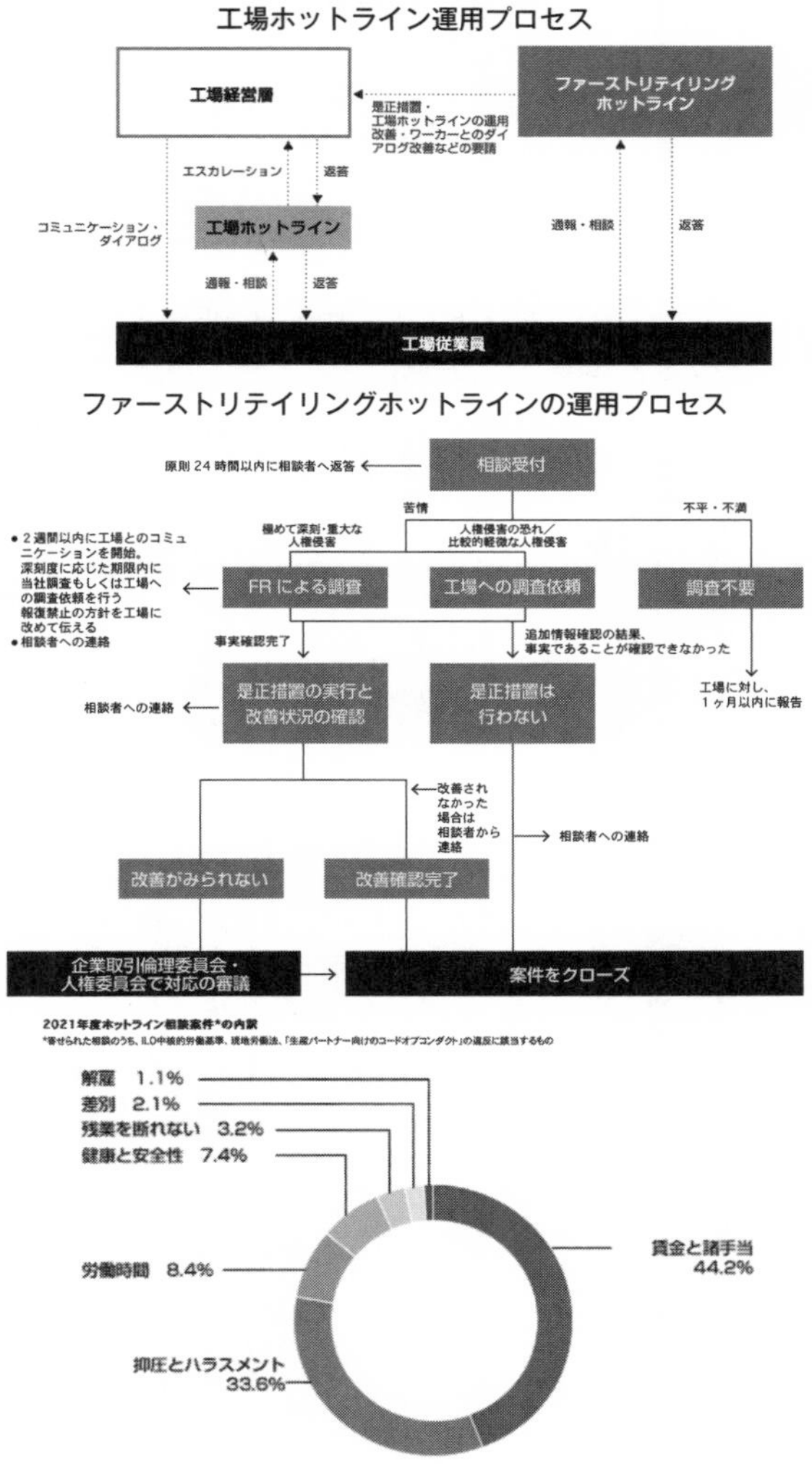

（出所）ファーストリテイリングHP

4 まとめと中小企業への示唆

本章では、指導原則で求められる3つの取り組みである、人権方針の策定、人権DDの実践、苦情処理メカニズムの構築において、それぞれ先進的に取り組んでいる日本企業の事例を紹介しました。前章で指導原則の内容を詳しく解説しましたが、やはり指導原則は国際的に合意された文書ということもあり、表現がやや抽象的であることは否めません。そこで、先進企業の事例から学ぶことによって、読者の皆さんも「何が求められているか」といった具体的なイメージがつかめてきたのではないかと思います。

しかし、一方で「自社のリソースではここまでの取り組みは難しい」と感じた方もいらっしゃるかと思います。特に、中小企業の皆さんにとっては、人権DDの実施や苦情処理メカニズムの構築等は、ややハードルが高いことも事実です。グローバル企業のサプライヤーとして人権対応が求められることは多々あると思いますが、そのような受動的な対応を超えて、自社のサプライチェーン上に広がる人権課題に能動的に対処していくことは、リソースの制限もあって難しい等の事情もあると思います。

そこで、皆さんに改めて思い出して頂きたいのが、指導原則の原則14の記載です。

原則14：人権を尊重する企業の責任は、その規模、業種、事業状況、所有形態及び組織構造に関わらず、すべての企業に適用される。しかしながら、企業がその責任を果たすためにとる手段の規模や複雑さは、これらの要素及び企業による人権への負の影響の深刻さに伴い、様々に変わり得る。

指導原則の解釈ガイドにおいても、中小企業のリソースや影響を及ぼすステークホルダー範囲が限定されていることを認めており、方針やプロセス、人権ＤＤの実践や苦情処理メカニズムの構築についても、簡素化した対応が許容されています。

例えば、方針については、「人権に関するリスクが極めて限定的な小規模企業では、職員に対して、人権を尊重する責任と、職員が注意を払うべき重要事項（例えば、差別の禁止）、職員の業務にとってこれが何を意味するのか、また、職員がどのような説明責任があるか（違反の結果を含む）を記載した方針書を提供すれば十分かもしれない」と記載されています。[2] また、苦情処理メカニズムは「苦情受付者から企業トップへのシンプルな報告ライン」でも構わないとされています。[3] 中小企業の場合は、先進企業の事例をみて「自社にはできない」と考えるのではなく、自社のリソースの中で「国際的に認められた人権を追求」できる方法を模索していきましょう。

特に、取引上の力関係等もあって、なかなかサプライチェーン上での能動的な働きかけや影響力の行使ができない企業であっても、自社従業員との間では、積極的な取り組みを進めることは可能だと思います。雇用主、使用者である中小企業は、自社の従業員に対しては大きな責任を有していますし、労使関係上の交渉力の差を考えると、企業が自社従業員に与える影響力は、企業の事業規模に関わらず甚大であるといえます。サプライチェーン上の人権課題の網羅的な把握等が難しい中小企業等では、まずは自社の従業員との対話から始め、その範囲を徐々に拡大していくことを検討してみてはいかがでしょうか。

他方で、日本では、発展途上国等と異なって法律が整備されているから、労働基準法を中心とした労働関連法令を遵守していれば人権尊重の責任は果たしていると考える方もいらっしゃると思います。確かに、日本では労働基準法のほか、労働組合法や最低賃金法等、各種の法律が整備されていますし、腐敗や汚職が蔓延している一部の国・地域に比べれば、法律の運用やエンフォースメントも脆弱とはいえないかもしれません。企業の人権尊重責任は、法令遵守を超えた責任(ビヨンド・コンプライアンス)であることは、何度もお伝えしてきましたが、指導原則の「原則23 状況の問題」で解説した通り、国際基準を上回るレベルの国内法が制定されていれば、国内法を遵守することで国際基準をクリアすることができるのも事実です。

しかし、日本の法律のすべてが国際的な基準を満たしているかといえば、決してそんなことはありません。日本独自の雇用慣行等が反映されていることによって、なかには日本の労働基準が国際的な基準を満たしていないこともあるのです。自社の従業員の人権を考えていく上では、日本の労働基準と国際的な労働基準との乖離をきちんと理解することが必要となります。

そこで、次章からは、筆者の専門領域でもある「人権×労働」の視点から、日本の労働基準と国際的な人権・労働基準の乖離について解説していきます。国内基準と国際基準の比較を通じて、自社従業員の人権の尊重を考えるきっかけにしていただければと思います。

▼注

1 ＯＥＣＤ「責任ある企業行動のためのＯＥＣＤデュー・ディリジェンス・ガイダンス」（２０１８年）Q48（https://mneguidelines.oecd.org/OECD-Due-Diligence-Guidance-for-RBC-Japanese.pdf ２０２２年８月５日閲覧）

2 The Office of the United Nations High Commissioner for Human Rights, "THE CORPORATE RESPONSIBILITY TO RESPECT HUMAN RIGHTS : An Interpretive Guide" 解釈ガイドＱ２５９（https://www.ohchr.org/sites/default/files/Documents/Issues/Business/RtRInterpretativeGuide.pdf ２０２２年８月５日閲覧）

3 The Office of the United Nations High Commissioner for Human Rights, "THE CORPORATE RESPONSIBILITY TO RESPECT HUMAN RIGHTS : An Interpretive Guide" 解釈ガイドＱ７４（https://www.ohchr.org/sites/default/files/Documents/Issues/Business/RtRInterpretativeGuide.pdf ２０２２年８月５日閲覧）

第4章

労働者の人権
――中小企業にも求められる国際労働基準の遵守

本章では、「ビジネスと人権」を考える上で企業にとって最も身近なステークホルダーともいえる、労働者の権利について考えていきます。特に、日本の労働関連法令で要求されている水準と国際的な人権・労働基準との比較を通じて、法令遵守を超える責任として人権尊重を考えることの重要性を感じていただければと思います。

1 ＩＬＯの中核条約

(1) 日本とＩＬＯの関係性

まずは、日本と国際労働機関（ＩＬＯ）の関係性をみていきます。

前述の通り、ＩＬＯとは、世界中のすべての人が、自由、公平、安全、人間としての尊厳が確保された条件のもとで、ディーセント・ワーク（働きがいのある人間らしい仕事）の機会を促進することを使命としている国際機関です。日本は、脱退期間こそありましたが、ＩＬＯが設立された１９１９年から加盟している原加盟国のひとつです。また、日本はＩＬＯへの拠出額という観点からも多大な貢献をしており、ＩＬＯ通常予算に対する第3位の拠出国で、２０２０年の分担金率は、米国（22％）、中国（12％）に次ぐ8％となっています。また、日本政府は再加盟後の一時期を除き、創設以来主要産業国の一員として常に常任理事国の地位を占めています。[1] これらの点からも、日本がＩＬＯ主要国のひとつであることは疑いのない事実であると思います。

（2）日本の条約批准状況

皆さんは、日本がＩＬＯ条約にどれだけ批准しているかをご存知でしょうか。ＩＬＯ条約の中には所期の目的を失ったとされ撤回・廃止されたものもありますが、これまでに１９０の条約が制定されています。そのうち日本が批准をした条約の数は49です。ＩＬＯのＷＥＢサイトによれば、１８９号条約までの時点で、ＩＬＯ全加盟国の平均条約批准数は約44とされており、[2] ＯＥＣＤ加盟国の平均は75ともいわれています。[3] ＯＥＣＤ加盟国の中には、米国等のように批准数が著しく少ない国もありますが（ただし、米国は州レベルで労働関連の法制を整備しているため、連邦レベルでの批准が少ないという背景もあります）、フランスやスペイン、イタリア等のＥＵ各国の批准数は１００を超えています。これらの国々と比べると、日本の49という数は非常に少ないといわざるを得ません。

また日本は、最も基本的かつ重要な権利である中核的労働基準を規定した条約についても批准できていないものがあります。中核的労働基準は、第2章の「国際的に認められた人権」の中で解説しましたが、改めて紹介すると、次の権利を指します（括弧内は該当するＩＬＯ条約。２０２２年6月には、これらに加えて労働安全衛生に関する条約が追加されています）。

(a) 結社の自由及び団体交渉権の効果的な承認（87号、98号）
(b) あらゆる形態の強制労働の禁止（29号、１０５号）
(c) 児童労働の実効的な廃止（１３８号、１８２号）
(d) 雇用及び職業における差別の排除（１００号、１１１号）

日本はこれまで、中核的労働基準の8条約のうち、「強制労働の廃止に関する条約（１０５号）」と「雇用及び職業についての差別待遇に関する条約（１１１号）」の2条約を批准できていませんでした。それぞれＩＬＯ加盟国の90％以上が批准している基本条約ですが、日本は国内法の整備が不十分であること等を理由に、長年、批准を拒否していたのです。この点、２０２１年に法改正が行われたことで、１０５号条約については批准の目途が立ったとされ、２０２２年7月には批准書の寄託が行われました（発効は２０２３年7月から）[4]。しかし１１１号条約につい

【図表53】 ILO中核条約の批准国数と日本の批准状況

ILO中核条約		採択年	批准国数	日本の批准状況
結社の自由・団体交渉権の承認	結社の自由及び団結権保護条約(87号)	1948年	157ヶ国	●1965年に批准済
	団結権及び団体交渉権条約(98号)	1949年	168ヶ国	●1953年に批准済
強制労働の禁止	強制労働条約(20号)	1930年	179ヶ国	●1932年に批准済
	強制労働廃止条約(105号)	1957年	176ヶ国	●2022年7月に批准書寄託(発効は2023年7月から)
児童労働の禁止	最低年齢条約(138号)	1973年	175ヶ国	●2000年に批准済
	最悪の形態の児童労働条約(182号)	1999年	187ヶ国(全加盟国)	●2001年に批准済
差別の撤廃	同一報酬条約(100号)	1951年	174ヶ国	●1967年に批准済
	差別待遇(雇用及び職業)条約(111号)	1958年	175ヶ国	●**未批准**

(2022年6月に追加が決定)

労働安全衛生	職業上の安全及び健康に関する条約(155号)	1981年	74ヶ国	●**未批准**
	職業上の安全及び健康促進枠組条約(187号)	2006年	57ヶ国	●2007年に批准済

(出所) ILO WEBサイトより三菱UFJリサーチ&コンサルティング作成

ては、未だ批准の見通しが立っていません。

ＩＬＯの中核条約は、仮に条約を批准していなくても、ＩＬＯ加盟国であることをもって「尊重し、促進し、かつ実現する義務を負う」とされていますが、日・ＥＵ経済連携協定等の国際協定においても中核的労働基準に関する言及がなされる等、ＩＬＯの中核条約を批准していないことは、日本企業の国際的な経済活動にも影響を与えかねません。１０５号条約に続き、１１１号条約や、２０２２年６月に追加された労働安全衛生に関する１５５号条約についても、早急な批准が求められているといえるでしょう（図表53）。

日本はＩＬＯの主要加盟国でありながら、ＥＵを中心とした他の先進国と比較するとＩＬＯ条約の批准が進んでいるとはいえない状況です。もちろん、米国の事例等からも分かるように、ＩＬＯ条約の批准数だけをもって労働基準が未整備であると判断すべきではありませんが、ＩＬＯ加盟国としての責務を果たすためにも、日本政府は主要なＩＬＯ条約の批准に向けた継続的な検討を行う必要があると思います。

2 ＩＬＯの中核的労働基準と日本の労働関連法令

本項では、ＩＬＯの中核的労働基準である、①強制労働の禁止、②児童労働の禁止、③差別の禁止、④結社の自由と団体交渉権の保障について、それぞれ国際的にはどのような概念で理解されているのか、それらに対応する日本国内の法律はどうなっているのか、国内基準と国際基準との間に乖離は存在するのか、といった点を解説していきます（前述の通り、２０２２年6月に労働安全衛生が追加されていますが、まずは従来の中核的労働基準である4つの権利に焦点を当て、労働安全衛生については、別途取り上げることにします）。中核的労働基準は、すべての労働者に保障されるべき基本的な権利ですので、自社の従業員に対してこれらの権利を十分に保障できていない場合は、一刻も早く是正に向けた取り組みを検討する必要があります。

（1）強制労働の禁止

強制労働の定義

強制労働の問題について考えていく上では、まず、強制労働の定義について確認をしなければなりません。ＩＬＯでは、強制労働について、次のような定義を採用しています。

> **強制労働：ある者が処罰の脅威の下に強要され、かつ、右の者が自らの自由意思で申し出たものではない一切の労務を指す（29号条約第2条）**

ＩＬＯによれば、強制労働とは主に２つの要素によって特徴付けられるとしています。１つ目は、「処罰や報復の脅威」が存在していることです。この場合の「処罰」とは、単に刑罰のみを指すものではなく、賃金の支払拒否や労働者の自由な移動の禁止といった権利の剝奪等も意味するとされています。また、「報復」とは、暴力等のあからさまなものから、不法就労者に対して「いうことを聞かないと当局へ告発する」等と脅すことも含まれるものとされています。

２つ目の要素は、「非自発的に行われる労働又は役務」であることです。作業が自発的に遂行されているか否かの判断には、外部からの間接的な圧力があるかどうかも考慮するべきであるとされています。例えば、借金の返済として労働者の給与の一部が天引きされていることや、賃金

【図表54】　強制労働の定義と考え方

強制労働とは
ある者が処罰の脅威の下に強要され、かつ自ら任意に申し出たものではないすべての労働（29号条約）

- **処罰の脅威**：刑事罰のほか、**暴力、賃金の支払い拒否や従業員への移動の制限のほか、違法労働者を当局に通報するという脅し等**、身体的なものから心理的なもに至るまで、様々な形態をとる。
- **非自発的労働**：外部からの圧力として、**借金の返済として労働者の給与が天引きされていること、賃金や報酬が支給されていないこと、身分証が取り上げられていること等**も該当する。合理的な予告を行うことで、労働関係を離れることができない場合や、処罰のおそれがあって労働契約を解消できない場合は非自発的労働に該当する。

ILOが掲げる強制労働に関する11の指標	
①脆弱性の悪用 ②詐欺 ③移動の制限 ④孤立 ⑤身体的・性的暴力 ⑥脅迫・威嚇	⑦身分証明書の保持 ⑧賃金の留保 ⑨借金による束縛 ⑩虐待的な労働・生活環境 ⑪過度な時間外労働 ※特定の状況下で1つの指標が存在していれば、強制労働に該当する場合もあるが、いくつかの指標を合わせて判断するケースもある。

（出所）ILOビジネスのためのヘルプデスク：強制労働に関するQ＆A　http://www.oit.org/tokyo/helpdesk/WCMS_721968/lang--ja/index.htm
ILO, "ILO INDICATORS OF FORCED LABOUR" https://www.ilo.org/wcmsp5/groups/public/---ed_norm/---declaration/documents/publication/wcms_203832.pdf　より三菱UFJリサーチ＆コンサルティング作成

や報酬が支給されていないこと、労働者の身分証明書が取り上げられていることによって、労働が事実上、強制されていることもあります。

すべての労働関係は、契約当事者双方の同意に基づくべきであり、合理的な予告さえあれば労働者はいつでも労働関係を離れられることを保障しなければなりません。そのため、労働者が処罰を受けるおそれなく、労働関係を終了させ、労働者が働くことを止める権利を否定された時点から、強制労働とみなされかねないとされています[5]（図表54）。

読者の皆さんは、この定義をみてどのように思われたでしょうか。強制労働というと、鎖でつながれ無理やり働かされる奴隷労働者等のイメージから「日本国内では発生し得ない」と思われる方がいるかもしれません。しかし国際基準では、強制労働とはもっと広い意味で解釈されているのです。例えばですが、会社が移民労働者からパスポートや労働許可証を預かって働かせていたり、従業員寮からの外出を雇用主の許可制としていたりする場合は、労働者の移動の自由を制限するものとして、強制労働とみなされる可能性があります。また、何らかの強制力が働いている状況下で、従業員に対して時間外労働を強いている場合等も、強制労働と認定されてしまうおそれがあります。このように考えていくと、日本国内においても強制労働が発生する余地があることがお分かりいただけるかもしれません。

日本の労働慣行において留意すべき点

では、具体的に日本の労働慣行において留意すべき点について紹介していきます。

日本の労働基準法では、第5条（強制労働の禁止）において「使用者は、暴行、脅迫、監禁その他精神又は身体の自由を不当に拘束する手段によって、労働者の意思に反して労働を強制してはならない」と定め、明示的に強制労働を禁止しています。なおこの条文は、労働基準法で定められたルールの中で最も重い罰則が規定されています（1年以上10年以下の懲役又は20万円以上300万円以下の罰金：第117条）。しかし、必ずしも暴行や脅迫、監禁等といった直接的な手段によらずとも、国際的な定義や基準では、事実上、労働を強制しているものとみなされてしまう行いがあり、注意が必要です。

まず注意をしなければならない点は、時間外労働の強制です。日本の労働時間規制は後述しますが、日本では、いわゆる36協定《サブロク》と呼ばれる労使協定を締結した上で、就業規則等で時間外労働を命じることができるとされています。これらの要件を満たした正当な業務命令に基づく「残業命令」は、原則として労働者側は拒否することはできません。ただ、そもそも時間外労働は業務命令によって行うものですので、この時点で「自発的な時間外労働」というのは本来、想定し得ないと思います。そうすると、時間外労働の指示は強制労働にあたってしまうのでしょうか。

ここで重要になるのは、「処罰の脅威があるか」と「適法な範囲内の時間外労働か」の2点です。まず、強制労働を構成する要素のひとつである処罰の脅威ですが、前述の通り、ここでの処罰は幅広く解釈がされています。例えば、時間外労働を断ると嫌がらせを受ける、雇止めや解雇をほのめかされる、不当な人事評価につながる等といった状況下で労働者を残業させているケースでは、処罰の脅威があると判断される可能性があります。そして、もうひとつの判断要素である適法な範囲内か否かについてですが、そもそも36協定で定められている労働時間の上限を超えて働かせている場合も、強制労働に該当するおそれが高くなりますので注意が必要です。

次に、強制労働で注意をしなければならないのは、身分証の保管です。特に移民労働者の離職の自由や移動の自由を制限するものとして、国際労働基準では禁止されている身分証の会社保管ですが、日本ではあまり問題視されることはないため、意識して対応を行う必要があります。日本企業が海外拠点において、労働者の身分証を会社保管としないことはもちろんですが、例えば日本国内でも、外国人労働者のパスポートを会社が預かることは原則的に許容されません。これは、たとえ本人の同意があった場合でも同様です。労働者の年齢を確認したり、在留資格を確認したりする場合に、パスポートや在留カードを確認することはあると思いますが、原本は必ず本人に返却しましょう。

なお、海外において、当局の指示によって会社側が責任をもって身分証を保管しておかなければならない場合、ＩＬＯは「労働者のみが開閉可能なロッカー」を会社に設置し、その中に身分証等を保管しておくことを奨励しています。[6] 従業員側から保管の要請等があった場合は、従業員用のロッカーの設置を検討するとよいでしょう。

また、日本特有の書類として、年金手帳があります。日本企業ではかつて、従業員の年金手帳を勤務先に預ける雇用慣行が浸透していました。しかし、これは「身分証の会社保管」に該当するとして、一部の国際的な監査基準等では指摘や是正の対象となっていました。身分証の会社保管が強制労働とみなされるのは、自分の身分証が会社側に「人質」にとられることによって離職や移動の自由が奪われてしまうことにあります。日本人の感覚としては、年金手帳が会社に保管されたところで「なんてことはない」と思われるかもしれませんが、外形的にそのようにみえてしまうことが問題であったといえるでしょう。

会社（事業主）は、年金手帳の提出を受けたときは、確認後に被保険者に返付しなければならず、年金手帳の送付を受けたときは、速やかに被保険者に交付しなければならないと改正前の厚生年金保険法の施行規則（第16条及び17条）で定められており、本来、年金手帳を会社側が保管する正当性はありませんでした。会社側としては「紛失しないように」という好意から預かっているケースもあるかもしれませんが、原則として本人が保管する書類であることを理解しておきましょう。なお、２０２２年4月から年金手帳は廃止されていますが、既存の年金手帳がただちに有効でなくなるわけではありませんし、年金手帳の代わりに交付される「基礎年金番号通知書」についても、改正後の厚生年金保険法の施行規則において、年金手帳と同様のルール（被保険者への返付や交付義務）が規定されていますので、引き続き、注意が必要です。

その他、注意が必要な書類としてはマイナンバーカードや、外国人労働者、技能実習生の旅券・在留カード等があげられます。マイナンバーカードは、いわゆるマイナンバー法（行政手続における特定の個人を識別するための番号の利用等に関する法律）の中で、事務処理等の一定の目的以外では収集や保管をしてはならないとされていますし（第20条）、外国人労働者の旅券や在留カードについても、「外国人労働者の雇用管理の改善等に関して事業主が適切に対処するための指針（平成十九年厚生労働省告示第二百七十六号）」等において、「会社で保管しないようにすること」と定められています。また、技能実習生については、技能実習法（外国人の技能実習の適正な実施及び技能実習生の保護に関する法律）で、企業や監理団体（技能実習関係者）が旅券や在留カード等を保管することが禁止されています（第48条）。身分証の確認は、採用プロセス等でどうしても実施しなければならないこともあるかと思いますが、確認後、必ず原本は本人に返却するようにし、たとえ本人が望んだ場合であっても、会社保管は控えるべきといえます。

なお、日本国内では、外国人技能実習制度の問題も留意しておくべきであるといえます。国際社会からは、外国人技能実習制度に様々な問題があることが指摘されており、強制労働の温床であるともいわれています。この点は、後ほど個別の人権課題として取り上げたいと思います。

（2）児童労働の禁止

国際労働基準における児童労働

児童労働というと、農園や縫製工場等で働く10歳前後の子どもをイメージされる方が多く、強制労働と同様、「そんなものは日本にはない」と思われるかもしれません。そこで、児童労働についても、まずは国際的な定義を確認しておきましょう。児童労働や就労最低年齢については、1973年の最低年齢条約（138号）の中で規定されています。やや記載が煩雑となっていますが、整理すると次の通りです。

児童労働：

□（就労）最低年齢は、義務教育終了年齢後、原則15歳からとする。
□ただし、軽易な労働については一定の条件の下で13歳から15歳も就労可能。
□開発途上国は、就労最低年齢を14歳、軽易業務を12歳からとすることも可能。
□危険有害業務については、原則18歳からとする（途上国例外なし）。

第2章でも紹介しましたが、ＩＬＯでは、「開発途上国」を「経済及び教育施設が十分に発達していない加盟国」と定義しており、この定義を利用して就業最低年齢を15歳ではなく14歳とする資格があるかどうかは、当該国自身が決めることになっています。例えば、最低年齢を14歳と規定しているインドが開発途上国にあたるかどうかは議論の余地があるという例を示したと思いますが、国際的な監査基準等では、この途上国例外は適用しないとするケースもあり、企業側としては基本的に最低就労年齢を15歳と理解しておくことを推奨します。仮に、法律上は14歳の雇用を許容している国で操業していたとしても、基本的には15歳以上という社内のルールを設定しておくとよいでしょう。

また、危険有害業務ですが、これはＩＬＯの１８２号条約において「児童の健康、安全若しくは道徳を害するおそれのある性質を有する業務又はそのようなおそれのある状況下で行われる業務」と定義されています。児童の危険有害業務は、人身売買や売春、薬物の取引等と並んで「最悪の形態の児童労働」のひとつとしても位置付けられています。ＩＬＯによれば、２０２０年時

【図表55】 児童労働の人数に関する統計

- ILOとUNICEFが2021年に公表した報告書「児童労働：2020年の世界推計、傾向と今後の課題」によれば、児童労働に従事する子どもは、世界で1億6,000万人であり、新型コロナウイルスの影響もあって、過去20年で初の増加となった。
- 5歳～17歳で危険有害業務に従事する子どもの人数は7,900万人であり、児童労働者全体の約半数を占めている。

Global progress against child labour has stalled since 2016
Percentage and number of children aged 5 to 17 years in child labour and hazardous work

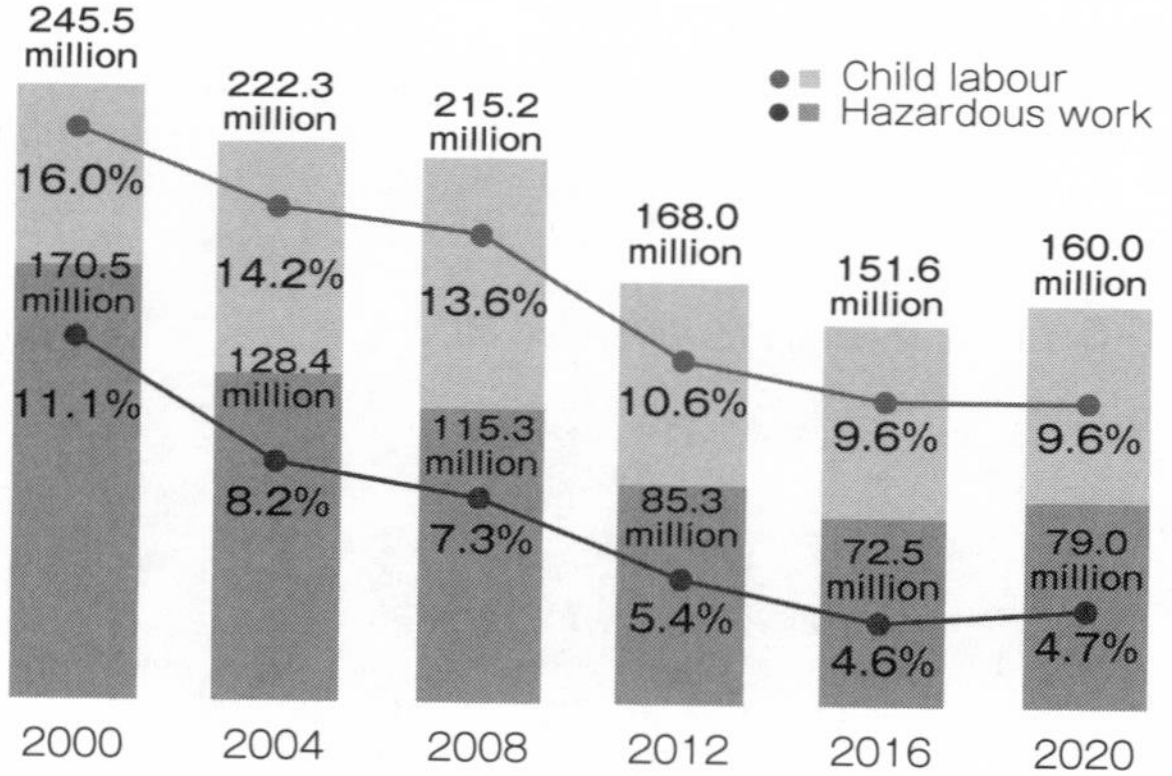

Worldwide, 160 million children are engaged in child labour; 79 million of them are performing hazardous work

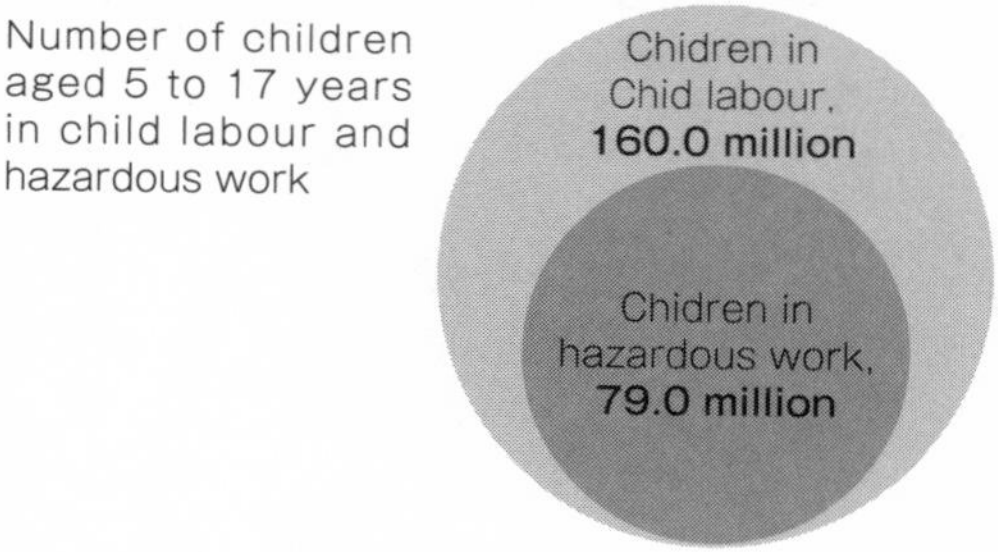

（出所） ILO, UNICEF, CHILD LABOUR GLOBAL ETIMATE 2020, TRNDS AND THE ROAD FORWARDより
https://data.unicef.org/resources/child-labour-2020-global-estimates-trends-and-the-road-forward/

点で世界中に1億６０００万人の児童労働に従事する子どもがいるとされていますが、その約半数である７９００万人が、5～17歳で危険有害な児童労働に従事する子どもたちであるとされています。[7] 児童労働というと、義務教育終了前の幼い子どもが働いているイメージだと思いますが、17歳が危険有害業務に従事していれば、それは国際的にみれば児童労働であるとされますので、注意が必要です（図表55）。

なお、何をもって危険有害とするかは、基本的には各国政府に決めてもらうことになっています。ＩＬＯによれば、関係のある使用者団体及び労働者団体と協議した上で、ＩＬＯの１９０号勧告第3項の次の事項を考慮した上で、国内法令又は権限のある機関によって決めるべきとしています。[8]

□肉体的、心理的または性的な虐待
□坑内、水中、危険な高所又は限られた空間
□危険な機械等の使用、重い荷物の運搬
□危険有害な物質、熱、騒音、振動等、不健康な環境
□長時間労働、夜間労働、外出の不当な制限等、困難な条件

日本の規定

では、日本では児童労働に関する規定としてどのようなものがあるでしょうか。

まず最低就労年齢ですが、日本では労働基準法の第56条で「児童が満十五歳に達した日以後の最初の三月三十一日が終了するまで、これを使用してはならない」と規定されています。日本では中学校の卒業（義務教育の終了）時点で15歳に達していますので、基本的にはこの労働基準法の規定を守っていれば、国際基準からしても問題はありません（日本でも行政官庁の許可を受ければ修学時間外に軽易業務について13歳以上を雇用することはできるとされていますが、ここでは割愛します）。なお、労働基準法では、18歳未満を雇用する場合、年齢を証明する戸籍証明書（氏名や生年月日が記載された住民票記載事項証明書等）を事業場に備え付けなければなりません。行政解釈としても、労働者の年齢を確認する義務は使用者にあるとされています。

また労働基準法の62条では、原則的に18歳未満を危険有害業務に従事させてはならないと規定されています。禁止されている業務は年少者労働基準規則の第8条で定められていますが、具体的には図表56の通りです。また、同第7条には、重量物を取り使う業務も規制の対象となっており、重量の目安は、性別、年齢別、作業の種類ごとに記載されています。

さらに、労働基準法では、午後10時から翌午前5時までの労働を「深夜労働（深夜業）」と定めており、原則として18歳未満の労働者をこの時間帯に労働させることはできません（第61条1項）。交替制によって勤務する満16歳以上の男性については、例外が認められたり、厚生労働大臣の許可を得た場合は、地域又は期間を限ることで深夜労働の時間帯を午後11時から午前6時にすることができたりといった例外もありますが、基本的に夜10時～朝5時までの時間は、18歳未

【図表56】 年少者労働基準規則

（重量物を取り扱う業務）
第7条
- 法第62条第1項の厚生労働省令で定める重量物を取り扱う業務は、次の表の上欄に掲げる年齢及び性の区分に応じ、それぞれ同表の下欄に掲げる重量以上の重量物を取り扱う業務とする。

年齢・性別		重量（単位：キログラム）	
		断続作業の場合	継続作業の場合
満16歳未満	女	12	8
	男	15	10
満16歳以上～満18歳未満	女	25	15
	男	30	20

（年少者の就業制限の業務の範囲）
第8条
- 法第62条第1項の厚生労働省令で定める危険な業務及び同条第2項の規定により満18歳に満たない者を就かせてはならない業務は、次の各号に掲げるものとする。

一　ボイラー(労働安全衛生法施行令(昭和四十七年政令第三百十八号)第一条第三号に規定するボイラー(同条第四号に規定する小型ボイラーを除く。)をいう。次号において同じ。)の取扱いの業務
二　ボイラーの溶接の業務
三　クレーン、デリック又は揚貨装置の運転の業務
四　緩燃性でないフィルムの上映操作の業務
五　最大積載荷重が二トン以上の人荷共用若しくは荷物用のエレベーター又は高さが十五メートル以上のコンクリート用エレベーターの運転の業務
六　動力により駆動される軌条運輸機関、乗合自動車又は最大積載量が二トン以上の貨物自動車の運転の業務
七　動力により駆動される巻上げ機(電気ホイスト及びエアホイストを除く。)、運搬機又は索道の運転の業務
八　直流にあつては七百五十ボルトを、交流にあつては三百ボルトを超える電圧の充電電路又はその支持物の点検、修理又は操作の業務
九　運転中の原動機又は原動機から中間軸までの動力伝導装置の掃除、給油、検査、修理又はベルトの掛換えの業務
十　クレーン、デリック又は揚貨装置の玉掛けの業務(二人以上の者によつて行う玉掛けの業務における補助作業の業務を除く。)
：
四十四 酒席に侍する業務
四十五 特殊の遊興的接客業における業務
四十六 前各号に掲げるもののほか、厚生労働大臣が別に定める業務

（出所）三菱UFJリサーチ＆コンサルティング作成

満を働かせてはなりません。なお、ＩＬＯ条約では、「午前0時から午前5時までの時間を含む最低7時間以上の勤務」が夜業であると規定されており（１７１号）、日本の規定を守っていれば、基本的には問題ありません。

日本でも児童労働問題は起こっている

以上の通り、例外規定を考慮しなければ、児童労働の禁止という面では日本の法律を守っていれば問題ないということになるでしょう。ここまで説明をすると、「やはり児童労働なんて日本にはないのではないか」と思われる方がいるかもしれません。しかし、途上国よりはケースが少ないにせよ、実際に日本国内でも児童労働は発生しています。

２０１９年12月に認定ＮＰＯ法人ＡＣＥが発行した報告書「日本にも存在する児童労働～その形態と事例～」では、日本の児童労働の実態が詳しくまとめられておりますので、その内容を少し紹介します。まず、年少者に関する労働基準法関係法令違反は２０１５年で２９７件発生しており、増加傾向にあると指摘されています。特に、労働時間と深夜業に関する違反が多く、小売業や飲食で多いといわれています。また、危険有害業務については建設業における違反が全体の約7割を占めているとのことです。[9]

ＡＣＥの報告書にある具体的な事例について紹介しておきましょう。例えば、２０１２年8月には、栃木県足利市の中学3年生（14歳）の男子生徒が、アルバイト中に群馬県桐生市の中学校体育館の解体工事現場で崩れた壁の下敷きとなって死亡したという事故がありました。この男子生徒は、両親の反対があったにもかかわらず、6月頃からリサイクル・解体会社でアルバイトをしていたとのことですが、事件現場では、もう1人の中学生がアルバイトをしていたという事実も確認されています。なお、このリサイクル・解体会社を含めた複数の業者が、過去10年あまりの間に、足利市の中学校4校にわたって、少なくとも17人の中学生を雇用していたとされています。

また、２０１７年には、茨城県古河市で当時15歳の少女が約13メートル下のコンクリート床に落ち、死亡する事故が発生しています。この少女はアルバイトとして雇われ、事故当時、屋根に設置された太陽光パネルを点検、清掃する仕事をしていたところ、天窓のガラスが割れて転落してしまいました。[10] なお、日本では、前述の年少者労働基準規則の中で、「高さが5メートル以上で墜落のおそれのある場所における業務」は、18歳未満に従事させてはならない危険業務とされています。

さらに、東日本大震災によって引き起こされた福島第一原子力発電所での事故後に、有害放射線にさらされる業務に子どもが雇われている事案が福島県と栃木県で発覚しています。中学卒業後に入社した15歳の少年が放射性物質に汚染された草木の刈り取りや土壌の除去、17歳の少年が原子力発電所の建屋の壁に配管を通す作業、18歳未満の男子高校生が住宅の庭の除染作業に従事していました。報道によると、15歳の少年は、「18歳未満は働けないから、何が何でも18歳で通せ」と会社にいわれ、日当3000円で5日間程働いたと証言していたそうです。[11]

このように、メディアでは大きく報道されてはいないものの、日本でも児童労働は発生しています。特に、建設業等のように、下請や孫請等、重層下請構造を持つ業界では、発注企業や元請企業は現場で働いている労働者までの把握が困難で、労働関連法令の遵守を十分に確認できないケースも散見されるため、注意が必要です。

日本では、児童労働という言葉の持つイメージが先行し、その定義がやや限定的にとらえられているかもしれません。先ほど紹介したNPO法人のACEでは、沖縄県那覇市を訪問し、労働組合、子ども支援団体、研究者などから児童労働に関する情報を収集したそうですが、そのときに「沖縄に児童労働の事例はありますか」という質問をしたところ、「ありません」という回答が返ってきたそうです。しかし、児童労働の定義を説明したところ、「中学生で働いている子がいる」「高校生が夜遅くまで飲食店でバイトしている」等、児童労働に相当する事例がいくつも出てきたとのことです。[12] このように、児童労働と認識していないだけで、日本には児童労働は確実に存在しているという事実を、読者の皆さんも認識いただければと思います。

求められる具体的対応策

強制労働や児童労働の禁止は、中核的労働基準の中でも、特に深刻なリスクとして理解されています。そのため、サプライチェーン上で強制労働や児童労働が発生している場合、企業の評判に及ぼす影響も非常に深刻です。グローバル企業が取引先に対して監査等を実施する場合でも、この2つは最も注意を払う人権課題といえるでしょう。まずは自社の人権に取り組むといった場合でも、自社内に強制労働や児童労働が発生しないような仕組みや制度の構築を検討してみていただければと思います。

「日本に強制労働や児童労働が存在することは分かったが、それでも、これまで自社内では発生していないし、発生することもない」と思われるかもしれません。しかし、取引先から「では、強制労働や児童労働を排除するために、具体的にどういう対応策や取り組みを実施しているのですか？」と聞かれたときに、きちんと説明ができるでしょうか。この問いに対して十分な説明ができないのであれば、これまで強制労働や児童労働は「たまたま発生していなかっただけ」かもしれませんし、十分な対応策が整備されていない企業は、強制労働や児童労働に将来的に関与するリスクがある、と取引先から思われてしまってもおかしくありません。強制労働や児童労働に関与しないことを社内外に示すために方針を策定する、社内で研修を実施する等の対応策を着実に実施するほか、外国人労働者のパスポート保管を禁止するルールや、採用時に年齢確認を行うプロセス等を文書化する等といった具体的な対応策を講じることが重要といえるでしょう。

（3）差別の禁止

直接差別・間接差別・合理的配慮

雇用における差別の禁止は、中核的労働基準の中でも最もイメージしやすいかもしれません。ＩＬＯが禁止する「雇用及び職業における差別」とは、「人種、皮膚の色、宗教、性別、政治的意見、国民的出身、社会的出身その他、遂行すべき業務と何ら関係のない属性を理由に、特定個人を事実上、労働市場又は職場において従属的又は不利な立場に置く慣行」を指します。[13] ここで列挙されている人種や肌の色等は、あくまで例示的なもので、基本的には「遂行すべき業務と何ら関係のない属性」によって不利益な取り扱いをすることが差別であるということです。これは、皆さんが思い描く差別のイメージと一致するものだと思います（図表57）。

差別的な慣行には、直接的なものと間接的なものの双方を含むとされています。いわゆる直接差別と間接差別と呼ばれるものです。例えば性別に基づく差別において、給与や昇進等において女性よりも男性を優遇するのが直接差別で、募集や採用にあたって特段の合理的な理由もなく身長や体重、体力等を要件とする場合等が間接差別です。身長や体重等を要件としてしまうと、生物学的な性差によって、どうしても女性より男性を優遇してしまうことになるためです。このように、表面的には特定の属性に基づく差別ではないけれども、実質的には特定の属性に対して不利益を与える場合を間接差別といいます。

【図表57】 ILOが示す差別の類型

雇用における禁じられた差別の一例

人種や皮膚の色に基づく差別	性別による差別	宗教による差別
政治的意見に基づく差別	国民的出身による差別	年齢による差別
HIV ／エイズによる差別	性的指向による差別（性的少数者に対する差別等）	家族の世話をしなければならない人への差別（子の世話をする必要のある人等）
労働組合加入や組合活動を理由とする差別	その他の差別	

※労働者は当該労働に従事するための能力のみに基づいて選抜されるべきであり、差別の類型はこれに限られない。

（出所）ILOヘルプデスク・差別と平等に関するQ&A「雇用における禁じられた差別にはどのようなものがありますか？」より三菱UFJリサーチ&コンサルティング作成
https://www.ilo.org/tokyo/helpdesk/questions-answers/WCMS_448650/lang--ja/index.htm

また、積極的差別是正措置（アファーマティブアクション、またはポジティブアクションともいいます）についても、企業は理解をしておく必要があります。積極的差別是正措置とは、例えば、歴史的に黒人差別が横行していた国において黒人を進学や雇用においてあえて有利に取り扱う、女性活躍が進まない国において積極的に女性登用を図るために採用時等に一定の割合で枠を割り当てる制度（クオータ制といいます）を導入する等のように、社会的に不利益な取り扱いを受けてきた人々を積極的に救済することを指します。ＩＬＯの見解では、歴史的な差別の形態を是正することにより、雇用における機会と待遇の均等を広げることを目的とした政府の政策を企業が遵守しても差別には当たらないという見解を示しており、積極的差別是正措置は差別的な取り扱いの対象外としています[14]。

また、ＩＬＯの中核条約では明示的に言及されてはいませんが、差別の禁止という文脈では、「合理的配慮の提供」と呼ばれるもうひとつ重要な概念があります。合理的配慮はもともと米国における宗教差別の文脈で生まれた概念です。１９６０年代に、米国では人種や性、宗教等を理由とする雇用差別を禁止する公民権法第７編が制定されましたが、当時の宗教問題として、キリスト教の安息日である日曜日を休日に設定する労働条件では、金曜日の日没から土曜日の日没を安息日として定めるユダヤ教徒が勤務することができないために、不利益な取り扱いを受けるという事例がしばしば発生していました。そこで、使用者に対して、業務の遂行において重大な問題がない場合に限り、「合理的な宗教上の必要事項に対して便宜を図ること」をガイドラインにおいて定めたことが、その発端であるとされています。現在では、合理的配慮の提供は主に障害者差別の問題において論じられることが多く、21世紀最初の国際人権条約として２００６年に採択された「障害者権利条約」の中でも「合理的配慮の否定」は障害に基づく差別であると規定されています（第２条）。

このように、一般的にイメージされる直接差別のみならず、間接差別や合理的配慮の否定等に

【図表58】　雇用における直接差別・間接差別・合理的配慮の否定

直接差別	● 合理的な理由もなく、特定の属性の者を他の属性の者よりも不利に取り扱うこと （例：ジェンダーに基づく差別、障害に基づく差別、年齢に基づく差別等）
間接差別	● 外形上は中立的な規定や基準、慣行であっても、実態的には特定の属性の者を不利に取り扱うこと （例：身長・体重・体力に関する要件や募集・採用時の転勤要件　等） ※日本では男女雇用機会均等法で規定されている
合理的配慮の否定（不提供）	● 事業主にとって過重な負担にならないにもかかわらず、能力発揮を妨げる事情を改善するための個別措置を行うことを拒否する （例：筆談、読み上げ、手話などによる意思疎通や休憩時間の調整等） ※日本では障害者雇用促進法で規定されている （雇用領域以外では障害者差別解消法にも規定）

（出所）三菱UFJリサーチ＆コンサルティング作成

ついても、企業としては注意を払う必要があります。労働者は、業務遂行能力のみを基準に選考されるべきであり、ＩＬＯでは、企業に対して、本人の能力や業務に関係のない特徴を理由として、求職者や労働者が他よりも不利に扱われることになりかねない潜在的な差別理由が採用プロセスや雇用慣行の中に含まれていないかどうかを検討するよう奨励しています[15]（図表58）。

企業に求められる取り組み

差別の禁止について定めたＩＬＯの中核条約では、「雇用及び職業についての差別待遇に関する条約（111号）」のほかにもうひとつ、「同一価値の労働についての男女労働者に対する同一報酬に関する条約（100号）」があります。この条約は、同一の価値の労働に対しては性別による区別を行うことなく同等の報酬を与えなければならないと定めたものです。日本では、「同一労働同一賃金」は正規雇用と非正規雇用の間で注目される概念ですが、この条約では、性別による賃金格差を問題視しています。ＩＬＯによれば、全世界平均で女性の時給は男性の75％にすぎないとされており、その原因として、女性の労働者は賃金の低い業務に従事させられているケースが多いこと、女性はパートタイム労働や出来高制労働、派遣労働等、賃金が低い「柔軟」な仕事に集中しており、超過勤務時間数も男性より少なくなっていること、雇用における昇進面での差別があること等が挙げられています。[16] 他方で、そもそも性別に基づく差別が禁止されている以上、男女で賃金格差を設けること自体が問題といえます。性別による賃金格差を是正するため、企業は適切な報酬制度や給与体制を構築することが求められるといえるでしょう。

では、差別是正のために企業に対してはどのような取り組みが求められているでしょうか。ＩＬＯでは、企業に対して、以下の施策を通じて雇用における差別をなくすよう奨励しています。[17]

□経営トップが強力なコミットメントを行う。最高経営責任者が平等な雇用の問題に対する責任を自覚し、多様性を尊重するという約束を果たせば、他の経営者や管理職、従業員にとって強いシグナルとなる。
□自己評価質問表などを用い、企業内で差別が生じていないかを判定するための評価を行う。

□差別撤廃と機会均等に関する明確な手続を定めた企業方針を策定し、それを対内的、対外的に発信する。
□採用・選考担当者及び管理職、経営者をはじめ、組織のあらゆるレベルで、差別への認識を高め、対策を講じるための研修を実施する。
□既成観念を打破するための継続的な意識啓発キャンペーンを支援する。
□目的を達成するための測定可能な目標や具体的な時間枠を設ける。
□どのような改善が達成されたのかを正確に把握できるよう、進捗状況を監視し、定量化する。
□特定の労働者集団の待遇や昇進に悪影響が及ばないよう、必要に応じ、作業組織や業務配分を変更する。その中には、労働者が仕事と家族の世話をバランスできるようにするための措置も含まれる。
□参加者を最大限に増やすための日程調整を含め、能力開発のための機会均等を確保する。
□苦情に対処し、訴えを取り上げるとともに、差別が確認された場合、是正のための手段を従業員に与える。
□機会均等の風土を確立するための地域社会における取り組み（成人教育プログラム、保健・保育サービスの支援など）を奨励する。

日本国内の規定

次に、差別の禁止について、日本の国内法ではどのような規定が定められているでしょうか。まず、労働基準法では第3条（均等待遇）で、「労働者の国籍、信条又は社会的身分を理由として、賃金、労働時間その他の労働条件について、差別的な取扱いをしてはならない」と規定しています。ここに「性別」が含まれていないことを疑問に思う方もいらっしゃるかもしれませんが、性別に基づく差別は、労働基準法の第4条（男女同一賃金の原則）で、「女性であることを理由として、賃金について、男性と差別的取扱いをしてはならない」と定められています。

労働基準法の第4条では男女の「賃金格差」だけを問題視しており、その他の労働条件に関する性差別については、労働基準法で規定されていません。第4条の「男女同一賃金の原則」は、ＩＬＯ１００号条約で規定されている男女同一価値労働同一賃金の原則を明文化したものですが、ここで「賃金」だけを対象としている理由は、労働基準法が時間外・休日労働、深夜業、危険有害業務、産前産後の休業等の事項について女性の保護基準を定め、女性に対し労働関係上男性と異なる扱いをしてきたことによるものであるとされています。[18] また、労働基準法の第3条は、あくまで労働条件、つまり採用後の労働契約関係を規制する規定であって、採用段階での差別には、この規定は適用されません。[19]

日本では、性別に基づく差別は主に男女雇用機会均等法で定められています。第5条（性別を理由とする差別の禁止）では、「募集及び採用について、その性別にかかわりなく均等な機会を与えなければならない」と定められており、続く第6条で、「配置（業務の配分及び権限の付与を含む）、昇進、降格及び教育訓練」「住宅資金の貸し付けや福利厚生」「職種及び雇用形態の変更」「退職の勧奨、定年及び解雇並びに労働契約の更新」について、性別を理由とした差別的取扱いを禁止しています。さらに第7条では間接差別も禁止されています。第7条の規定によれば「実質的に性別を理由とする差別となるおそれがある措置として厚生労働省令で定めるもの」を禁止しており、具体的には次の3つのケースが間接差別に該当するとされています。

□労働者の募集又は採用に当たって、労働者の身長・体重又は体力を要件とするもの
□労働者の募集若しくは採用、昇進又は職種の変更に当たって、転居を伴う転勤に応じることができることを要件とすること
□労働者の昇進に当たり、転勤の経験があることを要件とすること

なお、2022年7月には、女性の職業生活における活躍の推進に関する法律（女性活躍推進法）の省令・告示が改正されました。これにより、常用労働者が301人以上の企業は、施行日以降に終了する事業年度の次の事業年度の開始日から概ね3か月以内に、直近の「男女の賃金の差異」の実績を公表することが義務付けられます。「男女の賃金の差異」は、総賃金を人員数で割ることで算定される「平均年間賃金」を男女それぞれで算出し、その差異を割合（パーセント）で公表することとされており、「全労働者」「正規雇用労働者」「非正規雇用労働者」の3区分で公表することが求められています。もともと男女間の不合理な賃金格差は労働基準法で禁止されて

いますが、実態として男女間の格差が横行している中での「男女の賃金の差異」の開示義務化は、格差是正に一石を投じることになるのか、今後の動向が注目されるところです。

また、障害者に対する差別については、障害者差別解消法及び障害者雇用促進法で定められています。障害者差別解消法の第8条において、「事業者は、その事業を行うに当たり、障害を理由として障害者でない者と不当な差別的取扱いをすることにより、障害者の権利利益を侵害してはならない」とされています。同条の2項では、特定の場合に「必要かつ合理的な配慮をするように努めなければならない」という規定を設けており、合理的配慮の努力義務が課せられています。なお、この条文は2021年に改正されており、努力義務から法的義務に移行することが決まっています（2021年6月4日から起算して3年以内に施行）。

さらに、労働者に対する事業主の措置を定めた障害者雇用促進法では、「労働者の募集及び採用について、障害者に対して、障害者でない者と均等な機会を与えなければばならない」と定められているほか、「賃金の決定」「教育訓練の実施」「福利厚生施設の利用その他の待遇」について、障害者であることを理由として不当な差別的取扱いをしてはならないとされています（第34条、第35条）。また、第36条の2及び3において、「障害の特性に配慮した必要な措置」を講じなければならないとされており、これは合理的配慮の提供を義務化している条文であると解釈されています。そのため、日本においても、障害者に対する合理的配慮を提供することが法律上、求められているといえます。

【図表59】 厚生労働省が例示している合理的配慮の種類

障害種別		概要
視覚障害	募集・採用	●募集内容について、音声等で提供すること。 ●採用試験について、点字や音声等による実施や、試験時間の延長を行うこと。
	採用後	●拡大文字、音声ソフト等の活用により業務が遂行できるようにすること。 ●職場内の机等の配置・危険箇所を事前に確認すること。 ●移動の支障となるものを通路に置かない、机の配置や打合せ場所を工夫する等 により職場内での移動の負担を軽減すること。
聴覚・言語障害	募集・採用	●面接時に、就労支援機関の職員等の同席を認めること。 ●面接を筆談等により行うこと。
	採用後	●業務指示・連絡に際して、筆談やメール等を利用すること。 ●危険箇所や危険の発生等を視覚で確認できるようにすること。
肢体不自由	募集・採用	●面接の際にできるだけ移動が少なくてすむようにすること。
	採用後	●移動の支障となるものを通路に置かない、机の配置や打合せ場所を工夫する 等により職場内での移動の負担を軽減すること。 ●机の高さを調節すること等作業を可能にする工夫を行うこと。 ●スロープ、手すり等を設置すること。 ●体温調整しやすい服装の着用を認めること。
内部障害	募集・採用	●面接時間について、体調に配慮すること。
	採用後	●出退勤時刻・休憩・休暇に関し、通院・体調に配慮すること。 ●本人の負担の程度に応じ、業務量等を調整すること。

（出所）厚生労働省「合理的配慮指針事例集【第三版】」より三菱UFJリサーチ＆コンサルティング作成
https://www.mhlw.go.jp/file/06-Seisakujouhou-11600000-Shokugyouanteikyoku/0000093954.pdf

合理的配慮とは具体的にどの程度の配慮をさすのか、と疑問に思われる方は、内閣府の「合理的配慮等具体例データ集（合理的配慮サーチ）」や、全国の都道府県労働局・ハローワーク等から集めた事例を整理した厚生労働省の「合理的配慮指針事例集」等をご確認下さい。例えば、合理的配慮指針によれば、視覚障害者に対して画面読み上げソフトや画面拡大ソフトを活用できるようにする、肢体不自由者に対して机の高さを調節することで作業を可能にする等といった例が紹介されています。合理的配慮は、企業にとって過重な負担となる場合は提供義務を免れますが、国際基準では合理的配慮の否定は障害者に対する差別となりますし、日本の法律でも合理的配慮の提供は法的義務とされています。企業は、障害の特性に応じた合理的配慮を提供し、誰もが活躍できる労働環境を整備することによって、「誰一人取り残さない」というＳＤＧｓの理念を実現していくことが求められているといえるのです（図表59）。

求められる国際的批判への対応

ここまで、「性別」「障害」に基づく差別についての法律を紹介してきましたが、実は、現行法において、労働者の募集や採用を含めた、雇用におけるすべてのフェーズで差別が禁止されているのは、「性別」と「障害」だけとされています。

前述の通り、労働基準法第3条の「均等待遇」の規定は募集・採用時には適用されず、第４条の性別に基づく差別は賃金のみに適用されます（その他の差別は、男女雇用機会均等法で規定）。

【図表60】 雇用差別を禁止している法律

法律名	概要
労働基準法	■（均等待遇）第三条　使用者は、労働者の国籍、信条又は社会的身分を理由として、賃金、労働時間その他の労働条件について、差別的取扱をしてはならない。 ■（男女同一賃金の原則）第四条　使用者は、労働者が女性であることを理由として、賃金について、男性と差別的取扱いをしてはならない。
男女雇用機会均等法	■（性別を理由とする差別の禁止）第五条　事業主は、労働者の募集及び採用について、その性別にかかわりなく均等な機会を与えなければならない。 ■第六条　事業主は、次に掲げる事項について、労働者の性別を理由として、差別的取扱いをしてはならない。 ・労働者の配置（業務の配分及び権限の付与を含む。）、昇進、降格及び教育訓練 ・住宅資金の貸付けその他これに準ずる福利厚生の措置であって厚生労働省令で定めるもの ・労働者の職種及び雇用形態の変更 ・退職の勧奨、定年及び解雇並びに労働契約の更新 ・（性別以外の事由を要件とする措置） ■（性別以外の事由を要件とする措置）第七条　事業主は、募集及び採用並びに前条各号に掲げる事項に関する措置であって労働者の性別以外の事由を要件とするもののうち、措置の要件を満たす男性及び女性の比率その他の事情を勘案して実質的に性別を理由とする差別となるおそれがある措置として厚生労働省令で定めるものについては、当該措置の対象となる業務の性質に照らして当該措置の実施が当該業務の遂行上特に必要である場合、事業の運営の状況に照らして当該措置の実施が雇用管理上特に必要である場合その他の合理的な理由がある場合でなければ、これを講じてはならない。
労働施策総合推進法	■（募集及び採用における年齢にかかわりない均等な機会の確保）第九条　事業主は、労働者がその有する能力を有効に発揮するために必要であると認められるときとして厚生労働省令で定めるときは、労働者の募集及び採用について、厚生労働省令で定めるところにより、その年齢にかかわりなく均等な機会を与えなければならない。
障害者雇用促進法	■（障害者に対する差別の禁止）第三十四条　事業主は、労働者の募集及び採用について、障害者に対して、障害者でない者と均等な機会を与えなければならない。 ■第三十五条　事業主は、賃金の決定、教育訓練の実施、福利厚生施設の利用その他の待遇について、労働者が障害者であることを理由として、障害者でない者と不当な差別的取扱いをしてはならない。 ※第三十六条で合理的配慮の提供について定める。

【図表60】続き

法律名	概要
パートタイム・有期雇用労働法	■（不合理な待遇の禁止）第八条　事業主は、その雇用する短時間・有期雇用労働者の基本給、賞与その他の待遇のそれぞれについて、当該待遇に対応する通常の労働者の待遇との間において、当該短時間・有期雇用労働者及び通常の労働者の業務の内容及び当該業務に伴う責任の程度（以下「職務の内容」という。）、当該職務の内容及び配置の変更の範囲その他の事情のうち、当該待遇の性質及び当該待遇を行う目的に照らして適切と認められるものを考慮して、不合理と認められる相違を設けてはならない。 ■（通常の労働者と同視すべき短時間・有期雇用労働者に対する差別的取扱いの禁止）第九条　事業主は、職務の内容が通常の労働者と同一の短時間・有期雇用労働者であって、当該事業所における慣行その他の事情からみて、当該事業主との雇用関係が終了するまでの全期間において、その職務の内容及び配置が当該通常の労働者の職務の内容及び配置の変更の範囲と同一の範囲で変更されることが見込まれるものについては、短時間・有期雇用労働者であることを理由として、基本給、賞与その他の待遇のそれぞれについて、差別的取扱いをしてはならない。

（出所）三菱UFJリサーチ＆コンサルティング作成

その他の差別事由については、労働施策総合推進法で募集採用時の年齢差別を禁止しているほか、パートタイム・有期雇用労働法の中で短時間・有期雇用労働者の差別的取り扱いの禁止等が定められていますが、日本では、個別の差別事由ごとに法律が整備されてきたため、包括的な差別禁止法が存在しません[20]（図表60）。そのため、ＬＧＢＴＱに対する差別等、法整備が遅れている領域等もあり、国際社会からも批判の対象となっています（なお、個別の法律がない場合でも、悪質な事例等は民法の一般条項等を通じて救済される余地はありますので、当然のことながら、法律がない＝差別をしても問題ないということはありません）。

　日本は差別の禁止について定めたＩＬＯ１１１号条約を批准できていません。それだけが理由ではないと思いますが、少なくとも日本における差別禁止法の整備状況は、まだまだ不十分であるといえるでしょう。その意味では、国際労働基準に沿った取り組みを日本国内で進めるには、法令遵守の視点だけでは不十分かもしれません。国際基準に従えば、性的マイノリティに対する差別を防止するための施策の推進も必要になってきますし、年齢差別等のように日本ではあまり意識されていない差別事由にも留意する必要があります。

差別の禁止についても、児童労働等と同様に、「当社では差別は存在しない」と（根拠なく）主張するだけでは不十分であり、差別の発生を防止するために何をしているかが求められています。差別の禁止を明示的に禁止する社内規程や方針の整備、何が差別に当たるか等といった事例紹介やワークショップ等を通じた従業員研修の実施等、差別の禁止に向けて具体的な施策を進めていくことが重要といえるでしょう。

（4）結社の自由と団体交渉権の保障

ＩＬＯの考え方と企業に求める取り組み

次に、結社の自由と団体交渉権の保障について説明します。強制労働や児童労働、差別といった人権的な要請の強い他の労働基準と並び、これが中核的労働基準のひとつであることについて、疑問を持つ方もいるかもしれません。ＩＬＯでは、結社の自由がなぜ重要なのかという問いについて、次のように回答しています。[21]

結社の自由は権利であることに加え、労使双方が協力し、それぞれの経済的利益だけでなく、生存権、社会保障権、人格権並びに個人及び集団的自由権などの自由権の保護を進めることも可能にします。この原則は民主主義と不可分の一体をなす要素として、その他すべての労働における基本的原則及び権利を実現するうえで欠かせません。

つまり、結社の自由は、労働者が労働組合等を結成して企業と交渉する権利であると同時に、他の権利を実現するための手段にもなっているということです。仮に結社の自由や団体交渉権が認められていなければ、労働時間や賃金等の労働条件について企業側と交渉するための機会が確保できず、労働者の人権が尊重されない事態を招くことにつながってしまいます。

では、労働者の結社の自由や団体交渉権を尊重するために、企業は具体的にどのような取り組みが求められているでしょうか。この点について、ＩＬＯでは、次の４つを取り上げています。[22]

□従業員の結社に干渉しないこと
□すべての労働者が自ら選択する労働組合を結成したり、これに加入したりすることを認めること
□反組合的な差別待遇を行わないこと
□企業の方針、手続及び慣行で、労働組合に関する見解又は労働組合活動を理由に個人を差

別しないこと

企業としてはまず、結社の自由や団体交渉権を尊重し、これらの権利を認めることを方針等で宣言することが重要です。その上で、企業が組合活動を実質的に制限することや、従業員に対して組合活動を躊躇させることのないように、組合活動を理由とした差別や不利益取扱いを行わないことをルール化する必要があります。これは、きちんと明文化されたルールとして定めることが重要です。そうしなければ、仮に企業側が不利益取扱いをするつもりがなかったとしても、「もしかすると組合活動によって人事面等から不利益取扱いを受けるのではないか」と疑心暗鬼になってしまい、結果として組合活動を阻害することにつながるためです。

この点、日本でも日本国憲法の中で認められた労働三権（団結権、団体交渉権、団体行動権）を保障するため、労働組合法等が定められています。労働組合法では、労働組合に対して使用者との間で「労働協約」を締結する権限を認めるとともに、労働組合や組合員に対して使用者が不利益な取り扱いをすることを「不当労働行為」として禁止しています。労働組合法で禁止されている不当労働行為は次の通りです（第7条）。

□組合員であること、労働組合に加入したこと、労働組合を結成しようとしたこと若しくは労働組合での正当な活動等を理由に、解雇や不利益取扱いをすること

□労働者が労働組合に加入しないこと、労働組合から脱退することを雇用条件とすること
□労働者の代表者との団体交渉を正当な理由がなく拒むこと
□労働組合の結成や運営を支配し、介入すること
□労働組合の運営のために経理上の援助を与えること（ただし、労働時間中の協議や交渉を許容することや最小限の広さの事務所を供与すること等は除く）
□労働委員会への申立て等を理由に、解雇や不利益取扱いをすること

ユニオン・ショップ協定

結社の自由や団体交渉権の保障に関する日本と国際基準との乖離や比較を考える上で最も重要と思われるのが、ユニオン・ショップ協定と呼ばれるものです。ユニオン・ショップ協定とは、採用された後に労働組合に加入しない労働者や、労働組合から脱退・除名された労働者を企業側が解雇することを義務付けられる協定を指します。端的にいえば、その企業で働く労働者は、必ず労働組合に加入しなければならないという制度です。

平成30（2018）年に行われた厚生労働省「労働組合活動等に関する実態調査」によれば、日本でユニオン・ショップ協定を締結している労働組合の割合は、実に全体の66・2％にもおよんでいます。最も締結率が高い1000～5000人未満の規模の企業で76・9％、産業別では

「電気・ガス・熱供給・水道業」で90％を超える割合で締結しているとのデータもあります[23]。日本では、他国に比べて労働組合の組織率自体は低いですが（令和3〈2021〉年時点で組織率は16・9％[24]）、非常に多くの労働組合が、企業との間でこのユニオン・ショップ協定を締結しています。

なお、労働組合法では、「労働組合が特定の工場事業場に雇用される労働者の過半数を代表する場合」にのみ、このユニオン・ショップ協定を締結することを許容しています（第7条1号但書）。したがって、ユニオン・ショップ協定を締結した労働組合が過半数を失った場合には、その協定は失効するとされています。また、ユニオン・ショップ協定を締結している労働組合から脱退した労働者や除名された労働者が他組合に加入した場合や、新たな組合を結成した場合に、ユニオン・ショップ協定に基づいてその労働者を解雇することは解雇権の濫用であるとした判例等もあり、その点についても注意が必要です[25]。

ユニオン・ショップ協定の締結は、労使双方にとってメリットがあるといわれています。労働組合側としては、加入を強制させることで組合員の比率を高め、人数を増やすことができますので、必然的に使用者側への交渉力を高めることができるというメリットがあります。一方で、企業側としても、労使交渉の窓口を一本化できる、企業運営に協力的な組合を承認することによって、協調的かつ安定的な労使関係の構築を実現することができる等のメリットが期待できます。

ユニオン・ショップ協定には問題も

他方で、実はこのユニオン・ショップにはひとつ問題があるといわれています。それは、労働者に対して労働組合への参加を事実上、強制することになるため、「労働組合活動を控える権利（組合に入らない自由）」を侵害するということです。日本では、学説上の争いもあるのですが、基本的な考え方としては、「労働者の団結する権利（積極的団結権）」は「団結しない権利（消極的団結権）」よりも優位性があるという考え方のもと、ユニオン・ショップ協定の締結が認められています。しかし、これが場合によっては国際基準と対立する場合がありますので、注意が必要です。

ＩＬＯでは、「労働者団体と使用者との間の自由な交渉の結果」であれば、ユニオン・ショップ協定と条約との整合性を認めていますが、[26]例えば、電子業界を中心に国際的に広く活用されている「責任ある企業連盟（ＲＢＡ）」の行動規範では、「現地法に従い、参加企業は、すべての労働者の自らの意思による労働組合結成・参加、団体交渉、平和的集会への参加の権利を尊重するとともに、それらを差し控える労働者の権利も尊重しなければならない」と定められており、ユニオン・ショップ協定はこのような国際的な行動規範とは相反することになりますので注意が必要です。[27]

日本において労働組合の組織率が低下していく中で、ユニオン・ショップ協定が労使交渉の機会確保等に一定の役割を果たしてきたことに疑いはありませんし、日本においてユニオン・ショップ協定の締結が認められていることは事実です。他方で、指導原則で求められる考え方に従えば、本来は積極的団結権を奨励しながら、消極的団結権も保障する方法を追求すべきだと思います。

また、「ビジネスと人権」の領域では、社会的に脆弱な立場の人々の意見を企業経営に反映させることが非常に重要ですが、ときに少数労働者の意見は、多数労働者の意見と相反することも想定されます。例えば、障害を持つ従業員のための設備投資に資金を回すよりも、組合としては全従業員への賞与に還元して欲しいと主張するかもしれません。したがって、多数派の労働組合に労使対話の窓口を一元化させ、「当社は従業員の意見を十分に聞いている」と判断してしまうのも問題となる可能性はあります。

筆者としては、ユニオン・ショップ協定の締結を否定するものではありませんが、そのメリットやデメリット（国際的な第三者監査で指摘される可能性等）を理解した上で、特に社会的に脆弱な集団に属する労働者との対話の機会を併せて設けることを推奨します。

以上、中核的労働基準として定められている、①強制労働、②児童労働、③差別の禁止、④結社の自由と団体交渉権の保障の4つの切り口で、日本国内で留意しなければならないポイントを概説しました。自社内の労働環境から整備を検討される企業の方は、まずはこれらの点を中心に、自社の労働基準と国際基準との整合を図っていきましょう。

なお、中核的労働基準の他にも、日本国内においていくつか注意をしなければならないテーマがあります。以下では、それらのうち重要と思われるものを取り上げていきます。

(5) 労働時間

日本の法律は国際基準に沿っているか

日本国内では、労働基準法において、原則として1日に8時間、1週間に40時間を超えて労働させてはならないと定められています(第32条)。この基準は読者の皆さんもご存知かもしれませんが、では、これらの規定は国際基準に沿ったものなのでしょうか。

労働時間について、ILO条約では、1919年の記念すべき第1号条約(日本は未批准)の中で工業的企業における労働時間を1日8時間かつ1週48時間に制限し、その後、30号条約でその他の業種についてもこの基準を採用する等、1日8時間、1週48時間を基本に定めています。1935年には、1週の労働時間を40時間とする47号条約が登場し、その後、1962年の労働時間短縮勧告(116号)の中で、労働時間の段階的な短縮を目指すために、47号条約の定める週40時間の労働時間は「達成すべき社会的基準」であることを確認しました。この勧告は、「多国籍企業及び社会政策に関する原則の三者宣言(2017年)」の中でも参照されており、1週40時間は多国籍企業が目指すべき水準であるともいえるでしょう。その意味で、日本の労働基準法

【図表61】 日本の労働時間規制

法律で定められた労働時間の限度 **1日8時間　及び1週40時間**	▶ これを超えるには、**36協定の締結・届出**が必要
法律で定められた休日 **毎週少なくとも　1回**	

■時間外労働の上限は原則として**月45時間・年360時間**となり、臨時的な特別の事情がなければこれを超えることができない。

■臨時的な特別の事情があって労使が合意する場合（特別条項）でも、以下を守らなければならない。

- 時間外労働が**年720時間以内**
- 時間外労働と休日労働の合計が**月100時間未満**
- 時間外労働と休日労働の合計が「２か月平均」「３か月平均」「４か月平均」「５か月平均」「６か月平均」ですべて**1月当たり80時間以内**

■時間外労働が月45時間を超えることができるのは、**年６か月**が限度

■上記に違反した場合には、罰則（６か月以下の懲役または30万円以下の罰金）が科されるおそれがある

（出所）厚生労働省　「時間外労働の上限規制　わかりやすい解説」
https://www.mhlw.go.jp/content/000463185.pdf

の１日８時間、１週40時間の規定は国際基準に沿ったものであるといえます。

一方で、日本の労働時間規制は「原則」としては国際基準に沿ったものといえますが、「例外」が簡単に適用できることが問題といえるでしょう。日本では、いわゆる３６協定を締結すれば、１日８時間、１週40時間を超えて従業員を働かせることができます。時間外労働の上限は月45時間、年３６０時間とされていますが、さらに、日本には例外の例外ともいえる、特別条項と呼ばれるものがあります。臨時的な特別の事情があって労使が合意する場合においては、時間外労働＋休日労働を月最大１００時間（２～６か月の平

均を80時間以内)、時間外労働は年720時間まで延長することが可能です(図表61)。

特別条項を定める際には、時間外労働をさせる必要のある具体的事由を記載する欄があり、可能な限り具体的に定めるようにとの指導もされていますが、厚生労働省が公表している記載例では、「棚卸」「納期変更」「受注の集中」等、曖昧かつ特別性が薄いと思われる事由が記載されています。[28] また、原則である月45時間を超えて特別条項を適用することができるのは年6か月までとされていますが、果たして年12か月の中で半分も適用できるという例外は、「やむをえない例外的な事情」といえるのか、個人的には疑問が残ります。

この点、ILOでは週60時間を超える労働時間を長時間労働として特に問題視しており、[29] 実務的にも、国際的な監査やチェックの基準では週60時間が目安として設定されていることが多い印象です。しかし、36協定やその特別条項を適用させてしまえば、週60時間を超えて労働時間を延長することも可能となってしまいます。

国際基準を意識した労働時間管理を目指すのであれば、36協定の特別条項のような例外を適用するのは、地震や災害等が発生した場合のような企業側が予測できないまさに例外的な事情に限るべきだと思われます。監査等の面から少し厳しい言い方をすれば、繁忙期や決算期等は、人員増の必要性を予め企業側は予測できるはずです。その時期に人手が必要であれば臨時の人員を確保するなどの対応をとるべきであり、それをしていないのは企業側の責任となってしまいます。

国際的な基準に合わせるのであれば、1日8時間、週40時間という労働基準法の「原則」を遵守した上で、時間外労働をさせる場合には36協定の上限内での運用を心掛け、特別条項の適用は不測の事態に限るべきであると考えられます。

休日・休憩・休暇における注意点

休日については、労働基準法の第35条第1項において、「毎週少なくとも1回の休日を与えなければならない」と規定されています。ＩＬＯでは、14号条約や106号条約において、「7日ごとの中断されない24時間以上の週休」を定めており、基本的には1週間に1日の休日が保障されていれば問題ないといえるでしょう。ただし、日本では、労働基準法の第35条第2項において変形休日制を採用することを認めており、この運用次第では、1週間に1日の休日が保障されない可能性があることには注意が必要です。

なお、休憩時間については明確な国際基準が定められているわけではありません。そのため、基本は労働基準法に基づいて、6時間を超える場合は45分、8時間を超える場合は1時間の休憩を付与していれば、特段問題ないといえるでしょう（労働基準法第34条）。

有給休暇の付与日数については、1970年の有給休暇（改正）条約（132号）において、少なくとも1年の勤務につき3労働週を下回ってはならないと明記しています。これは、週休2日なら15日、週休1日なら18日に相当します。また、有給休暇付与の最低勤務期間は6か月を超えてはならないとされています。

この点、日本では、6か月間継続勤務し、全労働日の8割以上の出勤をした場合に10日間付与され、その後、継続勤務日数に応じて追加付与される仕組みとなっているため（労働基準法第39条）、付与資格自体は問題ありませんが、付与日数に関しては国際基準を下回っているといえます。長時間労働等と比べると、ただちに深刻な人権侵害につながるものではないため、有給休暇の付与日数は日本の法令を遵守していれば、そこまで大きな問題はありません。しかし、国際基準を下回っているという事実は認識した上で、可能な限り国際基準に準拠した日数の有給休暇を付与した上で、取得の促進にも努めていきましょう。

２０１９年に労働基準法が改正され、現在は、年5日の有給休暇を労働者に取得させることが義務化されています（勘違いされている方もいますが、企業が労働者に対して「取得させる義務」を負うのであって、労働者が「取得する義務」を負うのではありません。あくまで義務の主体は企業である点に留意が必要です）。厚生労働省の調査によれば、２０２０年の有給休暇取得率は56・6％です。[30] この数字は過去最高とのことですが、有給休暇の取得は労働者に与えられた正当な権利であり、基本的には１００％の取得がされるべきものですので、できるだけ１００％に近付けるように企業としても努力をしていく必要があるでしょう。日本政府としては、少子化社会対策大綱等において、２０２５年までに70％の取得率を目標に掲げておりますので、[31] 70％に達していない企業は、まずはこの水準を目標として設定していくとよいでしょう。

（6）賃金

最低賃金の設定

賃金については、ＩＬＯ条約等の国際基準において「月に○円以上支払わなければならない」等といった具体的な最低金額の設定はありません。当然のことながら国・地域によって物価や経済水準は異なりますので、妥当な水準の金額を全世界一律に決めることはできないためです。

ＩＬＯでは、最低賃金について、固定賃金であっても出来高払いであっても、労働者やその家族の基本的ニーズを満たす適正な額とすべきとし、その決定において次の要素を考慮すべきであるとしています。[32]

□国内の賃金の一般的水準、生計費、社会保障給付及び他の社会的集団の相対的な生活水準

□経済開発上の要請、生産性の水準並びに高水準の雇用を達成し及び維持することの望ましさを含む経済的要素

□生計費やその他の経済条件の変化

日本では最低賃金法に基づいて、産業や職種に関わりなく、都道府県内の事業場で働くすべての労働者とその使用者に対する「地域別最低賃金」と、特定の産業に対する「特定最低賃金」が設定されています。地域別最低賃金は、①労働者の生計費、②労働者の賃金、③通常の事業の賃金支払能力を総合的に勘案して定めるものとされており、労働者の生計費を考慮するにあたって

は、労働者が健康で文化的な最低限度の生活を営むことができるよう、生活保護に係る施策との整合性に配慮することとされています[33]（図表62）。

日本国内の企業は、基本的に法令上の最低賃金を遵守していくことで問題ありませんが、ひとつ注意しなければならない点は、対象となる労働者です。最低賃金法では、軽易業務に従事する者や断続的労働に従事する労働者等に対しては、都道府県労働局長の許可を受けることによって一定の減額が許容される「減額特例」がありますが、より重要なのは、最低賃金法の対象となる労働者は、あくまで労働基準法の「労働者」であるということです。

例えば、最近はギグワーカーと呼ばれる、個人で単発の仕事を請け負う業態等も普及しています。ただし、個人事業主等のように請負形態で働いている方やインターンの学生等は、事実上企業の指揮命令下に置かれているなど実態として労働者であると認められるような場合を除き、基本的には最低賃金の適用がありません（なお、行政通達によれば、「作業による利益・効果が当該事業場に帰属し、かつ、事業場と学生との間に使用従属関係が認められる場合」には、インターンシップの学生は「労働者」に該当するとされています[34]）。しかし、実態として時間単価で計算したときに最低賃金を割り込むような業務発注は、「ビジネスと人権」の観点からは問題視され得るため、企業としては注意が必要です。

【図表62】 令和4年度(2022年度)地域別最低賃金一覧

都道府県	時間あたり最低賃金	都道府県	時間あたり最低賃金
北海道	920円	滋賀	927円
青森	853円	京都	968円
岩手	854円	大阪	1,023円
宮城	883円	兵庫	960円
秋田	853円	奈良	896円
山形	854円	和歌山	889円
福島	858円	鳥取	854円
茨城	911円	島根	857円
栃木	913円	岡山	892円
群馬	895円	広島	930円
埼玉	987円	山口	888円
千葉	984円	徳島	855円
東京	1,072円	香川	878円
神奈川	1,071円	愛媛	853円
新潟	890円	高知	853円
富山	908円	福岡	900円
石川	891円	佐賀	853円
福井	888円	長崎	853円
山梨	898円	熊本	853円
長野	908円	大分	854円
岐阜	910円	宮崎	853円
静岡	944円	鹿児島	853円
愛知	986円	沖縄	853円
三重	933円	全国加重平均	961円

(出所) 厚生労働省「令和4年度地域別最低賃金改定状況」
https://www.mhlw.go.jp/stf/seisakunitsuite/bunya/koyou_roudou/roudoukijun/minimumichiran/

生活賃金の考え方に注意

もうひとつ、「ビジネスと人権」の観点から理解しておかなければならないのが、「生活賃金」の考え方です。ＩＬＯ憲章ではその前文において、「妥当な生活賃金の支給」に言及しています。また、ＩＬＯの目的と目標に関する１９４４年のフィラデルフィア宣言では、「賃金及び所得並びに労働時間及び他の労働条件に関する政策ですべての者に進歩の成果の公正な分配を保障し、且つ、最低生活賃金による保護を必要とするすべての被用者にこの賃金を保障する」ことの必要性が強調されています。この原則は、最近では２００８年に採択された「公正なグローバル化のための社会正義に関するＩＬＯ宣言」でも確認されており、生活賃金の保障はＩＬＯとしても非常に重要な課題としてとらえていることが分かります。

では、最低賃金と生活賃金の違いは何でしょうか。最低賃金とは、あくまで法律（日本では最低賃金法）に基づいて定められた「最低限支払わなければならない賃金」を指します。これに対して、生活賃金とは「健康で文化的な最低限度の生活」を送る上で必要な賃金の水準を指すものです。そのため、本来は法律で定める最低賃金が生活賃金以上であることが望ましいのですが、物価の上昇や法改正（基準見直し）の遅延等が原因となって、この2つの賃金水準はしばしば乖離してしまうのです。例えば、ミャンマーでは、全国一律の最低賃金が定められていますが、ヤンゴン等では物価の上昇等が顕著であり、国が定める最低賃金では生活することが難しいとして、労働者等によるデモが発生しています。[35]

しかし、企業側としては、法律上決められた最低賃金と生活賃金が乖離していた場合に、生活賃金を支払えといわれたら「いくら払えばよいのか」がわかりません。生活賃金は、その国・地域の物価や生活実態等に応じて水準が決まりますので、一律かつ客観的に決められるものではありません。しかし一方で、生活水準に見合う賃金を支払わなければならないという社会的要請があるなかで、企業としてどのように対応していくべきかが問題になると思います。

ここで重要になるのが、労使間対話とステークホルダーエンゲージメントです。まず、組合や従業員代表との対話を通じて、十分な生活を送ることができる給与水準となっているかを確認することが求められます。さらに、現地のNGO等との協働を図り、賃金の妥当性について意見を求めることも有効です。世界生活賃金連合（GLWC：Global Living Wage Coalition）が設定している生活賃金等も客観的な指標として参考になりますので、該当する国でビジネスを行う企業は参照するとよいでしょう[36]。

生活賃金に関する考え方は、まだ日本には十分に浸透していませんので、国内では地域別最低賃金等を目安としていくことが考えられます。他方で、将来的には日本国内においても生活賃金の議論が活発化する可能性はあります。そこで、参考までに英国の事例を紹介しておきたいと思います。

英国では、国が設定する最低賃金のほかに、シンクタンク（Resolution Foundation）が生活賃金を算定するとともに、生活賃金の支払いを自発的に推進する企業に対しては、非営利団体である生活賃金財団（Living Wage Foundation）が認証するという仕組みがあります。この仕組みによって、企業は生活賃金の水準（金額）を確認できるだけでなく、最低賃金を上回る生活賃金を保障する企業に対して認証取得というインセンティブを与えることも可能となっています。企業に自主的な取り組みを促すためには、インセンティブの付与という側面は非常に重要であるため、英国の生活賃金に関する取り組みは効果的といえるでしょう。なお、英国における2022年7月現在の法定最低賃金は9・5ポンドですが、生活賃金はロンドンで11・05ポンド、ロンドン以外で9・9ポンドとされています。[37] 日本でも、このような認定制度を活用することで、企業に対して生活賃金の支払いを促すための仕組みを構築していく必要があるかもしれません。

支払方法も重要なポイント

賃金に関しては、金額だけではなく、支払方法も重要なポイントとなります。例えば、給与のほとんどが現物支給であれば労働者は生活に困窮してしまうかもしれませんし、金額としては一定の水準が確保されていても、賃金の控除や支払い遅延によって、労働者の手元に十分な金額が届いていなければ意味がありません。そこで、国際労働基準では、賃金の支払いに関してもいくつかの規定を定めています。

□**労働者に対する法定通貨による直接の支払**：労働者に直接法定通貨で支払う必要があり、

現物給与は適切で有益な場合、かつ、賃金の一部を支払う場合にのみ許容される。

□**支払額計算の透明性**：賃金の総額や控除の内訳、総支給額等を明確に示す必要がある。賃金の控除は国内法令や労働協約等によって決められている場合にのみ認められる。また、雇用を仲介した業者等に対して支払う金額を控除することは認められない。

□**定期的支払**：賃金は定期的に支払わなければならず、出来高払いの場合は、少なくとも月2回より頻繁に行う必要がある。賃金の支払記録を残し、雇用が終了する際は、支払われるべき賃金が妥当な期間内に支払わなければならない。

□**同一価値の労働に対する同一報酬**：同一価値の労働に対して男女労働者に同一の報酬を確保しなければならない。

□**企業による商品又は役務の提供に関する控除の限度と条件**：企業が労働者へ販売する商品又は提供する役務は、利益を追求するためではなく、労働者の利益のため、妥当な価格で提供される必要がある。商品又は役務の購入に強制があってはならない。

これらの項目の多くは、日本では労働基準法の第24条で定められている「賃金支払いの5原則」を遵守することでカバーできます。労働基準法では、賃金の支払いに関して、次のようなルールを設定しています[38]。

□**通貨払いの原則（現物給与の禁止）**：賃金は通貨で支払わなければならない。
- 価格的にも不明瞭で交換手段として不便な現物支給を禁じることで、労働者を守ることが目的とされている。

□**直接払いの原則**：賃金は労働者本人に直接支払わなければならない。
- 中間搾取を防ぎ、労働の対価を労働者本人の手に帰属させるためとされている。

□**全額払いの原則**：賃金に不当な控除や減額、分割払い等は認められない。
- 賃金の一部を支払わないことによる労働者の足止め（強制労働に該当する可能性がある）を防ぐためとされる。

□**毎月払いの原則**：賃金は少なくとも毎月1回以上の頻度で支払わなければならない。
- 支払間隔が開き過ぎることによる労働者の生活上の不安を取り除くためとされている。

□**一定期日払いの原則**：賃金は予め決められた期日に支払わなければならない。
- 支払日が不安定で間隔が一定しないことによって労働者が計画的に生活することができなくなる事態を防ぐためとされている。

それぞれの原則にはいくつかの例外こそあるものの、基本的には、この賃金支払いの5原則を遵守していれば問題ありません。ただし、国際労働基準と国内法の比較という観点でいくつか留意すべきポイントがあります。

まず、給与明細の発行ですが、日本では労働基準法等による給与明細の交付義務等は規定されておらず、所得税法上の義務とされています。しかし、不当な控除等を排除し、従業員に対して支払額計算の透明性を確保するという観点から、国際労働基準では給与明細の発行が求められていることに留意が必要です。契約書や労働条件の書面交付等と合わせて、給与明細についても、きちんと支払いの都度、労働者にとって分かりやすい形で交付するようにしましょう。

また、減給の懲戒処分についても注意しなくてはなりません。日本では、就業規則において懲戒の規定や手続を定めれば、「1回の額が平均賃金の1日分の半額を超え、総額が一賃金支払期における賃金の総額の10分の1を超え」ない限りにおいて、認められています（労働基準法第91条）。しかし、ILOによれば、多くの国では懲戒処分による賃金減額は禁止されています。[39] ILO条約では、懲戒処分による減額について明示的な規定はありませんが、いくつかの国際的な行動規範や認証スキームでは、懲戒処分による賃金減額を禁止していますので、日本企業としては注意が必要です。[40]

（7）ハラスメント

ILOの定義

ハラスメントも、国内基準と国際基準の考え方の違いに注意が必要な概念です。

【図表63】 職場で起こる主なハラスメント

職場や勤務先等で想定されるハラスメントの代表例		
パワハラ （パワーハラスメント） ※職場における立場や優越性を背景とした嫌がらせ	セクハラ （セクシャルハラスメント） ※性的な言動等による嫌がらせ	マタハラ （マタニティハラスメント） ※妊娠や出産をした女性に対する嫌がらせ
モラハラ （モラルハラスメント） ※倫理や道徳に反した精神的な嫌がらせ	アルハラ （アルコールハラスメント） ※飲み会や会食等での飲酒に関する嫌がらせ	ジェンハラ （ジェンダーハラスメント） ※性別に関する偏見・固定観念（男らしさ、女らしさ）等の強要や、それによる嫌がらせ
エイジハラスメント （エイジハラスメント） ※年齢・世代差に基づく嫌がらせや中高年従業員への嫌がらせ	リスハラ （リストラハラスメント） ※リストラ対象者に対する嫌がらせ	テクハラ （テクノロジーハラスメント） ※ITやパソコン等の知識に乏しい従業員に対する嫌がらせ（過度な専門用語の使用等）
パタハラ （パタニティハラスメント） ※育児休暇を取得する男性従業員等に対する嫌がらせ	ケアハラ （ケアハラスメント） ※親等の介護をしている従業員に対する嫌がらせ	リモハラ （リモートワークハラスメント） ※リモートワークをしている従業員に対する嫌がらせ

（出所）三菱UFJリサーチ＆コンサルティング作成

ハラスメントは、日本では「嫌がらせ」や「いじめ」等といった訳語が使われることが多いのですが、パワーハラスメント（パワハラ）やセクシャルハラスメント（セクハラ）、マタニティハラスメント（マタハラ）等、何らかの属性に基づく不当な取り扱いをイメージされる方が多いと思います。ハラスメントの類型は社会の変化等に応じて様々なものが次々と生まれており、最近では、コロナハラスメント（感染歴のある方等に対する嫌がらせ行為）やリモートハラスメント（リモートワーク社員に対する嫌がらせ行為）等もあるようです（図表63）。

そのため、ハラスメントについてはまず、基本的な考え方をおさえておくことが重要です。それは、ハラスメントとは人権侵害のひとつであり、基本的人権や「人間の尊厳」に関わる問題であるということです。

第1章で解説した通り、人権とは本来、女性の権利や障害者の権利等、類型的属性に基づくものだけではありません。1人ひとりの人間が生まれながらにして有する権利なのです。例えば、自分の部下である前に1人の人間として尊重することを意識しておけば、パワハラの発生をある程度、回避することができるでしょう。ハラスメントの類型自体には様々なものがありますが、前提として、ハラスメントは人間の尊厳に関する問題であることを、まず理解しておきましょう。

ハラスメントの定義ですが、ＩＬＯでは「暴力とハラスメント」に関する190号条約の中で、職場での「暴力とハラスメント」について、次のように定めています（第1条第1項）。

□労働の世界における「暴力とハラスメント」という用語は、単発のものか反復されるものかを問わず、身体的、心理的、性的、または経済的危害を目的とし、その結果生じる、または生じる可能性のある、容認できない行動と慣行、またはその脅威を指し、「ジェンダーに基づく暴力とハラスメント」も含まれる。

□「ジェンダーに基づく暴力とハラスメント」とは、性別に起因する、又は特定の性別の者に不釣り合いに影響を及ぼす暴力及びハラスメントをいい、セクシャルハラスメントを含む。

ＩＬＯでは、各国に対して労働の世界における暴力とハラスメントを定義し、禁止する法律を制定すること等を求めていることから、ＩＬＯの定義は包摂性に重点を置いているとされています。

まず、暴力やハラスメントの対象については、労働者を含めたあらゆる人々をハラスメントから保護するため、インターンや研修生等、雇用が終了した労働者、ボランティア、求職者、就職希望者等も対象に含まれるとしています。また、使用者側も暴力やハラスメントの対象になり得ることを認めています。発生場所に関しても、職場内のみならず、支払いを受ける場所や休憩・食事場所、衛生・洗浄設備を利用する場所、更衣室、業務に関連した外出・出張・訓練・行事・社会活動中、電子メール等を含む業務に関連した連絡の過程、使用者の提供する居住設備、通勤中も含むものと規定されています。

日本の状況

次に、日本国内でのハラスメントに関する制度の状況等をみていきます。

厚生労働省の発表によれば、２０２１年の個別労働紛争の相談件数の中では「いじめ・嫌がらせ」が最多であり、実に10年連続、最多を記録していますが[41]、この結果は、職場におけるハラスメントがいかに身近な問題であるかをよく示しているのではないかと思います（図表64）。したがって、企業が労働環境を整備していく上でも、ハラスメント対策は優先的に取り組むべき重要な課題であるといえるでしょう。日本はまだＩＬＯの１９０号条約を批准していませんが、現時点

【図表64】 個別労働紛争の件数

■厚生労働省の「令和3年度個別労働紛争解決制度の施行状況」によれば、民事上の個別労働紛争の相談件数、助言・指導の申出件数、あっせんの申請件数の全項目で**「いじめ・嫌がらせ」の件数が引き続き最多**を記録している。

■民事上の個別労働紛争の相談件数では10年連続、助言・指導の申出では9年連続、あっせんの申請では8年連続最最多となっている。

【個別労働関係紛争の解決の促進に関する法律第4条】

労働局長による助言・指導

●申出件数(8,484件)
内訳 ※1 ①いじめ・嫌がらせ…1,689件
②労働条件の引き下げ…816件
③自己都合退職…………771件

➡

●処理件数(8,466件) ※3
助言・指導の実施(8,159件)
取り下げ(161件)・打ち切り(118件)
その他(28件)

⬇ 申請

【個別労働関係紛争の解決の促進に関する法律第5条】

紛争調整委員会によるあっせん

●申請件数(3,760件)
内訳 ※1 ①いじめ・嫌がらせ…1,172件
②解雇……………………743件
③雇い止め………………373件

➡

●処理件数(3,819件) ※3
合意の成立(1,263件)
取り下げ(173件)・打ち切り(2,360件)
その他(23件)

ほか　計138,063

雇い止め	14,346	(4.1%)
出向・配置転換	10,749	(3.0%)
雇用管理等	8,913	(2.5%)
募集・採用	2,537	(0.7%)
採用内定取り消し	1,924	(0.5%)
その他の労働条件	57,847	(16.4%)
その他	41,747	(11.8%)

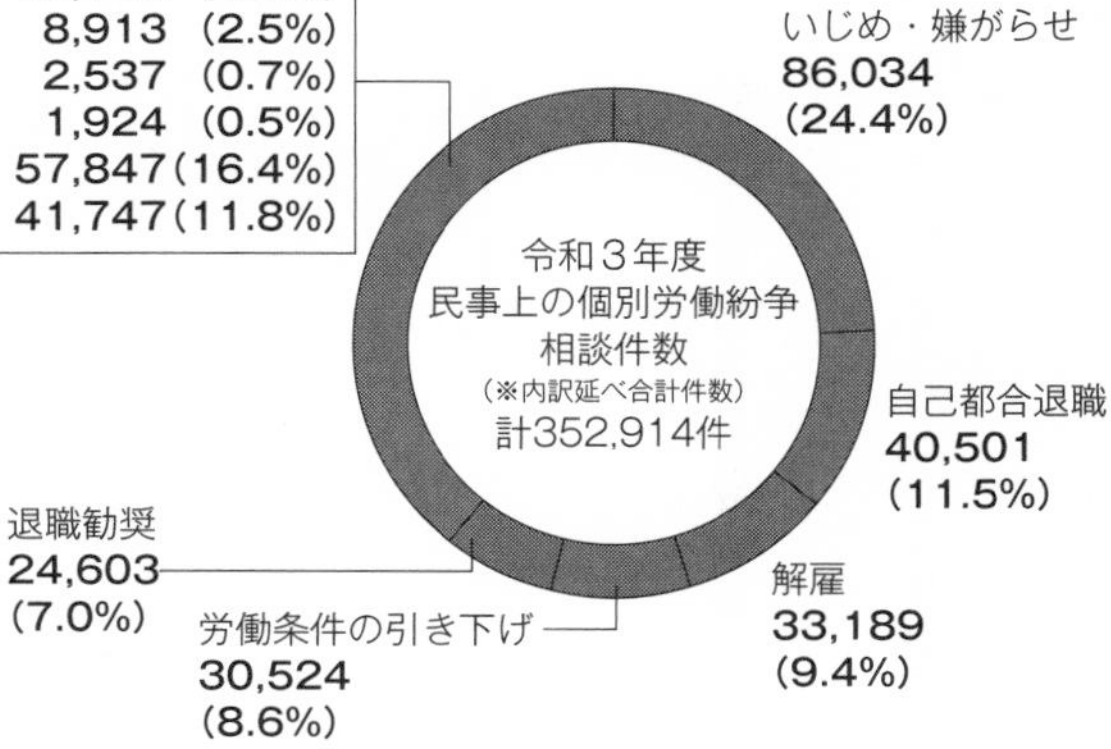

(出所) 厚生労働省「令和3年度 個別労働紛争解決制度の施行状況を公表します」(令和4年7月1日)
https://www.mhlw.go.jp/content/11909000/000959370.pdf

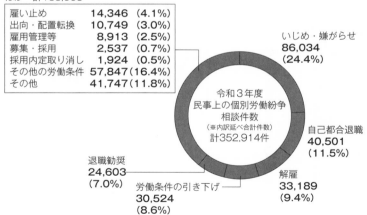

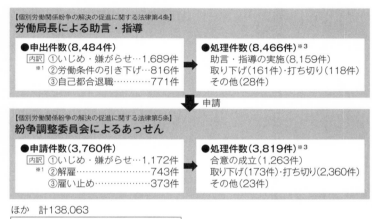

において、日本ではハラスメントについて、どのような規定を設けているでしょうか。

まず、いわゆるパワハラについては、日本では2019年に労働施策総合推進法が改正され、パワハラの定義を定めるとともに、企業に対してパワハラの発生を防止する措置を講じることを義務付けました。この義務は、中小企業には経過措置として猶予期間が設けられていましたが、2022年4月には猶予期間が終了し、中小企業に対しても義務化されています。この法律は、パワハラそのものを明示的に禁止したものではありませんが、企業にパワハラ防止策を講じることを義務付けた法律であるため、パワハラ防止法とも呼ばれています。

労働施策総合推進法では、パワハラの定義を次のように定めています。条文上は、パワハラやパワーハラスメントという単語が使われているわけではありませんが、同法第32条の2では企業に対して次の措置を要請しており、この規定が事実上、パワハラの定義を定めていると理解されています。

> 事業主は、職場において行われる優越的な関係を背景とした言動であって、業務上必要かつ相当な範囲を超えたものによりその雇用する労働者の就業環境が害されることのないよう、当該労働者からの相談に応じ、適切に対応するために必要な体制の整備その他の雇用管理上必要な措置を講じなければならない。

まず、この規定で注目しなければならないのは、「職場」において行われる「労働者」に対する行為をパワハラと定義しているということです。厚生労働省が発行しているハラスメント指針では、「職場」について「事業主が雇用する労働者が業務を遂行する場所を指し、当該労働者が通常就業している場所以外の場所であっても、当該労働者が業務を遂行する場所については、『職場』に含まれる」と定義しています。[42] これは、裏を返せば、「業務を遂行する場所」以外、例えば、ＩＬＯで定めている食事場所や寮等の居住施設、通勤中やＳＮＳ等の場での行為は、職場でのハラスメントには含まれないとも解釈できます。同様に、指針の中では、「労働者」を「いわゆる正規雇用労働者のみならず、パートタイム労働者、契約社員等いわゆる非正規雇用労働者を含む事業主が雇用する労働者のすべて」と定義しています。[43] これは、雇用契約が前提となる記載ですので、フリーランスや個人事業主、インターン生や就職活動生等は含まれないことになってしまいます。採用過程でのハラスメント等は昨今、社会問題となっていますが、本法での対象外となってしまっている点は問題といえるでしょう。このように、ＩＬＯの定義と比較すると、非常に限定的な対象となってしまっている点をまずおさえておく必要があります。

日本の定義、３つの要件

日本におけるパワハラの定義には、３つの要件があるとされています。

①優越的な関係を背景とした言動であること

事業主の業務を遂行するに当たって、労働者が行為者に対して抵抗又は拒絶することができない蓋然性が高い関係を背景として行われるもの。次のものが含まれる。

- ▼職務上の地位が上位の者による言動
- ▼同僚又は部下による言動で、当該言動を行う者が業務上必要な知識や豊富な経験を有しており、当該者の協力を得なければ業務の円滑な遂行を行うことが困難であるもの
- ▼同僚又は部下からの集団による行為で、これに抵抗又は拒絶することが困難であるものとした言動

②業務上必要かつ相当な範囲を超えたもの

社会通念に照らし、当該言動が明らかに当該事業主の業務上必要性がない、又はその態様が相当でないものを指す。次のものが含まれる。

- ▼業務上明らかに必要性のない言動
- ▼業務の目的を大きく逸脱した言動
- ▼業務を遂行するための手段として不適当な言動
- ▼当該行為の回数、行為者の数等、その態様や手段が社会通念に照らして許容される範囲を越える言動

③労働者の就業環境が害されるもの

当該言動により労働者が身体的又は精神的に苦痛を与えられ、労働者の就業環境が不快なものとなったため、能力の発揮に重大な悪影響が生じる等当該労働者が就業する上で看過できない程度の支障が生じることを指す。

▼この判断に当たっては、「平均的な労働者の感じ方」、すなわち、同様の状況で当該言動を受けた場合に、社会一般の労働者が、就業する上で看過できない程度の支障が生じたと感じるような言動であるかどうかを基準とする[44]

非常に分かりづらく、限定的になっていることには注意が必要ですが、①の注意点としては、必ずしも上司から部下に対しての行為だけがパワハラではないということです。例えば、異動等がある職場では異動してきて間もない上司であったり、中途採用が多い職場では中途採用で入社した上司であったりといったように、まだ職場の業務内容を十分に理解していない上司に対して、以前から実務を担当している部下が、業務上の必要情報を渡さない等の嫌がらせを行うことは、業務遂行上の優越的な関係を背景とした行為ですので、部下から上司への言動であってもパワハラに該当することになります。

②について、業務上必要かつ相当な範囲の指導等は、パワハラに該当しないとされています。パワハラに関する規定が強化され、懲戒処分等の対象となっていると、どうしても部下に対する指導について遠慮がちになってしまいますが、ミスをしたことに対する指導等は、相当な範囲で

あればパワハラに該当しません。しかし、人格を否定するような言動や、相当な範囲を越えたもの（会議室に呼び出して長時間叱責する、みせしめのために朝礼等のような他の従業員がいる場所でミスを注意する等）は、パワハラに該当する可能性があります。

③については、精神的苦痛等を感じるかどうかの基準が「平均的な労働者の感じ方」であることに注意が必要です。よく、ハラスメントをしがちな上司等は、「普段から関係性を築いているので大丈夫だと思った」「○○さんなら理解してくれると思った」という趣旨の言い訳をしがちです。しかし、この定義に従えば、あくまで判断基準は「平均的な労働者の感じ方」ですので、その点に留意しておく必要があると思います。

日本での規定と2つの類型

次に、セクハラの規定を紹介しておきます。セクハラについては、男女雇用機会均等法の第11条で次の通り規定されています。

> 職場において行われる性的な言動に対するその雇用する労働者の対応により当該労働者がその労働条件につき不利益を受け、又は当該性的な言動により当該労働者の就業環境が害されることのないよう、当該労働者からの相談に応じ、適切に対応するために必要な体制の整備その他の雇用管理上必要な措置を講じなければならない。

男女雇用機会均等法の中で使われている「職場」や「労働者」に関しては、労働施策総合推進法の中で使用されている内容と同一です。[45] そのため、セクハラについても、職場以外で行われるものや、労働者以外を対象とするものについては、原則として本法で義務化されている措置の対象外になってしまうため、注意が必要です。また、ここで「性的な言動」とは、「性的な内容の発言」及び性的な行動」を指し、「性的な内容の発言」には「性的な事実関係を尋ねること、性的な内容の情報を意図的に流布すること」等が、「性的な行動」には「性的な関係を強要すること、必要なく身体に触ること、わいせつな図画を配布すること」等がそれぞれ含まれるとされています。

また、セクハラには、主に「対価型」と「環境型」の2種類があるとされています。

【対価型】

労働者の意に反する性的な言動に対する労働者の対応（拒否や抵抗）により、その労働者が解雇、降格、減給、労働契約の更新拒否、昇進・昇格の対象からの除外、客観的にみて不利益な配置転換などの不利益を受けること。

▼事務所内において事業主が労働者に対して性的な関係を要求したが、拒否されたため、その労働者を解雇すること。

▼出張中の車中において上司が労働者の腰、胸などに触ったが、抵抗されたため、その労

働者について不利益な配置転換をすること。

▼営業所内において事業主が日頃から労働者に係る性的な事柄について公然と発言していたが、抗議されたため、その労働者を降格すること。

【環境型】

労働者の意に反する性的な言動により労働者の就業環境が不快なものとなったため、能力の発揮に重大な悪影響が生じるなどその労働者が就業する上で看過できない程度の支障が生じること。

▼事務所内において上司が労働者の腰、胸などに度々触ったため、その労働者が苦痛に感じてその就業意欲が低下していること。

▼同僚が取引先において労働者に係る性的な内容の情報を意図的かつ継続的に流布したため、その労働者が苦痛に感じて仕事が手につかないこと。

▼労働者が抗議をしているにもかかわらず、同僚が業務に使用するパソコンでアダルトサイトを閲覧しているため、それをみた労働者が苦痛に感じて業務に専念できないこと。[46]

また、男女雇用機会均等法の第11条の3と育児介護休業法の第25条において、妊娠・出産・育児休業等に関するハラスメントに関しても、企業に防止措置を講じることを義務付けています。

【男女雇用機会均等法】

職場において行われるその雇用する女性労働者に対する当該女性労働者が妊娠したこと、出産したこと、妊娠又は出産に関する事由であって厚生労働省令で定めるものに関する言動により当該女性労働者の就業環境が害されることのないよう、当該女性労働者からの相談に応じ、適切に対応するために必要な体制の整備その他の雇用管理上必要な措置を講じなければならない。

【育児・介護休業法】

事業主は、職場において行われるその雇用する労働者に対する育児休業、介護休業その他の子の養育又は家族の介護に関する厚生労働省令で定める制度又は措置の利用に関する言動により当該労働者の就業環境が害されることのないよう、当該労働者からの相談に応じ、適切に対応するために必要な体制の整備その他の雇用管理上必要な措置を講じなければならない。

職場における妊娠・出産・育児休業等に関するハラスメントとは、「職場」において行われる上司・同僚からの言動（妊娠・出産したこと、育児休業等の利用に関する言動）により、妊娠・出産した「女性労働者」や育児休業等を申出・取得した「男女労働者」の就業環境が害されることです。妊娠の状態や育児休業制度等の利用等と、嫌がらせとなる行為の間に因果関係があるものがハラスメントに該当します。[47]

職場や労働者の定義は他の規定と同様ですが、育児休業等を申出・取得した「男女労働者」に適用されることに注意が必要です。[48]男性の育児休暇の取得率は、2020年度で12・65％と前年（7・48％）から大きく上昇し、2021年度には13・97％まで伸びていますが、女性の85・1％と比べると、まだまだ大きな乖離があります。[49]これを受けて、2022年4月からは、育児休業に関する個別の周知・意向確認の措置が企業に義務付けられていますが、男性が育児休暇を取得していない主な理由として、「職場が育児休業制度を取得しづらい雰囲気だったから」「会社や上司、職場の育児休業取得への理解がなかったから」等が挙げられていることは、注目すべきです。[50]男性が育児休業を取得しやすい職場環境を作っていくためには、ハラスメントの防止措置を適切に講じることが必要であるといえるでしょう。

対策推進の留意点

労働施策総合推進法、男女雇用機会均等法等では、ハラスメントに対する予防措置として、事業主に対して次の取り組みを求めています。ハラスメントの形態によらず、求められていることは基本的に共通しているため、あらゆる種類のハラスメントを許容しないという企業のスタンスを示す意味でも、ハラスメント全般に関しての取り組みを推進していきましょう。

(1) 事業主の方針の明確化及びその周知・啓発
①職場におけるハラスメントの内容・ハラスメントを行ってはならない旨の方針を明確化し、労働者に周知・啓発すること
②行為者について厳正に対処する旨の方針・対処の内容を就業規則等の文書に規定し、労働者に周知・啓発すること

(2) 相談に応じ、適切に対応するために必要な体制の整備
③相談窓口をあらかじめ定め、労働者に周知すること
④相談窓口担当者が、内容や状況に応じ適切に対応できるようにすること

(3) 職場におけるハラスメントにかかる事後の迅速かつ適切な対応
⑤事実関係を迅速かつ正確に確認すること
⑥速やかに被害者に対する配慮の措置を適正に行うこと
⑦行為者に対する措置を適正に行うこと
⑧再発防止に向けた措置を講ずること

(4) (1)から(3)までの措置と併せて講ずべき措置
⑨相談者・行為者等のプライバシーを保護するために必要な措置を講じ、周知すること
⑩相談したこと等を理由として不利益な取扱いを行ってはならない旨を定め、労働者に周知・啓発すること

義務付けられている施策は、方針の整備、適切な措置の実施、相談窓口の設置等、指導原則で求められている人権上の取り組みにも通じる内容も多いと思います。ハラスメントは人権侵害のひとつであることを念頭に置いた上で、人権上の取り組みと並行してハラスメントに関する措置を講じていくべきではないかと思います。

また、国内法で規定されている内容よりも、国際的に認知されるハラスメントの概念が広いことを意識した上で、法令遵守以上の対応、例えば、就職活動生の面接を担当する部署や個人事業主等との契約窓口等を担当する部署等に対して、ハラスメントを防止するための面接ルールや対応方針を定める、研修を実施するといった対応も実施していく必要があるでしょう（なお、労働者以外を対象とした取り組みは、ハラスメント指針の中で、「望ましい取り組み」として記載されています）。法令上の義務は、あくまで最低限、講じなければならない措置と考えて、人権に関する取り組みの一環としてハラスメント対策に取り組んでいきましょう。

(8) 労働安全衛生

労働安全衛生の確保は、生命に関わる人権のひとつであることから、ILOとしても非常に重要視しています。これまで、ILOでは労働安全衛生をILO宣言に定める中核的労働基準に追加するという議論がなされていましたが、2022年6月のILO総会において、正式にその決議が採択されることになりました。これによって、職業上の安全及び健康に関する条約(155号)と職業上の安全及び健康促進枠組条約(187号)がそれぞれ、中核条約に設定されることになります。[51] したがって、指導原則に定められている「国際的に認められた人権」、つまり国際人権章典とILO宣言について人権方針等でコミットしている企業は、これからは労働安全衛生に関しても強制労働や児童労働等と同じ中核的労働基準として、遵守を徹底していかなければなりません。

他方で、日本では労働安全衛生法や労働安全衛生規則、消防法等で様々な規定が整備されているため、基本的には法令を遵守していれば大きな問題はないと考えられます。機械や原材料等の危険性や有害性に関する周知や適切な管理、安全装置の整備、安全作業手順の確立、緊急事態や災害時の対応手順の明確化、定期的な研修や避難訓練等の実施、適切な消火設備や非常口の確保等を、確実に実施していきましょう。

国際基準との乖離という面で、日本企業が注意をしなければならないのが、保護具の費用負担です。先に紹介した職業上の安全及び健康に関する条約（155号）では、「職業上の安全及び衛生に係る措置は、労働者に費用を負担させてはならない」と規定されています（第21条）。これは、企業側に労働者の安全に配慮する義務があるため、その費用負担を労働者側に課すことは妥当ではないという考え方によるものです。

しかし日本では、一部の有害業務については、使用者が労働者に保護具を提供する義務が課せられているものの、ヘルメット等の一般的な保護具の費用負担に関しては、労働者の自己負担にしても直ちに法律上、問題になることはありません。もちろん、契約書や労働条件等に何ら明記されておらず、勝手に給与から控除するといったことは認められませんが、労働基準法の第89条では「労働者に食費、作業用品その他の負担をさせる定めをする場合においては、これに関する事項」を記載しなければならないとしています。これはつまり、逆にいえば、きちんと就業規則等に明記をしていれば、作業用品の費用負担は合理的な範囲においては問題とはならないとも解釈できます。そのため、労働安全衛生規則において作業時の着用が義務付けられている安全靴等については、労働者の負担としている企業もあるかもしれません。

しかし、ＩＬＯの考え方としては、保護具の提供は企業側の責任において行われるべきであり、労働者に費用負担を課してはならないとされています。この点、労働安全衛生が中核的労働基準を構成し、費用負担について定めた155号条約がＩＬＯ中核条約となれば、この考え方がグローバルに浸透していくことになるかもしれません。たとえ日本国内では違法とはならなくても、企業の人権尊重責任の要請から国際労働基準に沿った労働環境を整備することを目指す企業では、保護具の費用負担等について社内ルールを再検討されてもいいのではないでしょうか。

3 外国人技能実習制度の問題

本章の最後に、外国人技能実習制度に関する問題を取り上げたいと思います。外国人技能実習制度は、国際社会から多くの非難を浴びている制度であり、強制労働や現代の奴隷制といった人権侵害の温床になっているのではないかという指摘も存在します。ここでは、外国人技能実習制度の概要とその問題点について、簡単に解説をしていきます。

(1) 外国人技能実習制度とは

外国人技能実習制度は、「我が国が先進国としての役割を果たしつつ国際社会との調和ある発展を図っていくため、技能、技術又は知識の開発途上国等への移転を図り、開発途上国等の経済発展を担う『人づくり』に協力することを目的」とした制度です[52]。この制度は、もともと1960年代後半頃から、海外に進出した日本企業の現地法人等が社員研修制度として現地の社員を日本に招聘して技術等を習得させていたことが始まりとされています[53]。その後、この研修制度が評価されたことで、１９９０年に法務省告示によって「団体監理型」の研修が認められ、１９９３年には「技能実習制度に係る出入国管理上の取扱いに関する指針」が発出されたことで、技能実習制度が始まりました。制度発足当初は、在留資格「研修」で1年間、技術の修得に努め、その後1年間は「特定活動」という在留資格で技術の向上を目指すといった建付けでしたが、１９９７年の法改正によって「特定活動」の期間が2年間に延長され、最長3年間の在留が可能となりました。

その後、制度の適正化を図るために、２００９年にいわゆる入管法が改正され、２０１０年に同法が施行されたことで、在留資格として「技能実習」が創設されました。この改正によって「技能実習1号（1年間）」「技能実習2号（2年間）」の在留資格のもと、労働者として働くことができるようになったのです。本改正前は、入国当初の1年間はあくまで「研修生」としての受け入れであり、「労働者」ではなかったために、労働基準法をはじめとする労働法の適用がされていませんでした。そのため、最低賃金を下回る低額の「研修手当」を支払って長時間労働に従事させる等といった事態が横行し、問題視されていたのです。本改正では、監理団体の監理体制や不正行為の罰則強化といった変更がなされたほか、技能実習生は座学講習の期間を除いた実習期間について、労働者として取り扱われなければならないことが規定されました。もともと労働者性が認められるのであれば労働法の適用対象とするべきですが、この２００９年の入管法改正によって、ようやくその不合理が解消されたのです。[54]

現在の制度は、２０１６年に成立し２０１７年に施行された「外国人の技能実習の適正な実施及び技能実習生の保護に関する法律（以下、技能実習法）」がベースとなっています。技能実習法による大きな変更点は、外国人技能実習機構（ＯＴＩＴ）の設立です。ＯＴＩＴが新たに設立されたことで管理体制が強化され、実習実施者は実習生ごとに作成した技能実習計画についてＯＴＩＴから認定を受けなければならなくなり、監理団体についても、監理業務を実施する前にＯＴＩＴに申請し、主務大臣から許可を受けなければならなくなりました。一方で、優良な監理団体や実習実施者として認定された場合、在留資格「技能実習3号」としての技能実習生の受け入れが認められ、技能実習の最長期間が現行の3年間から5年間に延長されることになりました（原則1か月以上の一時帰国の後、最大2年間の技能実習）。

また、技能実習法が制定されたことによって技能実習生の保護体制も強化され、ＯＴＩＴ等を通じた相談・情報提供体制が強化されたほか、技能実習生に対する人権侵害行為に対する罰則も整備されました。さらに、関係機関や送出国との連携強化についても積極的に推進されることとなり、技能実習を適正かつ円滑に行うために送出国との間で作成する二国間取決め（協力覚書）は、既に10を超える国々と締結するに至っています。[55]

(2) 外国人技能実習制度の概要

2つの受け入れ形態

現在の外国人技能実習制度について、簡単に概要だけ紹介しておきます。本制度の適切な運用にあたっては、監理団体や実習実施者等に対して細かいルールが定められているほか、受入業種ごとの特則等もありますが、紙幅の都合上、すべてを紹介することはできませんので、予めご了承ください。

まず、外国人技能実習生の受入形態は、「企業単独型」と「団体監理型」の2つの区分があります。

企業単独型とは、日本の企業等が、①海外の現地法人や合弁企業、あるいは、②取引先等の密接な関係を有する機関の職員を直接的に受け入れて、技能実習を実施するというものです（技能実習法第2条第2項）。細かい要件は、技能実習制度の運用要領や技能実習法施行規則等にも示されていますが、①については海外支店や海外子会社、関連会社等の社員が該当し、②については具体的な例として、保守整備に係る技術提携契約を締結している取引先の社員等が、運用要領の中で挙げられています[56]（②の一部類型については、書類等を提出して、密接な関係であることを立証する必要があります）。

一方、団体監理型では、事業共同組合や商工会等といった非営利の監理団体が技能実習生を受

【図表65】 企業単独型と団体監理型

- 企業単独型と団体監理型の違いは下記の通り。なお、法務省のデータによれば、令和3年末時点で団体監理型が98.6%を占めている。

企業単独型

日本の企業等(実習実施者)が海外の現地法人、合弁企業や取引先企業の職員を受け入れて技能実習を実施する方式

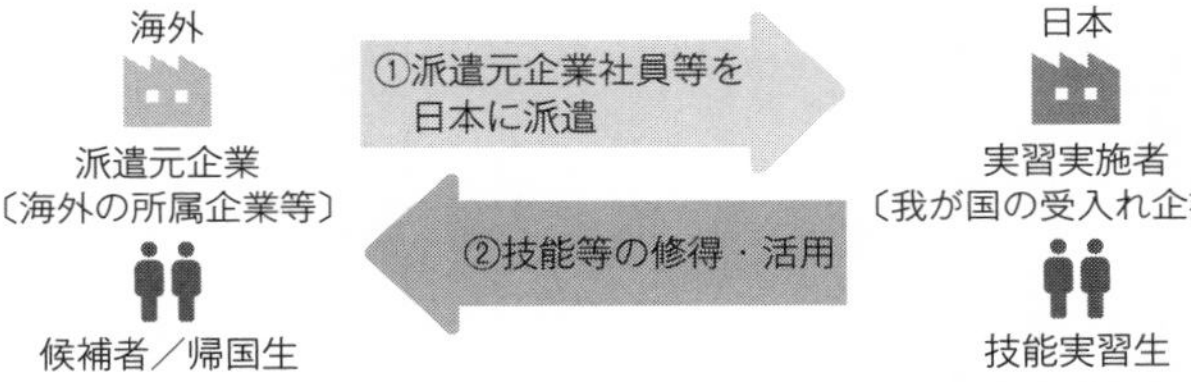

海外の所属企業等の範囲 右記のいずれかの関係を有する外国にある事業所	(1) 日本の公私の機関の外国にある支店、子会社、合弁会社など (2) 日本の公私の機関と引き続き1年以上の国際取引の実績又は過去1年間に10億円以上の国際取引の実績を有するもの (3) 日本の公私の機関と国際的な業務上の提携を行っている等の密接な関係を有する機関として法務大臣及び厚生労働大臣が認めるもの

団体監理型

事業協同組合や商工会等の営利を目的としない団体(監理団体)が技能実習生を受け入れ、傘下の企業等(実習実施者)で技能実習を実施する方式

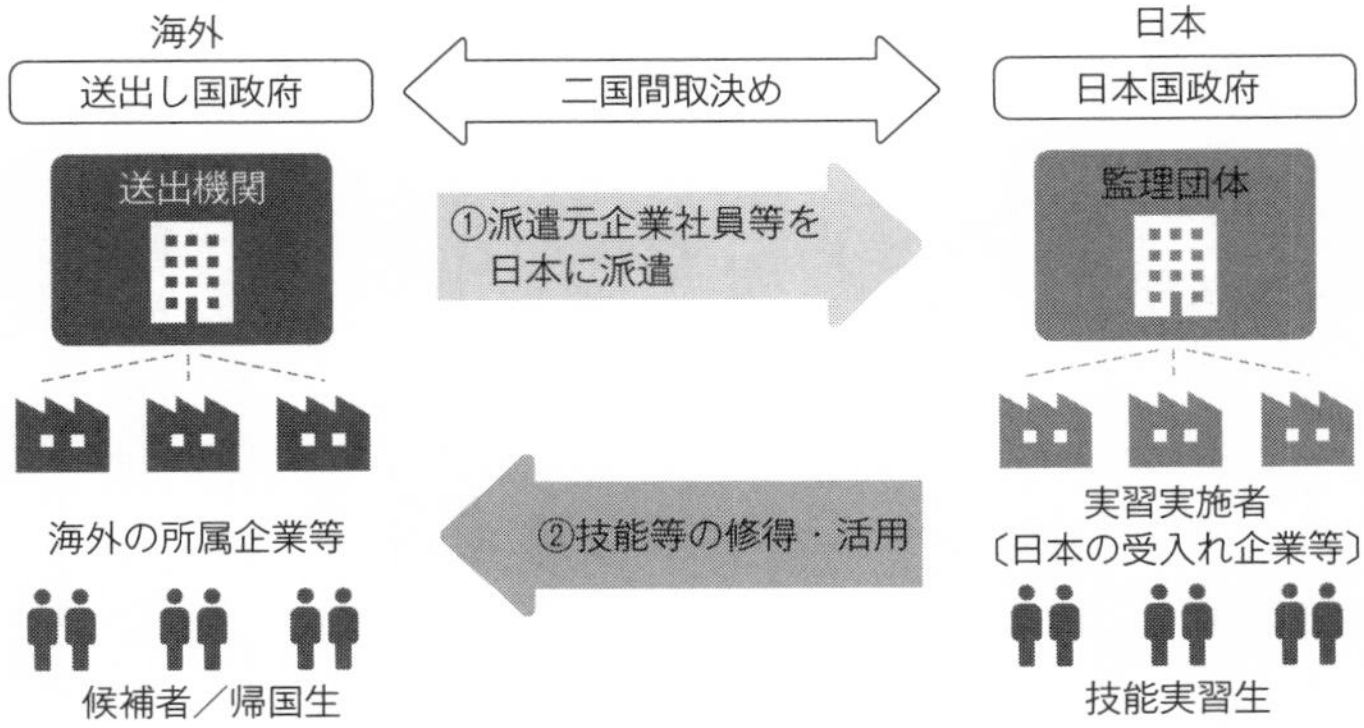

(出所) JITCO WEBサイトより　https://www.jitco.or.jp/ja/regulation/

【図表66】　在留資格の区分

	企業単独型	団体監理型
入国1年目（技能等を修得）	第1号企業単独型技能実習（在留資格「技能実習第1号イ」）	第1号団体監理型技能実習（在留資格「技能実習第1号ロ」）
入国2・3年目（技能等に習熟）	第2号企業単独型技能実習（在留資格「技能実習第2号イ」）	第2号団体監理型技能実習（在留資格「技能実習第2号ロ」）
入国4・5年目（技能等に熟達）	第3号企業単独型技能実習（在留資格「技能自習第3号イ」）	第3号団体監理型技能実習（在留資格「技能実習第3号ロ」）

（出所）JITCO WEBサイトより　https://www.jitco.or.jp/ja/regulation/

け入れ、その傘下の中小企業等が受入企業（実習実施者）として技能実習を実施するという形態をとります（技能実習法第2条第4項）。法務省の集計によれば、2021年末時点で団体監理型の受け入れが全体の98・6%を占めており、ほとんどがこの団体監理型であることが分かります。これは、技能実習生の受け入れに関する諸手続等の支援を監理団体から受けられることが大きな理由ではないかと思います（図表65）。

技能実習制度の区分は、企業単独型と団体監理型の受入れ方式ごとに、入国後1年目の技能等を修得する活動（第1号技能実習）、2・3年目の技能等に習熟するための活動（第2号技能実習）、4年目・5年目の技能等に熟達する活動（第3号技能実習）の3つに分けられます。技能実習制度の区分に応じた在留資格は図表66のとおりです。[57]

第2号技能実習、第3号技能実習への移行は、可能な職種・作業が限定されており、すべての職種・作業が第1号から移行できるわけではありません。2022年4月25日時点で、①農業関係、②漁業関係、③建設関係、④食品製造関係、⑤繊維・衣服関係、⑥機械・金属関係、⑦その他（社内検定型の職種を含む）の86職種158作業が指定されています。一覧については、厚生労働省等のWEBサイト等に掲載されていますので、参照してみてください。また、第1号から第2号へ移行するには、学科試験と実技試験、第2号から第3号へ移行するには実技試験に技能実習生本人が合格する必要があります。

優良な監理団体と優良な実習実施者

なお、第3号への移行については、一定の基準に適合していると認められた優良な監理団体・実習実施者にのみ認められています。監理団体は次の基準によって150点満点で評価され、6割以上を取得すれば優良な監理団体（一般監理事業）としての認定を受けることができます。

①実習の実施状況の監査その他の業務を行う体制（50点）
□監理事業に関与する常勤の役職員と実習監理を行う実習実施者の比率
□監理責任者以外の監査に関与する職員の講習受講歴　等
②技能等の修得等に係る実績（40点）
□過去3技能実習事業年度の基礎級、3級、2級程度の技能検定等の合格率等
③法令違反・問題の発生状況（5点〈違反等あれば大幅減点〉）
□直近過去3年以内の改善命令の実績、失踪の割合等

④相談・支援体制（45点）
□他の機関で実習が困難となった技能実習生の受入に協力する旨の登録を行っていること
□他の機関で実習継続が困難となった技能実習生の受入実績
□技能実習生の住環境の向上に向けた取組 等
⑤地域社会との共生（10点）
□実習実施者に対する日本語学習への支援
□実習実施者が行う地域社会との交流を行う機会・日本文化を学ぶ機会の提供への支援

一方、優良な実習実施者の基準は次の通りです。150点満点で評価を行い、6割以上を取得できれば認定を受けられるという点は監理団体と同様です。他方、採点基準は異なっており、監理団体での評価では実習実施状況の監査や業務実施体制等が重視されているのに対して、実習実施者の評価では技能等の修得等に係る実績（過去の技能検定の合格率等）が重視されているのが特徴です。

①技能等の修得等に係る実績（70点）
□過去3技能実習事業年度の基礎級、3級、2級程度の技能検定等の合格率 等
②技能実習を行わせる体制（10点）

□直近過去3年以内の技能実習指導員、生活指導員の講習受講歴
③技能実習生の待遇（10点）
□第1号技能実習生の賃金と最低賃金の比較
□技能実習の各段階の賃金の昇給率
□技能実習生の住環境の向上に向けた取組
④法令違反・問題の発生状況（5点〈違反等あれば大幅減点〉）
□直近過去3年以内の改善命令の実績、失踪の割合
□直近過去3年以内に実習実施者に責めのある失踪の有無
⑤相談・支援体制（45点）
□母国語で相談できる相談員の確保
□他の機関で実習継続が困難となった技能実習生の受入実績
□実習先変更支援サイトへの受入れ可能人数の登録 等
⑥地域社会との共生（10点）
□技能実習生に対する日本語学習の支援
□地域社会との交流を行う機会・日本文化を学ぶ機会の提供[58]

入国から帰国の流れ

技能実習生の入国から帰国の流れは、図表67の通りです。

企業が実習実施者として技能実習を行う場合、技能実習計画を作成した上で、その計画が適当である旨の認定を受けなければなりません。実習計画の認定は外国人技能実習機構（ＯＴＩＴ）が行っており、技能実習生ごとに第1号、第2号、第3号の区分に応じた認定を受ける必要があります。また、団体監理型の場合、実習実施者は技能実習計画の作成にあたって実習監理を受ける監理団体の指導を受ける必要があります。[59]

法務省のデータによれば、２０２１年末現在で約28万人の外国人技能実習生が実習を受けているとされています。２０１９年には40万人を超える技能実習生がいましたが、新型コロナウイルス感染拡大の影響をうけて減少しています。職種別では、建設関係、食品製造関係、機械・金属関係の順に認定件数が多くなっており、国別ではベトナムが圧倒的に多く（58・1％）、中国（13・6％）、インドネシア（9・1％）、フィリピン（8・4％）と続いています（図表68）。

【図表67】 技能実習生の入国から帰国までの流れ

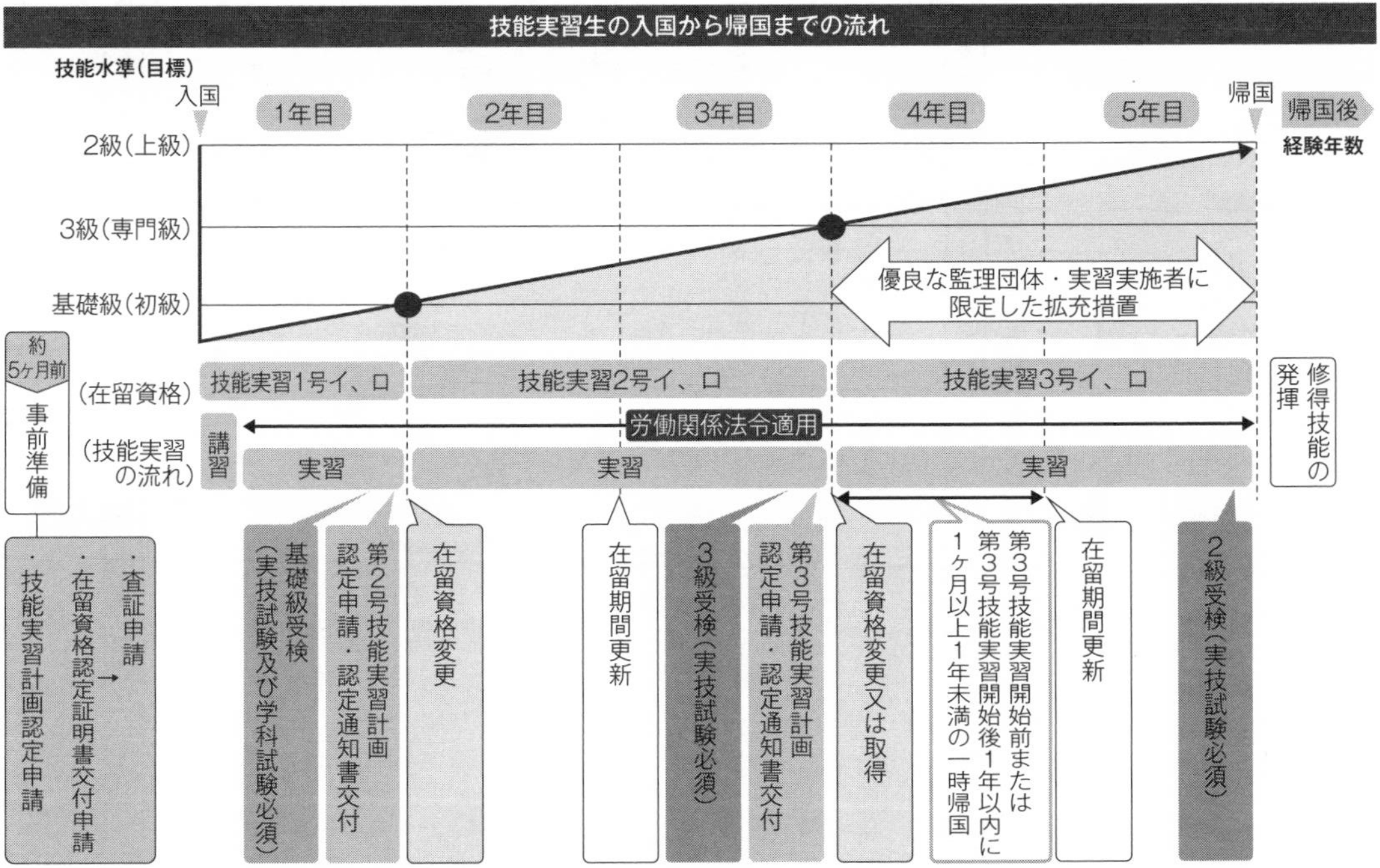

(出所) JITCO WEBサイトより https://www.jitco.or.jp/ja/regulation/

3 職種別では、①建設関係 ②食品製造関係 ③機械・金属関係が多い。

職種別「計画認定件数(構成比)」

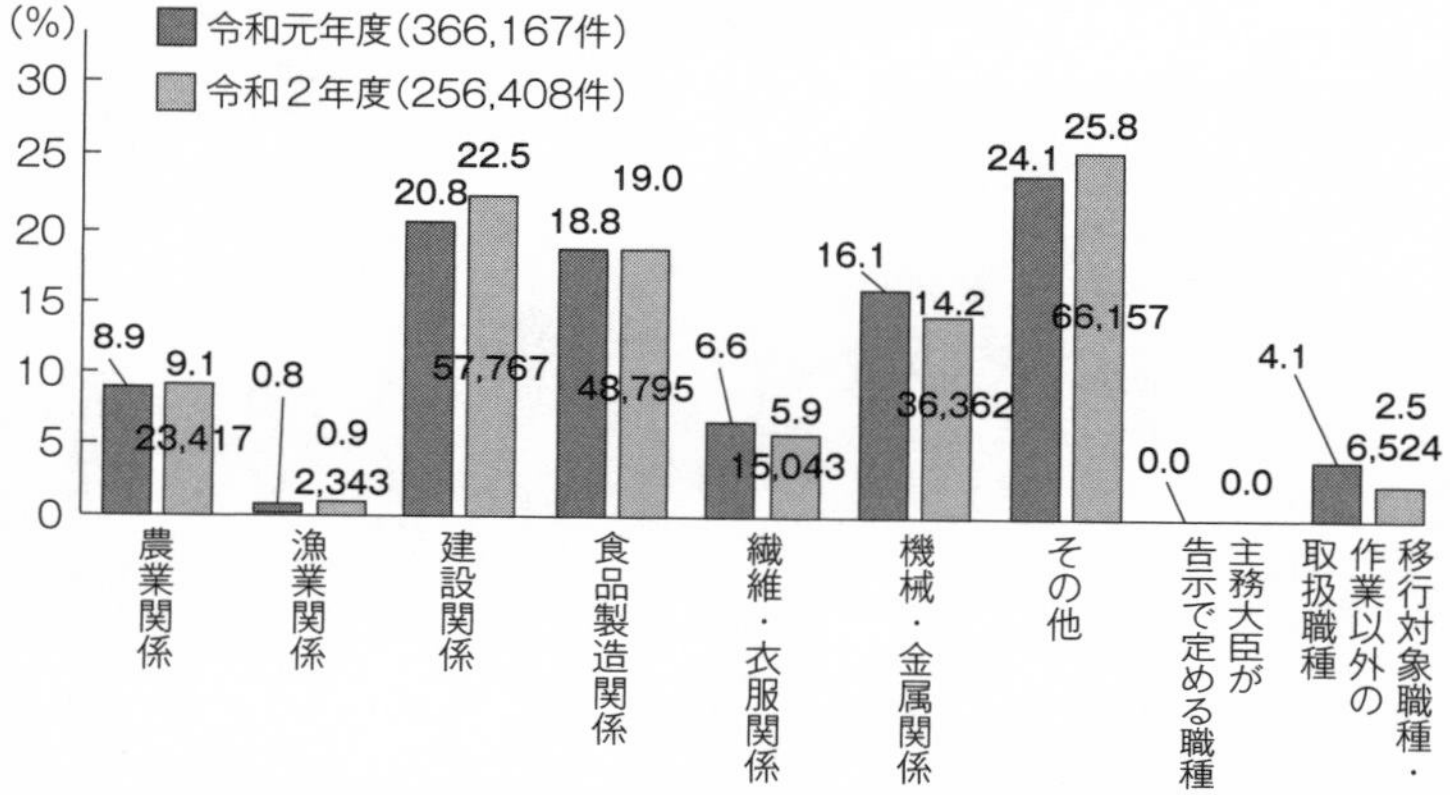

※「その他」には、家具製作、印刷、製本、プラスチック成形、強化プラスチック成形、塗装、溶接、工業包装、紙器・段ボール箱製造、陶磁器工業製品製造、自動車整備、ビルクリーニング、介護、リネンサプライ、コンクリート製品製造、宿泊、ＲＰＦ製造、鉄道施設保守整備、ゴム製品製造の職種が含まれる。

※本件数は当該年度に技能実習計画の認定を受けた件数であり、未入国の者等を含むため、在留者数とは一致しない。

4 団体監理型の受入れが98.6%

令和３年末「技能実習」に係る受入形態別総在留者数

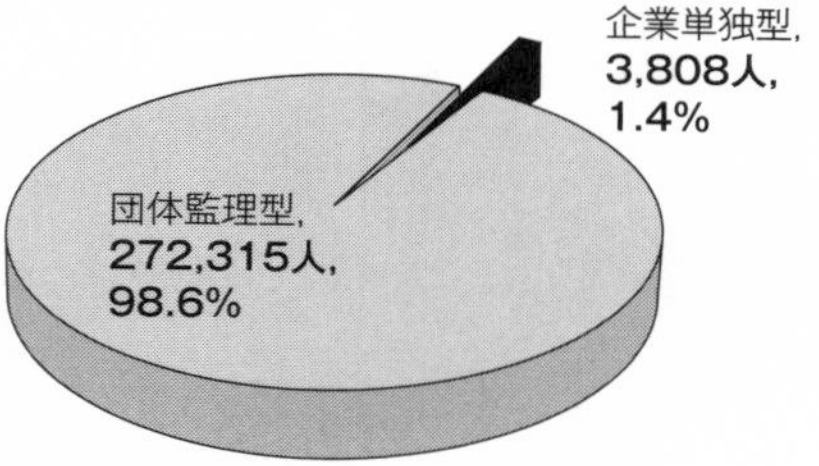

（出所）法務省・厚生労働省 「外国人技能実習制度について」より
https://www.moj.go.jp/isa/content/930005177.pdf

技能実習制度の現状

1 令和3年末の技能実習生の数は、276,123人

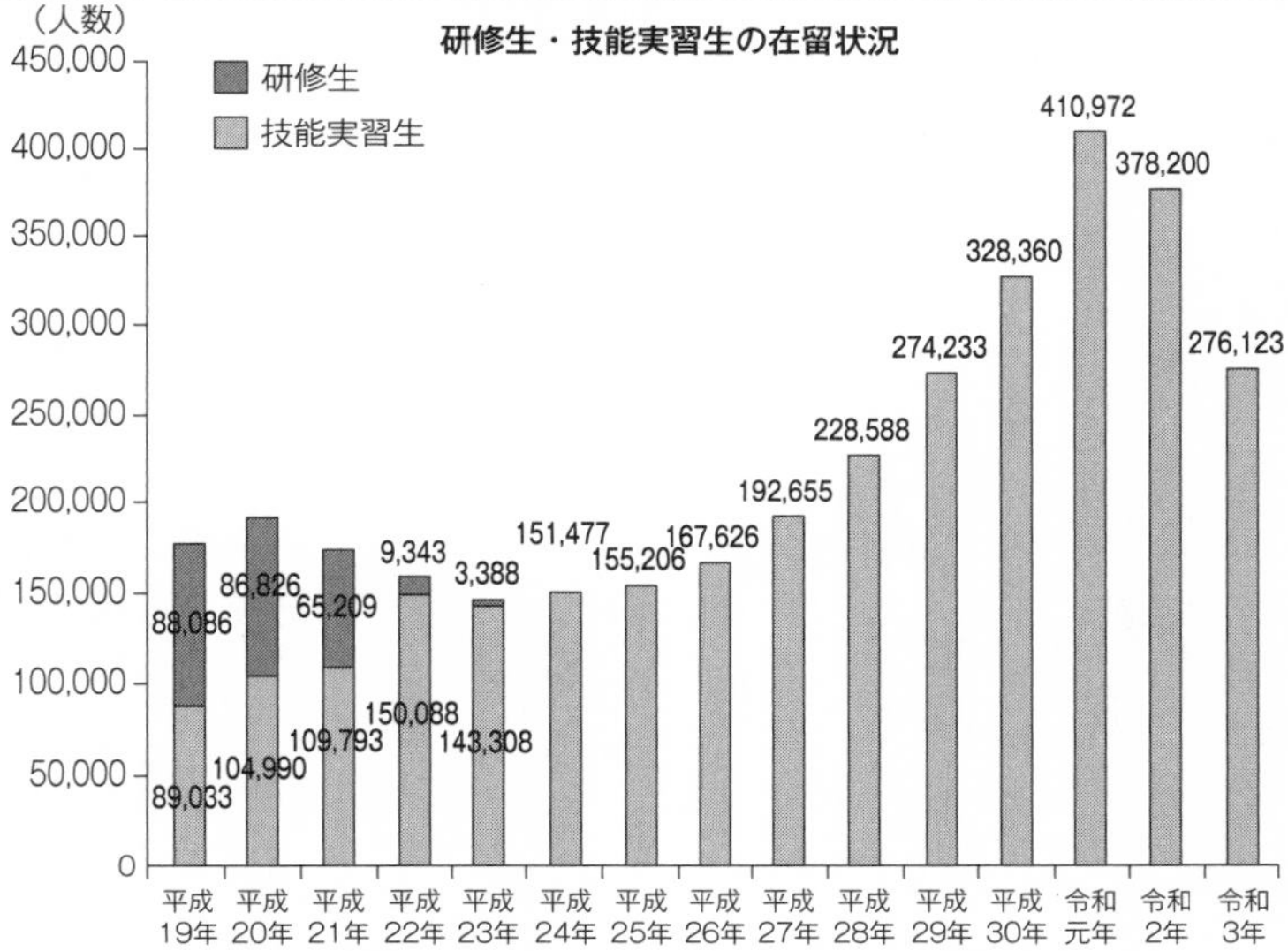

※平成２２年７月に制度改正が行われ，在留資格「研修」が「技能実習１号」に，在留資格「特定活動（技能実習）」が「技能実習２号」となった。

2 受入人数の多い国は、①ベトナム ②中国 ③インドネシア

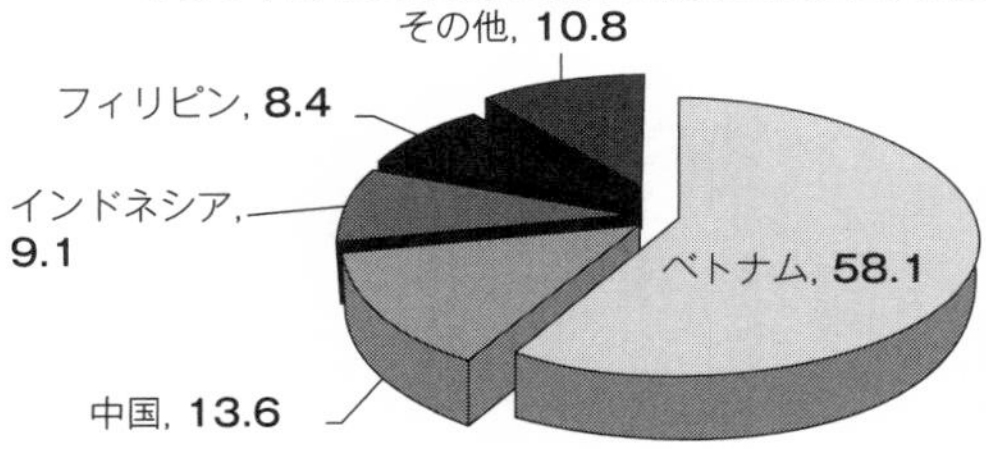

（3）外国人技能実習制度の問題点

人権の観点からの問題点

外国人技能実習制度は、度重なる制度の改正を経てＯＴＩＴや監理団体による監理体制の強化等に取り組んできたことで、一定の改善がみられたとする向きもあるかもしれません。しかし、「現代の奴隷制度」とも揶揄される外国人技能実習制度は、ビジネスと人権の観点からは依然として大きな問題をはらんだ制度であると認識されています。

例えば、すべての国連加盟国の人権状況を審査する制度である国連人権理事会の普遍的定期審査（ＵＰＲ）や、人権条約の締約国の履行状況を監視する条約委員会（人権条約体）である自由権規約委員会、人種差別撤廃委員会等の報告審査において、外国人技能実習制度は人権侵害の温床になるとして勧告等の対象となっています。[60] また、米国国務省が発行している「人身取引報告書」では、外国人技能実習制度は外国人労働者を搾取するために悪用されている制度であると紹介されており、当該制度の下で多くの強制労働や人身取引が蔓延していること等が指摘されています。[61]

２０２２年7月に公表された「外国人技能実習生の実習実施者に対する令和3年の監督指導、送検等の状況」によれば、技能実習生を受け入れている９０３６の事業場に対して労働基準監督署等が監督指導を実施した結果、６５５６の事業場に労働基準関係法令違反が認められたとの結果も出ています。つまり、技能実習制度を利用している事業場の7割超に、何らかの法令違反があるということです。主な違反としては、使用する機械等の安全基準や労働時間、割増賃金の支払い等が挙げられています（ただし、あくまで事業場単位の結果なので、この中には技能実習生以外に対する違反も含まれています）[62]。

技能実習生に対する人権侵害に関するニュースも、しばしば報道されています。最近では、岡山市の建設会社で働いていたベトナム人技能実習生が、2年間にわたって職場で暴行を受けていた問題で、監理団体の許可が取り消しとなったケースが報道されました[63]。その他にも、第1章でも紹介したように、テレビ番組のドキュメンタリーや報道番組では度々特集が組まれ、最低賃金違反や長時間労働の蔓延等、その劣悪な労働環境や搾取の現状等が問題視されています。

また毎年、技能実習生から多くの「失踪者」が出ています。法務省のデータによれば、毎年5000人程度の失踪者が確認されており、技能実習生が多かった2018年、2019年に至っては、年間9000人前後の技能実習生が失踪しています。失踪の理由は様々ですが、法務省の調査によれば、失踪者を出した実習実施者の事業場では、最低賃金を下回る賃金支払い等、賃金に関する違反が多く発生しているとの結果が出ています[64]。技能実習生は最低賃金法の適用を受けますので、最低賃金を下回っていることは、それ自体が非常に大きな問題ではありますが、もう一つ技能実習生としては、賃金について非常に切実な事情があります。それは、多くの技能実習生が日本に来る前に借金を抱えて渡航してくることです。2022年7月に公表された出入国

法違反と失踪者数

技能実習生の失踪者数の推移（平成25年～令和3年）

	平成25年	平成26年	平成27年	平成28年	平成29年	平成30年	令和元年	令和2年	令和3年
総数	3,566	4,847	5,803	5,058	7,089	9,052	8,796	5,885	7,167
ベトナム	828	1,022	1,705	2,025	3,751	5,801	6,105	3,741	4,772
中国	2,313	3,065	3,116	1,987	1,594	1,537	1,330	964	896
カンボジア	-	-	58	284	656	758	462	494	667
ミャンマー	7	107	336	216	446	345	347	250	447
インドネシア	114	276	252	200	242	339	307	240	208
タイ	64	50	34	37	95	82	61	62	74
フィリピン	52	56	88	91	89	65	85	48	47
モンゴル	39	29	36	31	31	38	42	36	31
バングラデシュ	-	-	-	-	-	19	17	13	1
ラオス	-	-	-	-	-	14	16	3	8
その他	149	242	178	187	185	54	24	34	16

（出所）法務省「技能実習生の失踪者数の推移（平成25年～令和3年）」より
https://www.moj.go.jp/isa/content/001362001.pdf

【図表69】 実習実施者の

- 技能実習生の実習実施者に対する監督指導、送検等の状況(令和２年によれば、実習実施者に対して8,124件の監督指導を実施し、その70.8%に当たる5,752件で労働基準関係法令違反が認められた。主な違反事項は、①使用する機械等の安全基準(24.3%)、②労働時間(15.7%)、③割増賃金の支払(15.5%)である。
- 失踪者は令和3年で7,000人超。ベトナム人が過半数を占めている。実習生が多かった令和元年や平成30年は9,000人超が失踪している。

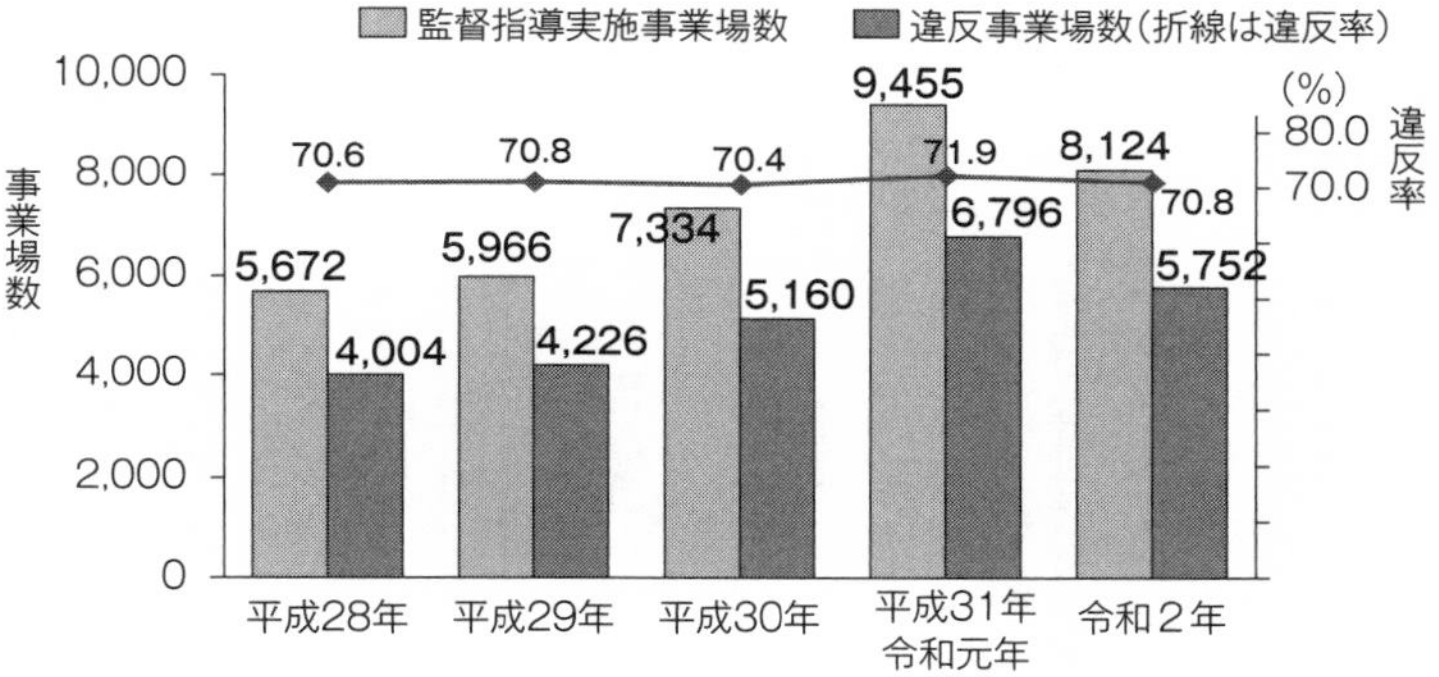

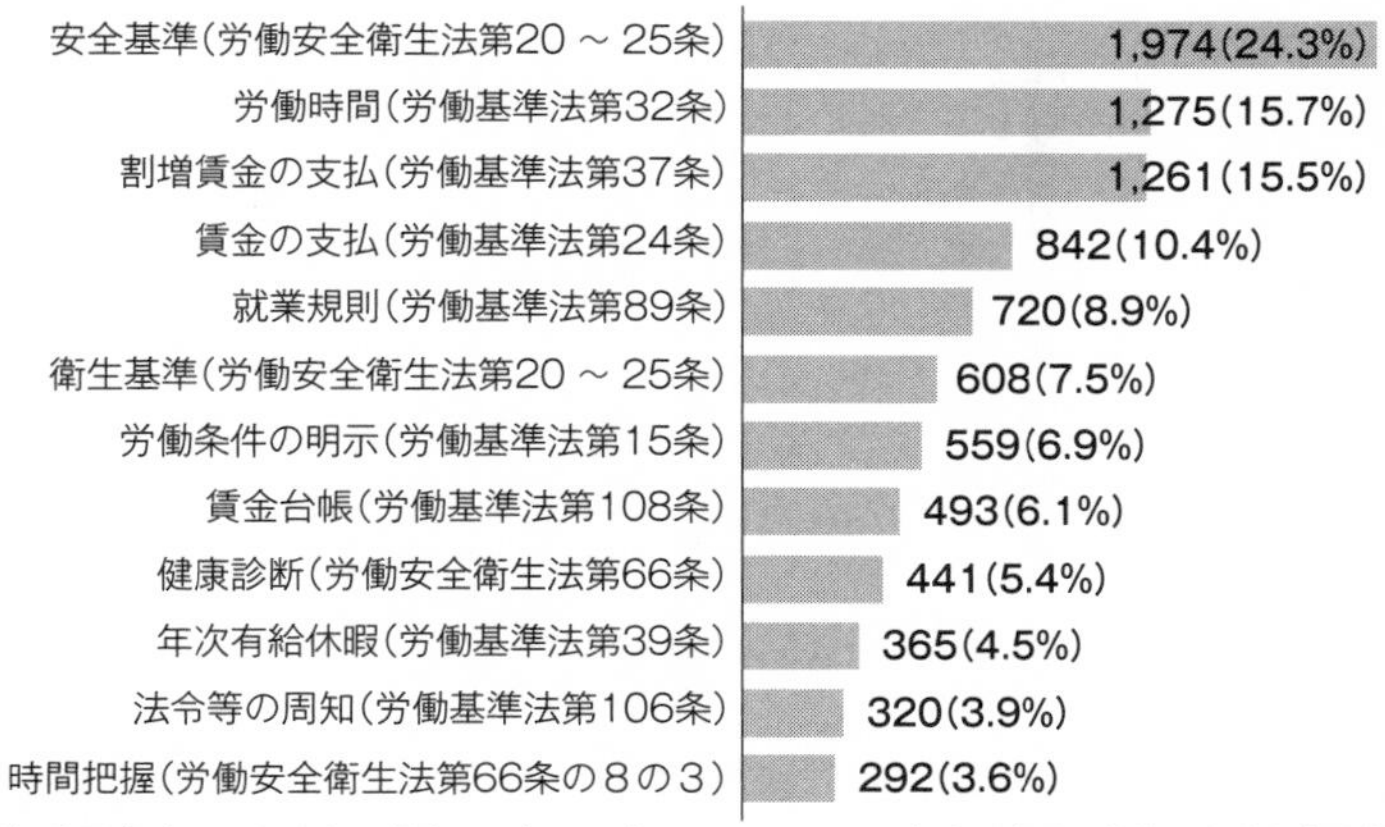

(注) 違反事項が2つ以上ある場合は、各々に計上しているので、各違反事項の件数の合計と違反事業場数とは一致しない。

(出所) 厚生労働省 「技能実習生の実習実施者に対する監督指導、送検等の状況 (令和２年)」より https://www.mhlw.go.jp/content/11202000/000822587.pdf

在留管理庁の調査結果によれば、調査に回答した技能実習生2107人のうち約54・7%にあたる1152人が、来日前に母国で借金をしており、その額の平均は54万7788円とされています。[65] したがって、実習先の低賃金では借金返済の目途が立たない場合、どうしようもなくなって失踪を選択してしまうことがあります（図表69）。

これには、大きく2つの問題が内在しています。

1つは、当然のことながら、来日前に借金をしなくてはならないという問題です。借金をしなければならない理由は、実習生は渡航する前に「送出機関」に対して一定の費用を支払う必要があるためです。送出機関とは、その名の通り「技能実習生を日本へ向けて送り出す機関」で、現地で技能実習生の募集や語学研修を含む各種の研修、渡航に向けた諸手続の支援等を行っています。前述の二国間取り決めを締結した国では、送出機関は政府の認定を受けている必要があるのですが、なかには悪質なブローカーとつながっている機関もあり、違法な手数料を徴収している例等もみられています。失踪者が最も多いベトナムでは、政府の規定で送出機関の手数料上限は3600ドル（40万円前後）と定められていますが、法務省の調査結果では、ベトナムからの技能実習生は平均で約100万円の金額を送出機関から徴収されたと申告していることが明らかとなっています。[66] もちろん、送出機関への支払いをすべて借金でまかなっている実習生ばかりではありませんし、送出機関への支払いには寮費や教材費、ビザの申請費用等が含まれていること等もありますので、手数料上限と徴収額との比較を額面通りに受け止めることは適切ではないかもしれません。しかし、ベトナムの平均年収が30万円前後であることを考えると、国際協力の一環で技術を修得するために、実習生本人が実習前に数十万円もの支払いを求められる制度には、そもそも構造的な問題があると筆者は考えています。[67]

もう1つの問題は、技能実習生に原則として転職の自由がないことです。いくつかの例外はありますが、技能実習生はあくまで「実習生」ですので、原則としては1つの職場で技術を修得するべきという考え方が前提にあるのです。そのため、最低賃金を下回る支払いや不当な賃金控除によって「このままでは借金の返済ができない」と思ったとしても、実習生側には、より高い給与を求めて転職する自由がありません。そこで、技能実習生は劣悪な環境で働くか、それとも実習先から逃げ出すかという選択を迫られてしまい、結果として失踪者が出てしまうという問題があります。

制度の本質的な問題

では、外国人技能実習制度の何が問題なのでしょうか。これについては、いろいろな専門家やNGO、弁護士等から意見が出されていますが、筆者の見解を述べさせていただくとすれば、これはひとえに「制度の目的と実態が乖離しているから」に尽きるのではないかと考えます。冒頭に紹介した「技能実習制度の目的」をもう一度確認しておきましょう。外国人技能実習制度とは、「我が国が先進国としての役割を果たしつつ国際社会との調和ある発展を図っていくため、技能、技術又は知識の開発途上国等への移転を図り、開発途上国等の経済発展を担う『人づくり』に協力することを目的」とした制度です。また、技能実習法の第3条第2項（基本理念）では、「技能実習は、労働力の需給の調整の手段として行われてはならない」と明記されています。

つまり、技能実習生はあくまで母国の経済発展のために日本に技術を修得しにきた研修生であり、日本は国際協力の一環として、技能実習制度の実施を通じて技術移転を行っているという建付けなのです。決して、技能実習生を労働力として受け入れているわけではなく、むしろ制度上は明確に労働力として当てにすることを禁止しています（労働力の供給不足を調整する手段と言い換えれば、まさに法律が禁止している「労働力の需給の調整の手段」に該当するでしょう）。

しかし、技能実習生が実態として「労働力の需給の調整の手段」として利用されていることは、もはや周知の事実です。多くの企業では、人手不足を理由に技能実習生を受け入れているという現状があり、また、社会全体としてもそれを是認しているような風潮があることは、非常に問題ではないかと感じています。

例えば、メディアの取り上げ方等もその一例です。新型コロナウイルスの影響で技能実習生の受け入れが停止した際には、技能実習生が来ないことで「人手不足が深刻である」「このままでは減産せざるを得ない」等という農業生産現場での事業主のインタビュー記事が新聞等に掲載され[68]、後に水際対策の緩和で受け入れの見通しが立ったときには「これでようやく人手不足が解消される」といった内容の記事やニュース等も多く見られました[69]。そもそも、こういうインタビューの内容が平然と紹介されること自体、個人的に違和感がありますが、現場の実態として、技能実習生を「人手不足解消のための労働力」とみなしていることが、よく分かる事例ではないかと思います。

もちろん、労働力人口の減少や特定の職種における人手不足は深刻な問題ではありますし、「現実問題として技能実習生に頼らざるを得ない」という現場の切実な事情はあると思います。しかし、人手不足は本来、別の政策によって解決すべき社会問題であり、労働力の供給不足を技能実習生で補うことは、制度の趣旨からしても許されないことです。厳しい言い方をすれば、技能実習生を労働者としてカウントせざるを得ないほど、切羽詰まった状況の企業に「国際貢献への協力」や「技術移転を通じた途上国の経済発展への寄与」等を意識することは、本来、難しいといえるのではないでしょうか。

実態として実習生側も「出稼ぎ」という感覚で来日するケースは多いとされています。しかし、制度を活用（悪用）するブローカーからの勧誘であったり、そもそも他の形態によって日本国内で就労することが困難であったりと、政策や制度自体の問題が根本的な背景にあると筆者は考えています。

日本はこれまで、単純労働者としての外国人の受け入れについては慎重な政策をとってきました。外国人の受け入れ政策自体は多方面からの検討が必要であることから、そのこと自体を否定するものではありません。しかし、もし仮に「人手不足が深刻な業界における労働力不足の問題を外国人労働者の受け入れによって解決する」という政策をとるのであれば、技能実習制度ではなく、真っ当な形で「労働者」として外国人の受け入れをすべきではないかと思います。「単純労働者としての外国人は受け入れない」「しかし、人手不足が深刻な業界では外国人労働者を活用したい」という政策のねじれが、現在の技能実習制度の状況を生み出していると考えられます。

紙幅の都合上、詳細な紹介はしませんが、2019年には新たな在留資格として「特定技能」が設置されました。こちらは技能実習制度と異なり、明確に日本の事業者の人手不足解消のために設けられた制度です。特定技能についても、家族帯同の可否であったり、本来制度趣旨が異なるはずの技能実習制度との連続性であったりと、全く問題がない制度とはいえませんが、明確に人手不足解消のための制度として打ち出された点は評価できるものと思います。外国人労働者の受け入れに慎重な姿勢を保つのであれば、人手不足の問題を解消するための別の政策を早急に検討すべきですし、人手不足を外国人労働者の受け入れによって解消していくなら、適切な制度設計のもとで「労働者」として受け入れ、労働基準法を中心とした労働法制の中で基本的な権利を尊重しながら雇用することを考えるべきではないかと思います。

2022年7月には、日本政府としても「制度の目的と実態が乖離しているのはもっともである」との認識を示し、見直しに向けた本格的な検討の実施が発表されました。本制度については国際社会からも批判の対象となっており、日本政府として国家の人権保護義務を履行する観点からも、改善が求められる政策と思われます。少なくとも現行の建付けでは、「国際協力」や「技術移転」といった体裁を保つことは難しく、法の制度趣旨等から抜本的な変革を進めることが必要であると筆者は考えていますが、政府の今後の対応が注目されるところです。

技能実習生は労働基準法上の「労働者」として取り扱わなければならないとされていますが、これはあくまで待遇や労働条件の話であって、「人手不足解消のための労働力」として扱ってよいという話ではありません。スイスの作家マックス・フリッシュが欧州の移民問題に対して残した「我々は労働力を呼んだが、やってきたのは人間だった」という言葉がありますが、これは現在の日本の技能実習制度を考える際にも、示唆的であるといえます。技能実習生はあくまで技術を学びに来た「実習生」であり、また、基本的人権を有するひとりの人間であることを忘れてはなりません。

(4) 企業に求められること

最後に、「ビジネスと人権」の観点から、技能実習生の受入企業として留意すべきポイントを挙げておきます。まずは大前提として、技能実習生を労働基準法の労働者として処遇することです。労働時間や賃金等といった労働条件については、基本的に日本人の労働者と同じ取り扱いをしましょう。なお、農業分野については労働基準法における労働時間等の規定が適用除外とされていますが、農林水産省は、農業に従事する技能実習生については、労働基準法の規定に準拠するべきであるとしています。[70]

文化の違い等について適切な配慮を行うことや、困ったときの相談窓口を確保することも大切です。どのような配慮が必要かは労働者の出身国・地域や労働者一人ひとりの事情によって異なりますので、適切な配慮を行うためには、定期的な面談の機会を設けることが必要となります。監理団体の監査による実習生との面談や相談窓口の構築は制度上の要求事項ではありますが、企業としても「生活指導員」等が技能実習生と密接なコミュニケーションを取ることを意識するとともに、「何か困ったことがあったらここに連絡するように」と相談窓口の所在をきちんと伝えておくことを意識しておきましょう。ＯＴＩＴ等では、母国語で相談対応に応じる窓口を用意していますので、そのような窓口の存在を受入企業側としても定期的に案内することが重要です。

また、これは筆者の考えでもありますが、制度の趣旨に鑑みると、技能実習生を労働力として当てにすることは望ましくありませんので、外形的・客観的にも、そのようにみえることのないように注意すべきです。受入企業の中には「技能実習生を受け入れている企業には確かに悪質なところもいるが、当社は労働法もちゃんと守っているし、実習生をまじめな働き手として大切に処遇しています」と話される方もいますが、私見を申し上げれば、これは残念ながら「美談」とはなり得ません。労働法の適用は、あくまで法律上の要請であり、遵守すべき最低条件です。むしろ技能実習生を大切な「働き手」として考えているということは、自社のビジネスを担う「人手」や「労働力」としてカウントしていると思われてもおかしくありません。そして、それは明確に制度趣旨に反する運用であることを認識する必要があります。

既存の制度では、非常に多くの技能実習生を受け入れることが可能となっています。30人以下の企業でも、毎年受け入れることで9人を受け入れることができますし、優良認定があれば、より多くの受け入れも可能です。職種にもよりますが、3号実習までの移行等も考慮すれば、制度上は、日本人の職員よりも多い人数の技能実習生を受け入れることもできる建付けとなっているのです（図表70）。

しかし例えば、現場業務に従事している従業員の半分以上が技能実習生という職場があったときに、「当社は技能実習生を労働力として当てにしていない」という主張が通るでしょうか。何割未満でなければならないという明確な線引きができるわけではありませんが、一定の割合の「作業員」を恒常的に技能実習生でまかなっている企業は、仮に労働基準法を適用させ、適正な処遇を担保していたとしても、筆者としては問題があると考えています。そのため、技能実習生がいる事業場において、筆者が人権・労務監査を行うときには、「労働法の適用に問題がないか」「パスポート保管等、強制労働につながる慣行が発生していないか」等だけではなく、「技能実習生に依存する生産体制となっていないか」「きちんと『研修』ができる労働環境となっているか」を多面的にチェックすることを心掛けています。企業としては、技能実習生に関して、労働環境の整備という観点からは労働者として取り扱い、従事する作業という観点からは「実習生」として取り扱うことを心掛けていくことが重要ではないかと思います。

【図表70】 技能実習生の受入可能人数

【1】団体監理型の人数枠

<table>
<tr><th colspan="2" rowspan="2">第1号
(1年間)</th><th rowspan="2">第2号
(2年間)</th><th colspan="3">優良基準適合者</th></tr>
<tr><th>第1号
(1年間)</th><th>第2号
(2年間)</th><th>第3号
(2年間)</th></tr>
<tr><td colspan="2">基本人数枠</td><td rowspan="10">基本人数枠の2倍</td><td rowspan="10">基本人数枠の2倍</td><td rowspan="10">基本人数枠の4倍</td><td rowspan="10">基本人数枠の6倍</td></tr>
<tr><td>実習実施者の常勤職員総数</td><td>技能実習生の人数</td></tr>
<tr><td>301人以上</td><td>常勤職員総数の20分の1</td></tr>
<tr><td>201人～300人</td><td>15人</td></tr>
<tr><td>101人～200人</td><td>10人</td></tr>
<tr><td>51人～100人</td><td>6人</td></tr>
<tr><td>41人～50人</td><td>5人</td></tr>
<tr><td>31人～40人</td><td>4人</td></tr>
<tr><td>30人以下</td><td>3人</td></tr>
</table>

【2】企業単独型の人数枠

<table>
<tr><th rowspan="2">第1号
(1年間)</th><th rowspan="2">第2号
(2年間)</th><th colspan="3">優良基準適合者</th></tr>
<tr><th>第1号(1年間)</th><th>第2号(2年間)</th><th>第3号(2年間)</th></tr>
<tr><td>常勤職員総数の20分の1</td><td>常勤職員総数の10分の1</td><td>常勤職員総数の10分の1</td><td>常勤職員総数の5分の1</td><td>常勤職員総数の10分の3</td></tr>
</table>

○常勤職員数には、技能実習生(1号、2号及び3号)は含まれません。
○企業単独型、団体監理型ともに、下記の人数を超えることはできません。
　　1号実習生：常勤職員の総数
　　2号実習生：常勤職員数の総数の2倍
　　3号実習生：常勤職員数の総数の3倍
○特有の事情のある職種(介護職種等)については、事業所管大臣が定める告示で定められる人数になります。

(出所) JITCO WEBサイトより　https://www.jitco.or.jp/ja/regulation/

4 国際労働基準を遵守するためのチェックリスト

本章の最後に、これまでにみてきた国際労働基準が遵守できているかを確認するための簡単なチェックリストを用意しました。労働基準法の遵守状況を確認するためのチェックリスト等は各自治体等が提供しているかと思いますが、これまでにみてきたように、国際基準の遵守状況を確認するためには、それだけでは不十分といえます。ビジネスと人権の取り組みを始める企業の中で、まずは自社内の労働条件の整備から始めたいとお考えの皆さんは、ぜひ活用いただければと思います。

ただ、ここでひとつ注意をしていただきたいのは、チェックリストによる人権状況の確認だけが人権DDの取り組みではないということです。第2章で紹介したように、人権DDとは課題の特定から実効性評価による措置の改善等、一連のPDCAサイクルを回すことを指します。そのため、セルフチェックリストはあくまで現状把握や課題特定、あるいは予防や軽減措置を実施した後の実効性評価等のために利用いただき、その結果を踏まえて継続的な改善につなげていただければと考えています。

また、セルフチェックリストによる評価結果をもとに、労働者の代表や労働組合、社外のステークホルダーとの対話の材料としていただくことも一案ではないかと思います。企業側としては、方針等を十分に周知させているつもりであったり、誠実に労使交渉に応じているつもりであったとしても、従業員側からすれば、不十分なこともあるかもしれません。通常、監査等を行うときは、拠点長やマネジメント層からの意見聴取だけではなく、労働者にも直接インタビューを行い、書類をチェックすることで、実態を確認していくことになります。本チェックリストの回答に自信をもって「ＹＥＳ」と回答できるのか、客観的に遵守状況を証明できるかどうかが重要であるといえるでしょう。

いずれにしても、チェックリストはあくまでツールのひとつです。決してチェックリストによる確認だけで取り組みを終わらせないようにしていただきたいと思います。

【国際労働基準を踏まえたセルフチェックリスト】

1　強制労働の禁止

□強制労働（採用手数料の労働者負担や強制貯金、パスポートの保管等の禁止を含む）を禁止する旨の明確な方針はありますか？

□賃金や労働時間等といった労働条件を書面により労働者に明示し、きちんと説明をしていますか？

□技能実習生や外国人労働者に対しては、母国語や理解できる言語での書面提示や説明を行っていますか？

□労働者が就職のあっせん業者等への手数料を負担していたり、その手数料を労働者への賃金支払いから控除していたりしませんか？
□労働者の身分証やパスポート等を会社側で保管していませんか？
□労働者は事前の通知さえすれば、罰金や賃金の未払といった懸念もなく、自由に退職ができますか？
□労働者の外出や移動に関する自由を保障していますか？
（※寮を提供している場合の外出制限のほか、就業中のトイレ休憩の許可制等も問題となります。）

2　児童労働の禁止

□児童労働を禁止する旨の明確な方針はありますか？
□義務教育を終了していない15歳未満の児童を雇用していませんか？
□採用時に公的書類等で年齢を確認するプロセスがルール化されていますか？
□18歳未満を雇用している場合、18歳未満の労働者を特定・把握できていますか？
□18歳未満に従事させない危険・有害な業務は特定できていますか？
□18歳未満に対する労働条件（危険有害業務や夜間業務等の制限）は文書等でルール化されていますか？

3　差別の禁止

□人種や国籍、性別や年齢、性的指向や性自認、障害の有無等、あらゆる種類の差別を許さない旨の明確な方針はありますか?

□賃金規程や休暇規程、人事評価制度等で、ジェンダー等に基づく差別的取り扱いをしていませんか?（※昇進における転勤要件等、間接差別を含みます。）

□差別を受けた労働者への対応措置や手順をルール化していますか?

□差別を受けた際の相談窓口を設置し、労働者に周知させていますか?

□相談窓口を利用したことを理由とした不利益取扱いの禁止、相談者の匿名性の担保等といったルールを確立し、従業員に説明していますか?

□差別を予防するための社内研修を定期的に実施していますか?

□労働者の障害の有無や程度、宗教慣行に応じて、合理的配慮を提供していますか?

4　結社の自由、団体交渉権の保障

□結社の自由や団体交渉権を保障する旨の明確な方針はありますか?

□結社の自由や団体交渉権は、正規・非正規等を問わず、すべての労働者に対して保障していますか?

□組合活動を差し控える権利は方針等で保障されていますか？
（※ユニオン・ショップ協定を締結している場合は、直ちに問題ありとはいえませんが、差し控える権利の尊重が求められている点はおさえておきましょう。）
□組合活動や団体交渉への関与の有無等を理由とした差別や不利益取扱いの禁止をルール化していますか？
□労働組合や労働者代表等との定期的な対話の機会を設け、誠実に対応していますか？
□労働者一人ひとりが労働条件等に関して意見を述べることができる機会を確保していますか？
（※個別の面談機会の設定や意見を収集する窓口の設置等。）

5 労働時間

□労働時間はタイムカードやＰＣの起動時間等、客観的に特定できる方法で確認し、記録していますか？
□すべての労働者の労働時間が法律の範囲内に収まっていますか？
（※日本の場合、原則1日8時間、1週40時間ですが、３６協定を締結していれば、月45時間、年３６０時間の時間外労働が可能です。）

（※特別条項を設ければ更なる延長が可能ですが、基本は３６協定の範囲に収めることを推奨します。)

□法律の定めに関わらず、1週間当たりの労働時間が60時間を超過している労働者はいませんか?

□すべての労働者が最低でも7日間に1日、休日を取得できていますか?

□労働時間が6時間を超える場合は45分、8時間を超える場合は1時間の休憩をすべての労働者が取得できていますか?

□有給休暇は、法律の定める範囲で、パートタイマー等を含むすべての労働者に付与していますか?

□有給休暇やその他の休暇の取得を制限する、あるいは躊躇させる制度や慣行はありませんか?

□長時間労働を防止するための施策を実施し、その効果を確認していますか?

□有給休暇や男性の育児休暇等、各種の休暇を積極的に労働者に取得してもらうための施策を実施し、その効果を確認していますか?

6　賃金

□賃金は通貨で、契約で定める全額を労働者本人に支払っていますか?

□賃金は毎月1回以上、一定の期日を定めて支払っており、支払い遅延等は発生していませんか？

□賃金の控除は、法令で定められているもの（税金や社会保険料）や労使協定で定めたもの（寮費や組合費等）に限定していますか？

□賃金の支払いの都度、労働者が控除額や手取り金額等を理解できる給与明細を交付していますか？

（※外国人の労働者には、理解できる言語で交付することが必要です。）

□懲戒処分に基づく賃金の控除額は、法律で定められている範囲に限定されていますか？

（※減給の懲戒処分は、就業規則で定めた上で、1回の額が平均賃金の1日分の半額を超えず、総額が一賃金支払期における賃金の総額の十分の一を超えない限りにおいて、日本では認められています。）

（※他方で、国際的な基準では、懲戒処分による減給の制裁が問題視されていることは、留意しておきましょう。）

□休日労働、深夜労働に対して法令に基づいて割増賃金を支払っていますか？

（※法定労働時間を超えた場合は25％以上）

（※深夜労働〈原則午後10時～午前5時〉の場合は25％以上）

（※法定休日は35％以上）

注：1月60時間を超える場合はさらに割増率が上がりますが、1か月に時間外労働が

60時間を超えている時点で長時間労働の問題が発生しますので、ここでは割愛します。

□地域別・産業別の最低賃金に関する情報を定期的に収集し、常に最低賃金を上回る給与設定を行っていますか？

□労働者やステークホルダーと定期的にコミュニケーションを図り、労働者に対して生活をする上で十分な給与を支払っているかどうかを確認していますか？

（※労働者から意見を申し立てることができる機会を設けていることが重要です。）

□ジェンダーや雇用形態による不合理な賃金差を設けていませんか？

7 ハラスメント

□パワハラやセクハラ等、あらゆる種類のハラスメントを許さない旨の明確な方針はありますか？

□就業規則の中でハラスメントを懲戒事由として明記していますか？

□ハラスメントを受けた労働者への対応措置や手順をルール化していますか？

□労働者がハラスメントを受けた際の相談窓口を設置し、労働者に周知させていますか？

□相談窓口を利用したことを理由とした不利益取扱いの禁止、相談者の匿名性の担保等といったルールを確立し、労働者に説明していますか？

□ハラスメントを予防するための社内研修を定期的に実施していますか？

8 労働安全衛生

□労働安全衛生に関する方針を定めていますか？
□労働者に対して、安全作業のための手順書を作成し、労働者に周知していますか？
□労働者の身体や健康に影響を与える化学物質等を特定し、法律に基づいて適切に管理していますか？
□怪我をするおそれがある機械・設備に関して、インターロックの導入等、適切な安全対策を講じていますか？
□必要な労働者に対して、ヘルメットや安全靴等といった保護具を提供していますか？
（※日本では違法ではありませんが、無料で提供することが望まれます。）
□地震や火災の発生等の緊急事態が発生したときの対応マニュアルを作成し、労働者に周知していますか？
□火災報知器や消火器等は、法律に基づいて適切に整備されていますか？
□労働災害発生時の対応マニュアルを整備し、労働者に周知していますか？
□災害時の非常口や避難経路が適切に確保されていますか？
（※非常口に鍵をかける、避難経路に荷物を置く等は控えましょう。）

□法律の定めに基づいて、最低でも年に1回、避難訓練を実施していますか?
(※日本の場合、特定用途防火対象物〈ホテルや病院等、火災が発生したときに人命に及ぼす危険性が高いもの〉は、年2回の避難訓練が必要とされています。)
□オフィスや工場、食堂や労働者の寮等の衛生環境は保たれていますか?
□労働安全衛生に関する管理者や責任者等を明確にしていますか?
(※日本の場合は、総括安全衛生管理者、衛生管理者、産業医等の選任が必要です。)
□労働安全衛生に関して定期的に議論を行う会議体を設置していますか?
(※日本では、衛生委員会等を設置することが求められています。)
□過去に発生した労働災害等について、発生原因を調査し、再発防止策を講じていますか?
□労働者に対して労働安全衛生に関する研修を定期的に行っていますか?
□健康診断は最低でも年に1回、実施されていますか?
(※日本では、年に1回の定期健康診断以外にも、有害な業務等に従事する労働者に対して、6か月に1回の特殊健康診断が求められています。)
□労働者に対してメンタルヘルスに関するケアを行っていますか?
(※日本では、常時50人以上の労働者を使用している事業者に対してストレスチェックの実施が義務化されています。)

9 管理体制（これまでの内容をどのように管理しているかをチェックします）

□方針はきちんと全従業員（パート、アルバイト等を含む）に周知していますか？
□取り組みの実施状況等について、経営層レベルが定期的に議論する場を設けていますか？
□取り組みを主導する部署や責任者を明確にしていますか？
（※人事部、総務部、法務部等、様々な部署が連携して対応していく必要がありますので、1つの部署だけが取り組みを進めていくわけではありませんが、横串を通して会社全体の取り組みの進捗を管理する部署や組織があると望ましいです。）

（※責任者は、経営層レベル、できれば経営トップ〈社長等〉が望ましいです。経営トップが直接的に監督することが難しい場合は、社長直轄の組織や会議体を設けて定期的な報告を義務付ける等、経営層までの報告プロセスを確立させておきましょう。）
□方針や研修内容に関する労働者の理解度について、定期的な確認ができていますか？
□法改正等に適応するため、方針や規程等を定期的に見直すフローは確立されていますか？
□自社にとって特に重要な課題は何かを特定し、課題への対応策を講じていますか？
□取り組みが有効に機能しているかをチェックする仕組み（指標や目標の設定等）を設け

ていますか？

□定期的に労働組合等のステークホルダーと対話の機会を設けていますか？

10 サプライヤーにも展開を考える場合

□人権に関する方針の中で、サプライヤーに対する期待を述べていますか？

（※「当社のサプライヤーにも人権の尊重を期待します」等。）

□調達活動を通じて、これまでに述べてきたような人権・労働条件の遵守を推進していく旨を方針に定め、労働者とサプライヤーに周知していますか？

□サプライヤー向けのガイドラインや行動規範の策定等を通じて、具体的な要求事項を示していますか？

（※人権方針でサプライヤーに対する理念的な期待を述べ、調達方針で自社の調達活動のスタンスを示した上で、チェックリストに記載されているような具体的なサプライヤーへの要求事項を行動規範やガイドラインを通じて明らかにしていきましょう。「人権方針」「調達方針」「サプライヤー向け行動規範・ガイドライン」の3点セットが必要です。）

□サプライヤー向けガイドライン等の内容について、サプライヤーに対して丁寧な説明（説明会の実施等）を行っていますか？

□行動規範の遵守を何らかの形でサプライヤーに要請していますか?
（※契約書の中での遵守の要請、誓約書の取り付けといった拘束力を持たせるものが分かりやすいですが、強制することだけがすべてではありません。サプライヤーとのコミュニケーションを通じて、一緒に協力しながら取り組みを進めるスタンスを大切にしましょう。）
□取引関係上、重要なサプライヤーを特定し、個別の措置（調査票の展開や監査の実施、サプライヤー向け研修等）を実施していますか?
□サプライヤーの取り組みの進捗状況を確認するための体制を整備していますか?
（※担当部署や責任者の任命、経営層の関与の確立等が求められます。）

▼注

1 ＩＬＯ駐日事務所　ＷＥＢサイト「ＩＬＯと日本」(https://www.ilo.org/tokyo/ilo-japan/lang-ja/index.htm　２０２２年8月5日閲覧)

2 ＩＬＯ駐日事務所　ＷＥＢサイト「国際労働基準（基準設定と監視機構）」(https://www.ilo.org/tokyo/standards/lang-ja/index.htm　２０２２年8月5日閲覧)

3 日本労働組合総連合会「仕事の世界における暴力とハラスメントの根絶 The Elimination of Violence and Harassment in The World of Work ＩＬＯ第１９０号条約のあらましと連合の取り組み」p.25（２０２１

年７月13日）（https://www.jtuc-rengo.or.jp/activity/gender/data/harassment/ilo/slide20210713_session01.pdf?51　２０２２年８月５日閲覧）

4 外務省「強制労働の廃止に関する条約（第百五号）」の批准書の寄託（令和４年７月19日）（https://www.mofa.go.jp/mofaj/press/release/press1_000983.html ２０２２年８月５日閲覧　https://www.jtuc-rengo.or.jp/news/article_detail.php?id=1149　２０２２年８月５日閲覧）

5 ＩＬＯ　ＷＥＢサイト「ＩＬＯビジネスのためのヘルプデスク：強制労働に関するＱ＆Ａ」（https://www.ilo.org/tokyo/helpdesk/WCMS_721968/lang--ja/index.htm#Q1　２０２２年８月５日閲覧）

6 注５に同じ

7 ＩＬＯ　ＷＥＢサイト「ＩＬＯの活動分野：児童労働」（https://www.ilo.org/tokyo/areas-of-work/WCMS_735055/lang--ja/index.htm　２０２２年８月５日閲覧）

8 注７に同じ

9 特定非営利活動法人　ＡＣＥ「日本にも存在する児童労働～その形態と事例～」７頁（２０１９年12月 http://acejapan.org/wp/wp-content/uploads/2020/04/ACE_Report_Child_Labour_in_Japan(J).pdf ２０２２年８月５日閲覧）

10 The Office of the United Nations High Commissioner for Human Rights, “THE CORPORATE RESPONSIBILITY TO RESPECT HUMAN RIGHTS : An Interpretive Guide”,p.26（https://www.ohchr.org/sites/default/files/Documents/Issues/Business/RtRInterpretativeGuide.pdf　２０２２年８月５日閲覧）

11 注10に同じ

12 The Office of the United Nations High Commissioner for Human Rights, “THE CORPORATE RESPONSIBILITY TO RESPECT HUMAN RIGHTS : An Interpretive Guide”, p.30（https://www.ohchr.org/sites/default/files/Documents/Issues/Business/RtRInterpretativeGuide.pdf　２０２２年８月５日閲覧）

13 ＩＬＯ「差別と平等　Ｑ＆Ａ」（https://www.ilo.org/tokyo/helpdesk/questions-answers/WCMS_644782/lang-ja/index.htm#1　２０２２年８月５日閲覧）

14 注13に同じ

15 注13に同じ

16 注13に同じ

17 注13に同じ

18 菅野和夫著『労働法　第十二版』（弘文堂、２０１９）２６６頁６

19 菅野和夫著『労働法　第十二版』（弘文堂、２０１９）２４４－２４５頁

20 浅倉むつ子『雇用差別禁止法制の展望』（有斐閣、２０１６）６１２－６２４頁

21 ＩＬＯ「ビジネスのためのヘルプデスク　結社の自由と団結権に関するＱ＆Ａ」（https://www.ilo.org/tokyo/helpdesk/WCMS_720941/lang-ja/index.htm　２０２２年８月５日閲覧）

22 注21に同じ

23 厚生労働省「平成30年　労働組合活動等に関する実態調査」（https://www.e-stat.go.jp/stat-search/files?page=1&layout=datalist&toukei=00450078&kikan=00450&tstat=000001066843&cycle=0&tclass1=000001133483&tclass2=000001133487&result_page=1&tclass3val=0　２０２２年８月５日閲覧）

24 厚生労働省「令和３年　労働組合基礎調査」（https://www.mhlw.go.jp/toukei/itiran/roudou/roushi/kiso/21/dl/01.pdf　２０２２年８月５日閲覧）

25 最一小判平元・12・14（三井倉庫港運事件）

26 ＩＬＯ「ビジネスのためのヘルプデスク　結社の自由と団結権に関するＱ＆Ａ」（https://www.ilo.org/tokyo/helpdesk/WCMS_720941/lang-ja/index.htm　２０２２年８月５日閲覧」

27 レスポンシブル・ビジネス・アライアンス「ＲＢＡ行動規範バージョン７・０」（２０２１年）（https://www.responsiblebusiness.org/media/docs/RBACodeofConduct7.0_Japanese.pdf　２０２２年８月５日閲覧）

28 厚生労働省「３６協定届の記載例（特別条項）」（https://www.mhlw.go.jp/content/000350329.pdf　２０２２年8月5日閲覧）

29 ILO, Resolution concerning the measurement of working time, (2008) において、収集すべき労働時間の線引きとして、週60時間以上のバーを設定しており、他の基準でもこの基準が採用されている。

30 厚生労働省「令和３年就労条件総合調査の概況」（令和３年11月９日）（https://www.mhlw.go.jp/toukei/itiran/roudou/jikan/syurou/21/dl/gaikyou.pdf　２０２２年8月5日閲覧）

31 内閣府「少子化社会対策大綱（令和２年５月29日）閣議決定　別添２　施策に関する数値目標」（https://www8.cao.go.jp/shoushi/shoushika/law/pdf/r020529/shoushika_taikou_b2.pdf　２０２２年８月５日閲覧）

32 ＩＬＯ「ビジネスのためのヘルプデスク　賃金、給付に関するＱ＆Ａ」（https://www.ilo.org/tokyo/helpdesk/questions-answers/WCMS_755448/lang--ja/index.htm　２０２２年8月5日閲覧）

33 厚生労働省「最低賃金の種類」（https://www.mhlw.go.jp/www2/topics/seido/kijunkyoku/minimum/minimum-11.htm　２０２２年8月5日閲覧）

34 行政通達　平成９・９・18基発６３６号

35 ＮＮＡ ＮＥＷＳ「《労使》最低賃金の倍増を、ヤンゴンで1万人がデモ」（２０２０年1月21日）（https://www.nna.jp/news/show/1997846　２０２２年8月5日閲覧）

36 Global Living Wage Coalition, Giving workers a decent standard of living, (https://globallivingwage.org/　２０２２年8月5日閲覧）

37 独立行政法人労働政策研究・研修機構「最低賃金額、２０２２年4月から９・50ポンド」（https://www.jil.go.jp/foreign/jihou/2022/04/uk_03.html　２０２２年8月5日閲覧）

38 厚生労働省　ＦＡＱ「賃金の支払方法に関する法律上の定めについて教えて下さい」（https://www.mhlw.go.jp/bunya/roudoukijun/faq_kijyungyosei05.html　２０２２年8月5日閲覧）

39 注32に同じ

40 RBA行動規範、レインフォレストアライアンス等

41 厚生労働省「令和3年度 個別労働紛争解決制度の施行状況を公表します」(令和4年7月1日)(https://www.mhlw.go.jp/content/11909000/000959370.pdf 2022年8月5日閲覧)

42 厚生労働省「事業主が職場における優越的な関係を背景とした言動に起因する問題に関して雇用管理上講ずべき措置等についての指針(令和2年厚生労働省告示第5号)」(https://www.mhlw.go.jp/content/11900000/000584512.pdf 2022年8月5日閲覧)

43 注42に同じ

44 注42に同じ

45 厚生労働省「事業主が職場における性的な言動に起因する問題に関して雇用管理上講ずべき措置等についての指針(平成18年厚生労働省告示第615号)【令和2年6月1日適用】(https://www.mhlw.go.jp/content/11900000/000605548.pdf 2022年8月5日閲覧)

46 厚生労働省 都道府県労働局雇用環境・均等部(室)「職場におけるパワーハラスメント対策が事業主の義務になりました!~セクシュアルハラスメント対策や妊娠・出産・育児休業等に関するハラスメント対策とともに対応をお願いします~」(https://www.mhlw.go.jp/content/11900000/000611025.pdf 2022年8月5日閲覧)

47 注46に同じ

48 厚生労働省「令和2年度雇用均等基本調査結果を公表します」(令和3年7月30日)(https://www.mhlw.go.jp/toukei/list/dl/71-r02/07.pdf 2022年8月5日閲覧)

49 厚生労働省「令和3年度雇用均等基本調査結果を公表します」(令和4年7月29日)(https://www.mhlw.go.jp/toukei/list/dl/71-r03/07.pdf 2022年8月5日閲覧)

50 株式会社日本能率協会総合研究所「厚生労働省委託事業 令和2年度 仕事と育児等の両立に関する実態把握のための調査研究事業 仕事と育児等の両立支援に関するアンケート調査報告書〈労働者調査〉」(令和3年3月)(https://www.mhlw.go.jp/content/11900000/000791048.pdf 2022年8月5日閲覧)

51 ILO, International Labour Conference adds safety and health to Fundamental Principles and Rights at Work（10 June 2022）（https://www.ilo.org/global/about-the-ilo/newsroom/news/WCMS_848132/lang--en/index.htm　２０２２年８月５日閲覧）

52 厚生労働省　ＷＥＢサイト「外国人技能実習制度について」（https://www.mhlw.go.jp/stf/seisakunitsuite/bunya/koyou_roudou/jinzaikaihatsu/global_cooperation/index.html　２０２２年８月５日閲覧）

53 公益財団法人国際人材協力機構（ＪＩＴＣＯ）ＷＥＢサイト「外国人技能実習制度とは」（https://www.jitco.or.jp/ja/regulation/　２０２２年８月５日閲覧）

54 上林千恵子『外国人労働者受け入れと日本社会　技能実習制度の展開とジレンマ』（東京大学出版会、２０１５）37頁

55 厚生労働省「技能実習に関する二国間取決め（協力覚書）」（https://www.mhlw.go.jp/stf/seisakunitsuite/bunya/0000180648.html　２０２２年８月５日閲覧）

56 出入国在留管理庁・厚生労働省編「技能実習制度運用要領」（令和４年４月）25～26頁（https://www.otit.go.jp/files/user/220401-12.pdf　２０２２年８月５日閲覧）

57 注56に同じ

58 法務省　出入国在留管理庁、厚生労働省　人材開発統括官「外国人技能実習制度について」（令和４年４月25日改訂版）（https://www.mhlw.go.jp/content/000932973.pdf　２０２２年８月５日閲覧）

59 注53に同じ

60 ＵＰＲや人権条約体の報告審査については、外務省ＷＥＢサイト参照（https://www.mofa.go.jp/mofaj/gaiko/jinken.html　２０２２年８月５日閲覧）

61 US Department of State, 2021 Trafficking in Persons Report（https://www.state.gov/reports/2022-trafficking-in-persons-report/　２０２２年８月５日閲覧）

62 厚生労働省「技能実習生の実習実施者に対する監督指導、送検等の状況（令和３年）」（https://www.mhlw.go.jp/content/11202000/000969254.pdf　２０２２年８月５日閲覧）

63 朝日新聞デジタル「ベトナム人実習生への暴行　監理団体の許可取り消し　相談に対応せず」（２０２２年５月31日）（https://www.asahi.com/articles/ASQ5000NCQ5ZUTIL03Q.html　２０２２年８月５日閲覧）

64 法務省　技能実習制度の運用に関するプロジェクトチーム「調査・検討結果報告書」（平成31年３月28日）（https://www.moj.go.jp/isa/content/930004167.pdf　２０２２年８月５日閲覧）

65 法務省出入国在留管理庁「技能実習生の支払い費用に関する実態調査の結果について」（https://www.moj.go.jp/isa/content/001377469.pdf　２０２２年８月５日閲覧）

66 注65に同じ、42頁

67 ＪＥＴＲＯ「２０２０年版ベトナム家計生活水準調査結果の速報を公表」（２０２１年６月８日）（https://www.jetro.go.jp/biznews/2021/06/a8fdd777d36d258a.html#:~:text=%E5%A0%B1%E5%91%8A%E6%9B%B8%E3%81%AB%E3%82%88%E3%82%8B%E3%81%A8%E3%80%812020,%EF%BC%88%E6%B7%BB%E4%BB%98%E8%B3%87%E6%96%99%E8%A1%A8%E5%8F%82%E7%85%A7%EF%BC%89%E3%80%82　２０２２年８月５日閲覧）

68 日本経済新聞「農業生産にコロナの影　外国人実習生が来ない！」（２０２２年１月29日）（https://www.nikkei.com/article/DGXZQOGH27DX50X20C22A1000000/　２０２２年８月５日閲覧）

毎日新聞「農家『死活問題』　外国人技能実習生の入国再禁止、長期化なら」（２０２１年12月９日）（https://mainichi.jp/articles/20211208/k00/00m/040/272000c　２０２２年８月５日閲覧）

朝日新聞「とろけるメロン、甘くない現実　コロナで技能実習生来ず」（２０２０年５月25日）（https://www.asahi.com/articles/ASN5M3TBLN5KIIPE00G.html?iref=pc_photo_gallery_bottom　２０２２年８月５日閲覧）

69 南日本新聞「外国人実習生の受け入れようやく　コロナ対策の制限緩和で　事業者『人手不足解消につながれば…』入国手続きの緩和、円滑化も要望」（２０２２年５月24日）（https://373news.com/_news/storyid/156600/　２０２２年８月５日閲覧）

70

北海道新聞「技能実習生続々、道南でも受け入れ加速　介護や農業の事業者ら歓迎」（2022年6月9日）(https://www.hokkaido-np.co.jp/article/691587/　2022年8月5日閲覧)

農林水産省構造改善局地域振興課「農業分野における技能実習移行に伴う留意事項について」（平成12年3月）」(https://www.maff.go.jp/j/keiei/foreigner/attach/pdf/index-45.pdf　2022年8月5日閲覧)

第5章

「ビジネスと人権」に関する国内外の政策動向

本章では、「ビジネスと人権」に関する国内外の動向をご紹介します。ビジネスと人権に関しては、2011年に策定された指導原則が国際的な教科書として幅広く認知されてきました。指導原則が多くの企業に参照されている国際規範であることは今日においても変わりはありませんが、企業に対して指導原則に基づく取り組みを促すべく、国内外では様々な政策が実践されてきました。

指導原則の柱のひとつである国家の人権保護義務の中で、国家は、企業を含む第三者による侵害から人権を保護するため、「実効的な政策、立法、規制及び裁定を通じてそのような侵害を防止し、捜査し、処罰し、そして補償するために適切な措置をとる必要がある」とされています。企業の人権尊重責任は国家の義務と独立しているとはいえ、企業としても国家のルールの中でビジネスを行っている以上、国内外の政策動向を注視しておく必要があるでしょう。前章までは、指導原則の第2の柱である企業の人権尊重責任を中心に紹介してきましたが、本章では、第1の柱の中で国家に課せられている人権保護義務のもとで欧米諸国や日本政府が行っている政策について紹介していきます。

1　「ビジネスと人権」に関する国別行動計画（NAP）の策定

（1）「ビジネスと人権」に関する国別行動計画（NAP）とは

2011年に国連人権理事会によって全会一致の承認を得て策定された指導原則は、策定の過程で様々なステークホルダーとの協議を経たこともあり、法的拘束力こそ有しないものの、「ビジネスと人権」に関するデファクト・スタンダード（ビジネス上の慣例として、実務的では当たり前に参照される「事実上の基準」）として、企業の取り組みを規律してきました。他方、ビジネスと人権の領域では「ビジネス」の実施主体である企業の取り組みが注目されがちですが、本来、国際人権法上、人権を尊重し、保護し、充足する義務は国家にあるとされています。指導原則においても、その前文において「国家は国際人権体制のまさに中核にある」と述べられており、国家が指導原則の第1の柱である人権保護義務をいかに果たすかは、ビジネスと人権の領域において非常に重要です。

国連人権理事会は、指導原則の効果的かつ包括的な普及と実施を促進するため、国連「ビジネスと人権」作業部会を設立しています。そして、この作業部会は、国家が人権保護義務を履行し、企業の取り組みを後押しするために、ビジネスと人権に関する国別行動計画（NAP：National Action Plan on Business and Human Rights）」を国家が策定することを推奨しています。[1] NAPとは、「指導原則に準拠して、企業による人権に対する負の影響から人権を保護するために国家が策定する、進化する政策戦略」を指します。[2] その後、2015年のG7エルマウ・サミット首脳宣言でも、指導原則を強く支持し、各国がNAPを策定する努力を歓迎するという文言が盛り込まれ、[3] 2017年のG20ハンブルク・サミットでも、首脳宣言の中で、G20各国は自国において、NAPのような適切な政策枠組みを構築するよう取り組むことが示されています。[4]

2013年に英国が世界で初めてNAPを策定して以降、2022年7月現在で30カ国程度がNAPを策定しています。日本も2020年10月にNAPを策定・公表しており、今後はNAPに基づいてビジネスと人権に関する政策を進めていくことが求められています。なお、独立した文書のNAPとしては、日本のNAPは、アジアではタイに続き2番目となります。[5]

NAPについては、国連「ビジネスと人権」作業部会が、策定に向けたガイダンスを各国に提供しています（以下、NAPガイダンス）。NAPガイダンスによれば、NAPに不可欠な基準やNAPに記載されるべき内容は次の通りです。[6]

【NAPに不可欠な4つの基準】

①NAPが「ビジネスと人権」に関する指導原則を基礎とするものであること

▼国家の義務として、ビジネスに関連する人権への負の影響から保護し、救済へのアクセスを確保すること

▼人権デュー・ディリジェンス等を含む企業の人権尊重に関する取り組みを促進すること

②各国が直面する課題に対応した内容になっていること

▼国毎の状況に応じて、顕在化している、または潜在しているビジネス上の人権侵害に対処するべく、最も影響を与えることのできる、焦点を絞った現実的な対応を定めること

③策定・実施プロセスにおいて包摂性と透明性を確保すること

▼関連するステークホルダーが策定・改定プロセスに参加でき、彼らの見解が考慮されること

④定期的なレビューと改定のプロセスを確保すること

▼プロセスのすべての段階において、情報が透明性をもって共有されること

▼変化する状況に対応するべく、累積的な進歩に努めること

【NAPに記載されるべき5つの内容】

①指導原則を実施していくという政府のコミットメント

▼権威ある文書として指導原則を参照し、「ビジネスと人権」に関する取り組みの基礎とすること

▼企業が指導原則の下で人権を尊重し、人権デュー・ディリジェンス（DD）を実施していくことに関して、政府の期待を明確にすること

②NAP策定の背景と現状認識

▼NAP策定の背景や現状の問題認識等を整理し、提供すること

▼指導原則に関する言及を行い、NAPと既存の他政策における戦略との関連性を明確にすること

③企業に対する期待の明確化

▼指導原則の第2の柱に従い、事業全体を通じて人権を尊重するという期待を表明すること

▼指導原則の他、OECDの多国籍企業行動指針やILOの三者宣言等の文書を参照すること

④政府の対応

▼人権への負の影響に対する現状の対応、今後の取組へのコミットメントを記載すること

▼優先分野を踏まえた戦略を示し、目標や進捗を測る指標、関係機関の責任等を明確化す

ること
⑤モニタリングと改定
▼モニタリングの仕組みとプロセス、改定のスケジュール等を明確にすること

（2）NAPに基づく国家の取り組みと法規制の導入

強制的措置としての法規制の導入

ＮＡＰガイダンスの中では、国家が人権保護義務を履行するための具体的な手法として「スマートミックス」の考え方が示されています。スマートミックスとは、企業の人権尊重を推進するため、「国内的及び国際的措置、強制的及び自発的な措置といった措置を上手に組み合わせること」をいいます（指導原則の原則３：コメンタリー）。政府には、国際条約の批准や国際会議への参加（国際的措置）、法律や規則の制定（強制的措置）や公共調達における企業へのインセンティブの付与（自発的措置）等、あらゆる手段を上手に組み合わせる（「スマート」に「ミックス」する）ことによって、効果的に企業の取り組みを促していくことが求められています。

なかでも近年、特に企業の注目を集めている政府の施策が、強制的措置としての法規制の導入です。第１章で説明した通り、指導原則は法的拘束力を持たないソフトローであるため、従来、

指導原則に基づいて企業に課せられていた人権尊重責任は、あくまで社会的、道義的責任でした。しかし近年、各国政府が、企業に対して人権ＤＤの実施や開示を義務化する法規制を導入したことで、企業の人権尊重責任は法的責任に変化しつつあります。

社会的責任や道義的責任を履行しないことによるステークホルダーからの信頼の低下が、ビジネスに非常に大きな影響を与えることは第1章でも述べた通りであり、これらの責任も決して軽視すべきものではありません。しかし、企業の人権尊重責任が法的責任として「ビジネス上のルール」にまで昇華されることで、企業としてはコンプライアンス（法令遵守）の観点から人権対応が求められることになります。これは、企業実務において、大きなインパクトがあるといえるでしょう。

レベル・プレイング・フィールド

法規制の導入には様々な理由がありますが、筆者の見解も含めて、そのうちのいくつかを紹介しておきましょう。

1つ目は、レベル・プレイング・フィールドの構築です。レベル・プレイング・フィールドとは「公平な競争条件」という意味で、通商政策等を議論する際にも使用される言葉です。企業がサプライチェーン全般で人権ＤＤを行うためには、当然のことながら一定の経済的・人的なコストがかかります。そして、その分のコストが価格等に反映されることによって、サプライチェーン上の労働者等から搾取して安価なコストで製品・サービスを提供する企業と比べ、コストをかけて人権尊重に取り組む企業の市場競争力が低下してしまうおそれがあります。

もちろん、価格で商品やサービスを選ぶ消費者だけではないことは事実ですが、企業として社会的責任を果たしている企業が損をするようなルールは公正であるとはいえませんし、そのような市場の状況を黙認してしまっては、国家としても指導原則上の人権保護義務を果たしているとはいえません。そこで、人権ＤＤを義務化し、人権ＤＤにかかるコストを公平に負担させることで、レベル・プレイング・フィールドの形成を図ることが、国家として果たすべき役割のひとつと考えられているのです。ＥＵでは、既に人権ＤＤに取り組んでいる企業の多くが人権ＤＤの義務化、法制化に賛成していますが、[7] これは企業がサプライチェーン上における公平なコスト負担を求めている証であると考えられます。

加速する人権ＤＤの義務化・法制化の流れ

２つ目は、自発的な取り組みの奨励だけでは、国家として人権保護義務を十分に果たすことができない可能性があるということです。

これを端的に示しているのが、ドイツの事例です。ドイツは、２０１６年に策定したＮＡＰの中で、「ドイツに拠点を置く従業員数５００人以上の企業のうち、人権ＤＤを実施している企業が２０２０年までに50％に満たない場合、法律による人権ＤＤの義務化を含めた追加措置を検討する」と明記していました。[8] 人権ＤＤの義務化、法制化には、賛否含めて様々な意見が寄せられていたこともあり、ドイツ政府はまず、企業に対して自発的な取り組みを促すこととし、それが不十分な場合に限って法制化を検討するとしたのです。

しかし、その後の調査で、人権ＤＤを実施していた企業は全体のわずか18％に留まり、その後の調査でも22％という結果に終わってしまいました。[9] そこで、ドイツ政府は法律による人権ＤＤの義務化が必要と判断し、法制化に踏み切ったという経緯があります。筆者も参加をしていた2020年の国連「ビジネスと人権フォーラム」の中で、ドイツ政府が「我々の調査結果は『自発的な取り組みは機能しないこと』を証明した」と発言していましたが、ドイツのこのアプローチは、人権ＤＤ義務化の議論に一石を投じたのではないかと筆者としては考えています。

指導原則に基づく人権ＤＤの必要性は、既に国際的には幅広く受け入れられている一方で、法制化に関しては「法律による義務化はやりすぎではないか」「指導原則等が策定されている中で、そこまでする必要はないのではないか」という議論も根強いのが実情です。しかし、ドイツ政府のこのアプローチが、企業に対して自発的な取り組みを促すだけでは不十分であることを証明してしまったことで、日本を含めてまだ人権ＤＤの法制化に踏み切っていない国は、「指導原則に基づき、企業に対して自発的取り組みを促すだけで十分である」と安易に主張できなくなってしまったといえるでしょう。そのため、今後も人権ＤＤの義務化、法制化の流れはより一層、加速していくことが想定されます。

【図表71】 各国の人権に関する法律の一例

年	国	法律名	法律の概要
2015年	英国	英国現代奴隷法	● 英国内で事業を行う企業等のうち、売上高が年間3,600万ポンドを超える企業を対象に「奴隷労働と人身取引」に対する取り組みについて情報開示を要請している
2017年	フランス	注意義務法	● フランス国内の従業員数が5,000人、または全世界での従業員数が10,000人以上のフランス企業を対象として、人権・環境への負の影響に対するデュー・ディリジェンスを義務付けている。
2019年	豪州	豪州現代奴隷法	● 年間売上1 億豪ドル以上の豪州企業、または年間売上 1 億豪ドル以上の豪州で事業を行う企業に対し、現代奴隷に関する声明を提出するよう義務付けており、違反企業に対しては企業名の公表等が行われる。
2019年（制定）	オランダ	児童労働デュー・ディリジェンス法	● オランダで商品・サービスの提供を行う企業に対し、サプライチェーン上の児童労働に係るデュー・ディリジェンスを義務付ける法律。2019年に制定され、2022年以降に施行予定。違反企業には罰金や刑事責任も課される可能性がある。
2021年（制定）	ドイツ	サプライチェーン・デュー・ディリジェンス法	● ドイツ企業のうち、従業員3,000人以上の企業（2024年1月1日からは従業員1,000人以上の企業）が対象。リスク評価の実施や是正措置の実施等、サプライチェーン上のデュー・ディリジェンスに関する一連の取り組みを求めている。2023年1月1日施行予定。
2016年（改正）	米国	1930年関税法	● 米税関の調査に基づき、強制労働に依拠した製品の輸入差し止め（違反商品保留命令：WRO）を認める。
2021年（制定）		ウイグル強制労働防止法	● 中国・新疆ウイグル自治区からの輸入を全面的に禁止。新疆ウイグル自治区からの輸入品は原則として「強制労働でつくられた」とされ、反証が無い限りは原則的に輸入を差し止める。2022年6月21日に施行済。

（出所）各国の公表資料及びILO「欧州における人権デューデリジェンス義務化の最新動向について」（2021年5月12日）、独立行政法人日本貿易振興機構（JETRO）「「サプライチェーンと人権」に関する 政策と企業への適用・対応事例（改訂 第二版）」（2021年7月）より三菱UFJリサーチ＆コンサルティング作成

では、欧米諸国は一体、どのような法律を制定しているのでしょうか。いくつかの主要な国の事例を紹介しておきます（図表71）。

2　欧州諸国の取り組み[10]

（1）英国

欧州諸国において人権ＤＤに関する国内法を初めて制定したのが英国です。英国では、２０１５年に現代奴隷法という名称の法律が制定されています。これは、英国内で事業を行い、かつ、年間の売上高が一定基準額（３６００万ポンド。１ポンド＝１６５円とすると約60億円）を超える企業や営利団体に対して、サプライチェーン上の奴隷労働や人身取引等の現代奴隷制を排除するために実施している措置等に関する声明（Slavery and Human Trafficking Statement）を発行し、公表することを義務付ける法律です。この声明には、次の内容を含めるべきとされています。

□事業形態やサプライチェーンを含む組織構造
□奴隷・人身取引に関する組織の方針

□事業やサプライチェーンにおける奴隷・人身取引に関するデュー・ディリジェンスのプロセス
□事業やサプライチェーンにおいて奴隷・人身取引が発生するリスクがある箇所と当該リスクを評価、管理するために講じた措置
□適切な成果指標に基づいて測定される、事業やサプライチェーンにおける奴隷・人身取引が発生していないことを確保するための措置の有効性
□従業員に対する奴隷・人身取引に関連した研修や能力開発の実施状況

声明は取締役会等の承認や署名を得る必要があり、公表に際しては、自社のWEBサイトへの掲載や、声明へのリンクをサイト上の目立つ場所に貼ること等が求められています。WEBサイトがない場合は、書面による請求に対して30日以内に書面を提供する必要があります。また、2021年からは政府のオンラインレジストリへの声明登録が開始されており、将来的には声明登録の義務化も検討されています。声明公表の義務に反する場合、高等法院が強制命令を発することができるとされており、これに従わない場合は法廷侮辱罪として罰金の対象となるとされています。

英国の現代奴隷法は人権DDの実践を義務化する法律ではなく、あくまで「声明を通じた開示」を義務化する法律であることや、違反してもただちに民事罰が課せられるような建付けにな

っていないことから、強制力に乏しいのではないかという指摘もなされています。しかし、本法は日本企業も含め、多くの外国企業が対象となることから、サプライチェーン上の人権ＤＤに対する企業側の意識を大きく変えるきっかけとなった法律ではないかと思います。なお、現代奴隷法は、かねて開示項目の義務化や民事罰の導入等といった実効性の強化が議論されており、２０２１年６月には、企業への警告権限の付与や罰則の導入等を盛り込んだ改正案が貴族院に提出されています。対象となる日本企業は、今後の改正動向を注視する必要があります。[11]

なお、英国の現代奴隷法をモデルとして、豪州でも現代奴隷法という名の法律が制定されています（２０１９年より施行）。こちらの法律では、豪州で事業を行う企業のうち年間売上高１億豪ドル以上（ニューサウスウェールズ州では州法により５０００万豪ドル以上）の企業に対して、サプライチェーンにおける現代奴隷のリスク等に関する声明を作成し、報告する義務が課せられています。

（2）フランス

フランスでは、２０１７年に注意義務法と呼ばれる法律が制定されています。声明の開示を義務化した現代奴隷法と異なり、フランスの注意義務法は人権ＤＤの実施を求めた法律である点が特徴といえるでしょう。本法は、フランス国内の従業員数が、２会計年度連続で５０００人以上、または全世界での従業員数が1万人以上のフランス企業に対して、人権DDに関する計画書の作成・公表と実践を求めるものです。

企業に対して作成が求められている計画書には、次の要素を盛り込むこととされています。

□リスクの特定や分析、優先順位付けのためのリスクマップ
□子会社や取引のある下請企業・サプライヤーに対する定期的評価の実施方法
□リスクの軽減または重大なリスク防止のための適切な措置
□労働組合との協議により作成したリスクの存在または顕在化に関連する通報・収集メカニズムの確立
□実施措置のモニタリングと有効性を評価するシステム

また、計画書の実施状況は、年次報告書の中で公開することも義務付けられています。違反した場合は、裁判所による執行命令が課せられる他、違反しなければ生じなかったであろう損害について、民事上の損害賠償請求を受けることもあります。なお、本法は当初、1000万ユーロから3000万ユーロまでの罰金が規定されていましたが、この規定は定義が曖昧であったことから、憲法評議会から憲法違反であると判断されてしまい、罰金の規定は削除されています。

(3) ドイツ

ドイツでは、前述の通り、2016年のNAPの中で人権DDの義務化について言及され、その後、期間中に企業の取り組みが十分に進まなかったことから、2020年から法律の制定に関する議論が開始されました。その結果、サプライチェーンDD法と呼ばれる法律が2021年に制定され、2023年1月1日からの施行が決定しています。

本法では、ドイツに本店や主たる事業所がある企業のうち3000人以上(海外に赴任している者を含む)雇用している企業、またはドイツ国内に支店を有する企業のうちドイツ内で3000人以上の従業員を雇用している企業が対象となります。ただし、2024年1月からは、「3000人以上」と規定されている従業員数はそれぞれ「1000人以上」と読み替えることとされ、対象企業の拡大が想定されています。

対象企業は、人権リスクを含むサプライチェーン上のDDを実施する義務が課せられることとなります。ここで、人権リスクとは、「児童労働」「強制労働」「労働安全衛生」「結社の自由」「雇用における差別」「生活賃金」「健康に関する権利」「土地に関する権利」「保安慣行」等を指すとされ、企業は人権リスクに対処するべく次の取り組みが求められています。

①適切かつ効果的なリスク管理体制の確立(第4条第1項)

②企業内における管理責任者の選定（第4条第3項）
▾経営者への年1回以上の定期報告を含む。
③定期的な（年1回以上）のリスク分析の実施（第5条）
▾リスクの特定、優先順位付けの実施や取締役会等への報告を含む。
④「人権戦略」に関する方針の策定（第6条第2項）
▾義務履行のための手順、特定した優先的リスクへの対処方針、サプライヤーへの期待等を方針に含める必要がある。
⑤自社と直接サプライヤーに対する予防措置の実施（第6条第1項～第3項、第4項）
▾自社については、人権戦略の実施と調達・購買戦略の策定及び実施、研修の実施等が求められる。

▾直接サプライヤーに対しては、人権等に関する期待事項の遵守に係る契約上の保障、サプライヤー向け研修の実施、適切な契約上の監理体制の構築等を行わなければならない。
⑥人権リスクに対する是正措置の実施（第7条第1項～第3項）
▾人権等の義務の違反に対して、防止、終了、あるいは最小化のための措置を遅滞なく講じる必要がある（ドイツ国内における自社事業領域では、違反行為を必ず終了させなければならない）。

▼直接サプライヤーの義務違反の場合で、予見可能な将来に終了させることができない場合は、その違反を終了させ、または最小化するためのプランを遅滞なく策定し、実施しなければならない。当該プランには次の要素を考慮する。

▽サプライヤーと共同で策定し、実施すること

▽サプライヤーへの影響力を高めるべく、産業別のイニシアティブの枠組みの中で他企業と協働すること

▽リスクを最小化する間の取引関係を一時的に停止すること

⑦苦情処理メカニズムの構築（第8条）

⑧間接サプライヤーの人権等のリスクへの対処（第9条）

▼間接サプライヤーを対象とした苦情処理メカニズムを確立し、申立てがあった場合には、リスク分析や防止、停止、影響最小化のための措置の実施等といった一連のDDを実施しなければならない。

⑨文書化及び報告（第10条第1項〜第2項）

▼DD義務の履行に関する年次報告書を会計年度終了後4カ月以内に作成の上、企業のWEBサイトで7年間にわたり公開しなければならない。

本法に違反した場合、その義務違反の内容等によって最大で80万ユーロ（ただし、平均年間売

上高が4億ユーロを超える法人・団体の場合は最大で平均年間売上高の2％まで課され得る）の過料や、最大で3年間の公共調達手続からの除外等といった行政処分が科されることになります。他方で、民事責任の規定がないことや、ＤＤの対象が直接サプライヤーに限られていること等が批判の対象となっており、それらの点については指導原則の策定を主導したラギー教授からもレターが発出されています。[12]

確かに、深刻性の高い課題から対処するという指導原則のアプローチと本法のアプローチは異なるといえます。本来は、直接サプライヤー、間接サプライヤーという区分けではなく、リスクベースによる優先順位付けの結果として、ＤＤを義務化する対象範囲を定めるべきかもしれません。しかしその場合は、法的義務の対象が各企業の優先順位付けの結果に依存してしまうため、深刻性等の観点ではなく「管理が容易かどうか」という観点で企業側の優先順位付けが行われかねません。

一定の領域においてはＤＤを法律で義務化し、それ以外の領域における人権リスクには、苦情処理メカニズムの構築によって対処していくというドイツのアプローチ自体は合理性があるものと筆者は考えています。他方で、その範囲をどのように設定するかは、明確性の観点とＤＤの実効性の観点を考えると、大変難しい問題といえます。一定の基準を設けて法律上で取り組みを義務化し、公平な競争条件（レベル・プレイング・フィールド）を形成していく一方で、それ以上に積極的な取り組みを進める企業が評価される仕組み（公共調達におけるインセンティブ付与等）を整えることが、国家に求められるスマートミックスのあるべき姿であるといえるでしょう。

(4) EU・その他

右記のほかにも、2019年にはオランダで自国内に製品やサービスを提供している企業に対して児童労働リスクに関するサプライチェーン上のDDを義務化する法律が制定され、2021年にはノルウェーでも一定の事業規模の企業に対してサプライチェーン上の人権DDを義務付ける法律が制定される等、各国で法制定の動きが加速しています。

そして、現在ではEU全体でも法整備が進んでいます。2022年2月23日に欧州委員会からコーポレート・サステナビリティ・デュー・ディリジェンス指令案が公表されました。本指令案は、一定規模以上の企業に人権や環境に関するサプライチェーン上のDDを義務付けるものですが、具体的には次の企業が対象となっています（括弧書きは欧州委員会が発表している対象企業数の概算）。

【グループ1】

□従業員が500人超で、直近の年間売上高がグローバルで1億5000万ユーロを超えるEU域内の企業（約9400社）

□直近のEU域内での年間売上高が1億5000万ユーロを超えるEU域外の企業（約2600社）

【グループ2】

□従業員が250人超で、直近の年間売上高がグローバルで4000万ユーロを超えるEU域内の企業であり、売上の50%以上が高リスク業種※である企業（約3400社）

□直近のEU域内での年間売上高が4000万ユーロを超えるEU域外の企業で、グローバルでの売上の50%以上が高リスク業種※である企業（約1400社）

※繊維・皮革関連の製造業及び卸売業、農林水産業・食品製造業及び卸売業、鉱業・金属加工製造業及び卸売業等、EU指令案において指定されている業種を指す。

また、具体的に対象企業に求められる事項は次の通りです（第4条）。

①企業方針にデュー・ディリジェンスを組み込む（第5条）

▼企業のすべての方針にDDのプロセスを反映させるとともに、次の要素を含むDD方針を策定する。

▽DDに対する企業のアプローチ

▽従業員や子会社が遵守すべき行動規範
▽DDを実施するために導入されたプロセスや「確立されたビジネス関係※」にまで拡大するための措置
▼方針は毎年、更新される必要がある。

②既に顕在化した、または潜在的な人権・環境への負の影響を特定する（第6条）
▼自社事業、子会社の事業に加えて、「確立されたビジネス関係※」から生じた負の影響が対象となる。
▼負の影響の特定のため、労働者やその他の関連するステークホルダーを含めた、潜在的な影響を受ける集団との協議を実施しなければならない。
※「確立されたビジネス関係（Established business relationships）とは、直接的か間接的かを問わず、その結びつきの強さや持続性からみて、持続的である、または持続的であると予想される取引関係を意味する（第3条(f)）。したがって、結び付きが強固で長年取引のあるサプライヤーであれば、2次以降のサプライヤーも含まれると解釈できるため、注意が必要。

③潜在的な負の影響を防止、軽減し、既に顕在化した影響を停止させる（第7条、第8条）
▼負の影響に対処するため、次の取り組みが求められる。
▽合理的かつ明確に特定されたタイムラインと、改善を測定するための定性・定量的な

指標を備えた行動計画をステークホルダーとの協議に基づいて策定し、それを実行すること

▽直接的な取引関係にあるビジネスパートナーに対して、自社の行動計画や方針を遵守させるために契約上の保証を求めること

▽確立されたビジネス関係を有する中小企業の中で、行動計画の遵守が困難な企業がいる場合は、適切な支援を提供すること

▽防止、軽減ができない負の影響が存在する場合、既存の関係を拡大することを控えるとともに、影響の最小化に努める間に一時的に取引を停止するか、深刻な場合に取引関係を終了させること

▽既に顕在化した負の影響への対処として、負の影響を受ける人々への損害賠償や影響を受けるコミュニティへの金銭的補償の支払いを含めた、負の影響を緩和し最小化するための措置を取ること

④苦情処理メカニズムを構築する（第9条）

▼次の者が苦情を申し立てることができる窓口を確保しなければならない。

▽負の影響を受ける人、負の影響を受ける可能性があると信じるに足る合理的な根拠を持つ者

▽バリューチェーン上で働く個人を代表する労働組合及び労働者代表
▽バリューチェーンに関連する分野で活動する市民社会組織

⑤DDの方針と取り組みに関する有効性をモニタリングする（第10条）
▼定性的・定量的な指標に基づいて、少なくとも1年ごとにモニタリング評価を実施しなければならない。
▼負の影響の発生に関する重大かつ新たなリスクが生じるにたる合理的な根拠がある場合は、随時、モニタリング評価を実施しなければならない。
▼DDに関する方針は、当該モニタリング評価の結果に従って更新しなければならない。

⑥DDの結果に関する情報を開示する（第11条）
▼EU指令（2013／34／EU）の報告義務の対象でない企業は、本指令の対象事項に関して、年次報告書をWEBサイトに掲載しなければならない。
▼年次報告は毎年4月30日までに前暦年を対象として公表されなければならない。

EU指令（2013／34／EU）は会計報告に関する指令ですが、それに引用される形で一定の基準を満たす企業にはEU指令（2014／95／EU）、いわゆる非財務情報開示指令

（ＮＦＲＤ）によって非財務情報の開示を義務付けています。今回示されたコーポレート・サステナビリティ・デュー・ディリジェンス指令案では、ＤＤの対応状況等について、ＥＵ指令（２０１３／34）の対象でない企業は、指令案の対象項目を含む年次報告書を毎年公開する必要があるとしています。この点について、ＮＦＲＤの改正法である企業持続可能性報告指令（ＣＳＲＤ）の適用にも留意する必要があると考えられます。

また、本ＥＵ指令案では、加盟国に対して違反に関する制裁措置を課すことを求めており、金銭的な制裁の場合は企業の売上高に基づいて金額を設定するべきであるとしています（第20条）。また、企業が③で定める義務に違反し、当該義務を履行していれば回避できたであろう損害に対しては民事上の損害賠償責任を負うものと定めています（第22条）。これらは、実際に国内法の中に落とし込まれる際に問題となってくるでしょう。

なお、ＥＵには、基本条約としての一次法と基本条約を根拠に制定される二次法が存在します。そして二次法は、その適用範囲や法的拘束力の違いによって、規則（Regulation）、指令（Directive）、決定（Decision）、勧告（Recommendation）、意見（Opinion）等に区分されています。ＥＵ加盟国に対して直接適用される規則と異なり、指令については、定められた内容を達成するための手段と方法が加盟国の裁量に一任されます。したがって、既存の法律では指令の内容が達成できない場合は、新たな国内法の制定や既存の法律の改正等が必要となるのです。

今回のＤＤ規制は指令レベルであるため、ＥＵ指令が制定されたとしても、その後、ＥＵ諸国が自国の法律に落とし込むまでに一定の時間的猶予が存在します。EU指令案の対象となり得る日本企業は、今から対応に向けた準備を進めていく必要があります。

なお、EUでは本指令案以外にも、EU域内に一定量以上の紛争鉱物を輸入する企業に対してDDを求める紛争鉱物規則が制定されている他、バッテリーや木材調達等の分野でもDDの義務化が進んでいます。バッテリーや木材等の領域では、環境的な側面からのDDの要請がメインとはなっていますが、企業に対してサプライチェーン上のDDを求め、「責任ある調達」を推進する流れは、EU域内において今後もますます加速していくことが予想されます。日本企業としては、EU規制の域外適用の条件に留意するとともに、規制対象となるEU企業のサプライヤーとして自社が関与する可能性も念頭に置く必要があるといえるでしょう。

3　米国の取り組み

(1) カリフォルニア州サプライチェーン透明法

米国では、人権DDを義務付けている連邦レベルの法律は制定されていませんが、カリフォルニア州法においてサプライチェーン透明法と呼ばれる法律が存在しています。2012年1月1日に施行された本法では、カリフォルニア州で事業を行い、グローバルで売上高が1億ドルを超える小売業者または製造業者が対象となっており、対象企業に対して次の事項に関する情報開示を求めています。

①人身売買や奴隷制のリスクを評価し、対処するために、製品サプライチェーンの検証を行っているか
▼検証が第三者によって行われなかった場合は、その旨を開示する必要がある。
②サプライチェーンにおける人身取引及び奴隷制に関する社内基準へのサプライヤーの遵守状況を評価するために、サプライヤーの監査を実施しているか
▼その検証が独立した抜き打ちの監査でない場合は、その旨を明記する必要がある。
③製品に組み込まれる材料が、事業を行っている国の奴隷制及び人身売買に関する法律を遵守していることを証明するよう直接サプライヤーに要求しているか
④奴隷制と人身売買に関する社内の基準を満たさない従業員または請負業者に対して、社内で説明責任を果たすための基準や手続きを有しているか

⑤サプライチェーン管理に直接的な責任を持つ従業員や経営層に、人身売買と奴隷制、特に製品のサプライチェーン内のリスク軽減に関する研修を実施しているか

対象となる企業は、必要な情報を企業のＷＥＢサイト上に掲載しなければならず、当該リンクはホームページ上に目立つように記載されなければなりません。ＷＥＢサイトを持っていない企業は、消費者から書面による開示要請を受領してから30日以内に書面による開示をしなければなりません。なお、本法に違反した場合、裁判所から強制履行命令を受けることがありますが、罰金等の金銭的な制裁は規定されていません。

(2) ドッド=フランク法

米国において２０１０年に成立した「ドッド=フランク法（ウォール街改革及び消費者保護法）」の１５０２条は、上場企業に対して、自社製品の製造が武装勢力の資金源になっていないことを確認することを求めています。コンゴ民主共和国（ＤＲＣ）及びその周辺9カ国から産出される４つの鉱物（スズ、タングステン、タンタル、金。この４つの鉱物は頭文字をとって３ＴＧ等とも呼ばれます）は、武装集団の資金源となり、紛争を助長する可能性がある鉱物（紛争鉱物）として国際的に問題視されてきました。そこで、この紛争への加担を回避するため、企

業にDDを課した法律がドッド＝フランク法です。

ドッド＝フランク法の本規定の対象となる上場企業は、原産国に関する合理的な調査を行い、使用している紛争鉱物が対象国に由来するものであるかを確認しなければなりません。報告対象となるのは「製品の機能」あるいは「製品の製造」に必要な場合です。例えば、工具や設備等の製造ラインに紛争鉱物が含まれているだけの場合は対象外となります。調査の結果、使用する紛争鉱物がDRC及びその周辺国から産出されたものでないことが明らかになった場合、もしくはリサイクル原料やスクラップ原料であることが明らかになった場合は、その旨を所定の様式で報告する必要があります。

また、調査の結果、使用する紛争鉱物がDRC及びその周辺国で産出されたものであると判断できる、あるいはDRC及びその周辺国が使用する紛争鉱物（3TG）の原産国でないと結論付けることが難しい場合は、サプライチェーン上のDDを実施し、その結果を紛争鉱物報告書にまとめて開示・提出する必要があります。DDに関しては、OECDのガイダンス（紛争地域及び高リスク地域からの鉱物の責任あるサプライチェーンのためのデュー・ディリジェンス・ガイダンス）に基づいて実施されることが求められています。

ドッド＝フランク法やEU紛争鉱物規則等、現在では紛争鉱物に関する規制が国際的に導入されている状況ですが、近年では「責任ある鉱物調達」の範囲は、どんどん拡大しています。例えば、EUの紛争鉱物規則では、対象リスクが「武装勢力の資金源となること」から、「産出国・地域やサプライチェーンにおける人権侵害全般」にまで拡大しており、対象地域も、「ＤＲＣ及びその周辺国」から「紛争地域及び高リスク地域（ＣＡＨＲＡｓ）」まで広がっています（ＣＡＨＲＡｓは企業が独自にリスク評価を行い特定する必要がありますが、欧州委員会が非網羅的なリストを提供しており、２０２２年７月現在で29カ国の地域が指定されています）。[13]

また最近では、３ＴＧ以外でも、リチウムイオン電池の原料であるコバルトや、化粧品等に使われるマイカ（雲母）等の採掘においても、児童労働の発生等が懸念されています。

本項では紙幅の関係上、詳細まで触れることはできませんが、「責任ある鉱物調達」の領域は特に近年、注目が高まっています。他方で、精錬所・製錬所を経由する鉱物サプライチェーンは、他品目と比べるとその流れや形状が特徴的であり、独自の対応が求められるため、業界やサプライチェーン上での連携が非常に重要であるといえるでしょう。日本では、一般社団法人電子情報技術産業協会（ＪＥＩＴＡ）が責任ある鉱物調達を推進するため、様々な情報発信を行っていますので、関心のある方はご覧いただければと思います。[14]

（３）輸出入や取引等に関する諸規制

人権ＤＤの義務化、法制化という面では、従来、ＥＵ諸国が国際的に主導的な役割を担っていましたが、近年、米国においてもサプライチェーン上の人権侵害に対処するための法整備が進んでいます。特に昨今では、新疆ウイグル自治区における人権侵害の問題等を背景として、対中貿易制限、経済制裁等といった側面から人権尊重を取引上のルールとして設定する動きが急速に進んでいるといえるでしょう。バイデン政権発足後、2021年3月に米国通商代表部（USTR）が発表した通商政策方針では「新疆ウイグル自治区をはじめとする中国国内の少数民族や宗教団体を対象とした中国政府の強制労働プログラムによる広汎な人権侵害に対処することを最優先事項（top priority）とする」ことが宣言されています。[15]

これにより、日本企業の貿易取引であったとしても、中国から原材料を輸入している等、サプライチェーン上に中国が存在している場合は規制の対象ともなるため、日本企業にとっても無関係であるとはいえません。むしろ人権DDの実施や開示を義務化する欧州諸国の規制よりも、ビジネスにダイレクトな影響を与えるといっても過言ではないかもしれません。本項では、米国における輸出入や取引関連の規制のうち、人権に関するものの一部を紹介していきます。[16]

輸入規制

まず、輸入の規制ですが、米国では1930年関税法307条により、強制労働に依拠した製品について、税関の国境保護局（CBP）には輸入差し止めの命令（WRO：違反商品保留命令）を発出する権限が認められています。2021年1月には新疆ウイグル自治区で生産された綿やトマト製品に対してWROが発出され、同年6月には同地区内で太陽光パネルの原料等を製造する合盛硅業（Hoshine Silicon Industry）からの輸入を一部差し止めるＷＲＯが発表される等、特に中国産品に対する規制が顕著ですが、マレーシア産のゴム手袋等、中国産品以外にもＷＲＯは発出されています。

強制労働に依拠した製品かどうかは、ＩＬＯが発表している強制労働の11の指標（①脆弱性の悪用、②詐欺、③移動の制限、④孤立、⑤身体的・性的暴力、⑥脅迫・威嚇、⑦身分証明書の保持、⑧賃金の留保、⑨借金による束縛、⑩虐待的な労働・生活環境、⑪過度な時間外労働）[17]に基づいて判断するとされています。

さらに、新疆ウイグル自治区での人権侵害や強制労働に対する批判が高まる中で、２０２１年12月には、同地区において生産された産品を原則的に輸入禁止とするウイグル強制労働防止法が成立し、２０２２年６月21日から施行されています。本法によって、今後は製品の全部または一部が同地区で生産されているものは、強制労働によって作られたと推定され、原則として輸入禁止となってしまいます。この推定を覆すためには、ガイダンスに従い「明確かつ説得力のある証拠」を提示しなければなりませんが、例外適用を認める際には、ＣＢＰは報告書を議会に報告し一般に公開する必要がありますので、例外適用のハードルは非常に高いものと思われます。本法に関する輸入者向けの運用ガイダンスの暫定仮訳がＪＥＴＲＯのＷＥＢサイトで公表されていますので、関連する企業は本ガイダンス等を参照の上で、対応を検討する必要があるでしょう。[18]

輸出規制

輸出に関しては、輸出管理規則（ＥＡＲ）に基づく規制が行われています。

ＥＡＲでは、商務省の規制品目リストによる品目ベースの規制と、エンティティリスト等を用いた対象者ベースの規制に大別されますが、両規制において、人権の視点が採用されています。前者の品目ベースの規制については、一部の品目において、人権侵害に利用される恐れがないか、という点が輸出基準の審査において考慮されることとなっており、後者の対象者ベースの規制については、人権侵害を根拠として特定の事業者等をエンティティリストに追加し、取引を制限しています。

ＥＡＲを運用する商務省・産業安全保障局（ＢＩＳ）は、中国の新疆ウイグル自治区において強制労働等に関与するとされる中国企業や、ミャンマーのクーデター発生に際して、ミャンマーの国防省傘下の企業や軍事政権の関係者等をエンティティリストに追加しています。

経済制裁

米国の財務省外国資産管理局（ＯＦＡＣ）では、外交政策・安全保障上の観点から、経済制裁の対象とすべき法人や団体、個人等をＳＤＮリスト（特別指定国民及び資格停止者リスト）の中で指定しています。ＳＤＮリストに指定された者は、米国内の資産凍結、米国への入国禁止の他、取引の規制等の対象となります。香港や新疆ウイグル自治区、ミャンマー等において人権侵害に関与したとされる個人や団体が、SDNリストに追加をされており、経済制裁の対象となっています。

新疆ウイグル自治区における人権侵害に関与した個人や団体に対するSDNリストに基づく経済制裁は、グローバル・マグニツキー法と呼ばれる法律が根拠となっています。これは、人権侵害に関与した個人に対して、資産凍結や入国禁止等の制裁を与えるものです。2020年にはEUでも「グローバル人権制裁制度」というEU版マグニツキー法が導入されていますが、実は日本でも、岸田政権のもとで日本版マグニツキー法の制定が議論されました。最終的には、対中外交の観点から導入は見送られていますが、今後は日本でも同様の法律が制定されるかもしれません。[19]

政府調達

最後に、政府調達における規制です。

米国では、連邦調達規則の中で、連邦政府機関と契約する事業者に対して、強制労働や人身取引等への関与を禁止しています。禁止行為に違反した場合は、契約の解除のほか、政府調達の参加資格の停止や剝奪等といった措置の対象となります。

加えて、調達対象の製品が、米国労働省が発行する「児童労働または強制労働によって生産された品目リスト」に掲載されている場合、受注者は製品の生産において児童労働が用いられていなかったかどうかを調査した上で、知る限りにおいて児童労働が介在していないことを保証しなければならないとされています。政府は、児童労働を使用していたり、虚偽の証明をしたりした事業者に対して、政府調達への参加資格を停止、剝奪することが可能です。なお、２０２０年版の報告書によれば、「児童労働または強制労働によって生産された品目リスト」には、中国の綿や繊維、インドネシアやマレーシアのパーム油、タイのエビ等、77カ国の１５５製品が掲載されています。[20]

何よりも基本をおさえること

このように、米国における法律上の人権規制は、主に欧州各国でみられるような指導原則上の人権ＤＤを要請するものではなく、輸出入や取引を直接的に規定するものです。前述の通り、ＥＵでもＥＵ版マグニツキー法が導入されており、米国規制の中にもサプライチェーン透明法やドッド＝フランク法のように、企業に対して人権ＤＤを要請する法律もありますので、両者の違いはあくまで便宜上のものですが、日本企業としては、様々な形式において、人権への取り組みが法的な観点から求められていることを念頭に置く必要があります。

特に、昨今ではウクライナ危機に端を発する国際情勢の変化もあり、人権侵害に加担しているとされる国からの調達については、一定のリスクが指摘されているところです。しかし、自社の主力商品の代替不可能な原材料が制裁対象となっている国・地域に依存している場合等のように、代替サプライヤーをみつけることが困難な企業もあると思います。その場合は、第2章でも紹介した指導原則の原則19のコメンタリーの記載が参考になると思います。

取引関係が、企業にとって「極めて重要」である場合、取引をやめることは更なる難題を提起する。その企業の事業にとって必要不可欠な製品またはサービスを提供し、適当な代替供給源が存在しないならば、取引関係は極めて重要であるとみなされるであろう。ここでも、人権への負の影響の深刻さが考慮されなければならない。人権侵害が深刻であればあるほど、企業は取引関係を終了すべきか否かを決定する前に、状況に変化が起こるかどうかをより素早くみる必要があるだろう。いずれにしても、侵害が長期にわたり継続し企業が取引関係を維持している限りにおいて、その企業は、影響を軽減するための継続的な努力をしていることを証明できるようにしているべきであり、取引関係を継続することが招来する結果ー評判、財政上または法律上の結果ーを受け入れる覚悟をすべきである。

（太字傍線筆者）

企業にとって重要なことは、人権侵害を許さないという自社の方針を社内外に明確に示しながら、その方針に基づいて人権への負の影響を軽減するために何をしているのかをきちんと説明できるようにしておくということです。しかしその場合でも、取引関係を継続することによる一定のリスク（企業ブランドや評判の低下、投資の撤退や損害賠償等）については、受け入れる覚悟をしなければなりません。そのため、地政学リスクが顕在化するおそれのある国・地域からの調達に依存している企業は、BCP（事業継続計画）を策定する観点からも、分散購買の検討や代替サプライヤーの探索等を行っておくことが推奨されます。

そして、そうした取り組みを進めるためには、人権ＤＤを実施し、リスクを特定しておくことが必要不可欠といえます。サプライチェーン上で既に顕在化しているリスクだけではなく、潜在的なリスクも含めて評価の俎上に載せ、防止・軽減に向けた措置をとることができれば、地政学的リスクが顕在化したときにも、余裕をもって対処することが可能になります。

これまでみてきたように、欧米ではビジネスと人権に関する様々な法律が制定されていますが、各法律の細かい内容に振り回されることは、必ずしも得策とはいえません。重要なことは基本をおさえることです。企業に求められる取り組みは、あくまで指導原則に基づく人権尊重責任の履行であり、人権ＤＤを適切に実践していくことです。各国の規制にばかり目がいってしまい、この基本がおろそかになってしまうと、思わぬところで躓いてしまうことにもなりかねません。欧米の規制に晒される日本企業としては、各規制をパッチワーク的にとらえるのではなく、まずは人権ＤＤを着実に実践していくことを心掛けていきましょう。

4 日本の取り組み

(1) 日本のNAP策定までの流れ

日本は、2016年11月に開催された国連「ビジネスと人権フォーラム」の中で、「今後数年以内にNAPを策定する」ことを国際社会に表明しました。[21] 日本では、NAPの作成はSDGsの実現に向けた取り組みのひとつとして位置付けられており、SDGs実施指針付表や2018年6月に行われたSDGs推進本部の第5回会合で決定された「拡大版SDGsアクションプラン2018」、同年12月の第6回会合で決定された「SDGsアクションプラン2019」の中にも、NAPの策定が記載されました。また、2018年6月に閣議決定された「未来投資戦略2018—『Society 5.0』『データ駆動型社会』への変革—」に、企業行動の原則としての人権の尊重に係るNAP策定が明記されています。

日本政府はまず、NAP策定の第一段階として、海外での取組事例等の調査を踏まえ、企業活動における人権保護に関する法制度や施策等についての現状を確認するためのベースライン調査を実施しました。調査の結果は、2018年12月に「ベースラインスタディ報告書」としてとりまとめられ、外務省のWEBサイトで公表されています。[22] ベースライン調査の過程では、関係府省庁によるレビューと経済界、労働界、市民社会等のステークホルダーとの意見交換会等が開催されています。

その後、具体的にNAP策定に向けたプロセスを進めるべく、2019年4月には、関係府省庁の諮問に応じ、有識者からの見解を示す諮問委員会と様々な関係者が集まり意見交換を実施する作業部会を設置しました。NAPの公表に至るまで、諮問委員会は全3回、作業部会は全6回開催されています。諮問委員会、作業部会では、経済界や学術界、市民社会組織や国際機関等から様々なステークホルダーが参画をしており、作業部会での議論を重ねて策定した「ステークホルダー共通要請事項（要請書）」が2回にわたって提出されています。これは、それぞれ異なる立場で議論に参画していたステークホルダーの全構成員が日本政府に対して要請する事項（つまり、意見が一致する事項）をまとめたものです。提出された要請書は、ILO駐日事務所やNAP市民社会プラットフォーム、グローバル・コンパクト・ネットワーク・ジャパン等といった、要請書作成に関与したステークホルダー団体のWEBサイトで公表されておりますので、是非ご覧いただければと思います。

日本政府は、NAPの策定に先立ち、具体的に検討する5つの「全体的な優先分野」と、特に重点的に検討する必要がある14の事項を特定した「ビジネスと人権に関する我が国の行動計画（NAP）の策定に向けて」という文書を公表しました。その後、諮問委員会及び作業部会での議論を経て、2020年2月にはNAP原案がとりまとめられ、原案に対して意見募集が行われました。そして同年10月に、ＮＡＰが正式に策定・公表されるに至っています。

日本がＮＡＰを策定した段階で、欧州諸国を中心に20カ国以上が既にＮＡＰを策定しており、前年（２０１９年）にはタイが、アジアで初めての独立したＮＡＰを策定していました。日本はそれに続くものであり、また新型コロナウイルスの感染拡大後に国際社会で初めて作成されたＮＡＰともなりました（日本のＮＡＰでは、第１章において新型コロナウイルス感染症への対策に人権の観点を盛り込むべきであるとする国際社会の動きを踏まえ、取り組みを実施していくことが示されています）。

(2) 日本のＮＡＰの概要

日本のＮＡＰの全体像を以下に示します。策定の背景や状況、政府からの期待の表明やモニタリング・アップデートの手続等、前述のＮＡＰガイダンスで示されている内容に概ね沿っている構成であるといえるでしょう（図表72）。

第１章　行動計画ができるまで
１　「ビジネスと人権」に関する国際的な要請の高まりと行動計画の必要性
２　行動計画の位置付け

【図表72】 NAPの概要

「ビジネスと人権」に関する行動計画（概要）

令和２年10月
「ビジネスと人権に関する行動計画に係る関係府省庁連絡会議」

第1章

行動計画ができるまで

1「ビジネスと人権」に関する国際的な要請の高まりと行動計画の必要性
- 「OECD多国籍企業行動指針」や「ILO多国籍企業宣言」の策定、国連グローバル・コンパクトの提唱といった中、国連は「ビジネスと人権に関する指導原則」を支持。G7・G20の首脳宣言でも行動計画に言及。
- 投資家等の求めもあり、企業も人権尊重への対応が必要。企業自らが、人権に関するリスクを特定し、対策を講じる必要。
- 日本ではこれまで人権の保護に資する様々な立法措置・施策を実施し、企業はこれに対応。
- 「ビジネスと人権」に関する社会的要請の高まりを踏まえ、一層の取組が必要との観点から、政府として行動計画を策定。
- 新型コロナウイルス感染症の文脈においても、行動計画を着実に実施していく必要。

2 行動計画の位置付け
- 「指導原則」、「OECD多国籍企業行動指針」、「ILO多国籍企業宣言」等を踏まえ作成。
- SDGsの実現に向けた取組の一つと位置付け。

3 行動計画の策定及び実施を通じ目指すもの
- 国際社会を含む社会全体の人権の保護・促進
- 「ビジネスと人権」関連政策に係る一貫性の確保
- 日本企業の国際的な競争力及び持続可能性の確保・向上
- SDGsの達成への貢献

4 行動計画の策定プロセス

「現状把握調査を含め、経済界、労働界、市民社会等との意見交換会を実施。令和2年2月に原案を作成し、パブリックコメントを実施。

第2章

行動計画

1 基本的な考え方

(1)政府、政府関連機関及び地方公共団体等の「ビジネスと人権」に関する理解促進と意識向上
(2)企業の「ビジネスと人権」に関する理解促進と意識向上
(3)社会全体の人権に関する理解促進と意識向上
(4)サプライチェーンにおける人権尊重を促進する仕組みの整備
(5)救済メカニズムの整備及び改善

2 分野別行動計画

→詳細は次頁。

第3章

政府から企業への期待

政府は、その規模、業種等にかかわらず、日本企業が、国際的に認められた人権等を尊重し、「指導原則」やその他関連する国際的なスタンダードを踏まえ、**人権デュー・ディリジェンスのプロセス**（※）を導入することを期待。
（※ 企業活動における人権への影響の特定、予防・軽減、対処、情報共有を行うこと。）

第4章

行動計画の実施・見直しに関する枠組み

行動計画期間は5年。毎年、関係府省庁連絡会議において実施状況を確認。ステークホルダーとの対話の機会を設け、その概要を公表。公表3年後に中間レビュー、5年後に改定。

（出所）外務省 WEBサイトより https://www.mofa.go.jp/mofaj/files/100104258.pdf

3　行動計画の策定及び実施を通じ目指すもの
4　行動計画の策定プロセス
第2章　行動計画
1　基本的な考え方
2　分野別行動計画
第3章　政府から企業への期待
第4章　行動計画の実施・見直しに関する枠組み

詳細については、外務省のWEBサイト等で公表されているNAPの本文を参照いただければと思いますが、ここでは、特に企業にとって重要と考えられる、①優先分野、②具体的な施策テーマ、③政府から企業に対する期待――の3点を説明していきます。

NAPで定められた優先分野

日本政府がNAPの実施に取り組む上で特に重要と考える優先分野として、「第2章　行動計画」の「1　基本的な考え方」の中で、次の5つが挙げられています。

(1)　政府、政府関連機関及び地方公共団体等の「ビジネスと人権」に関する理解促進と意識向上

(2) 企業の「ビジネスと人権」に関する理解促進と意識向上
(3) 社会全体の人権に関する理解促進と意識向上
(4) サプライチェーンにおける人権尊重を促進する仕組みの整備
(5) 救済メカニズムの整備及び改善

特定された5つの優先分野のうち、「理解促進と意識向上」が3つを占めていることから、日本政府としては、政府や企業、社会全体の（ビジネスと）人権に関する理解を促進させることが最も重要な課題であると考えていることが分かります。

この点、理解のフェーズは、具体的に行動を起こしていくための前提（前段階）であり、特に政府の「行動計画」であるNAPの優先領域の中に「政府の理解促進」が入っている点は、やや物足りなさや不十分さを感じるかもしれません。例えば、SDGsを経営に取り込むための指針として企業が活用するSDGコンパスによれば、「SDGsを理解する」ことは取り組みの第1ステップとして定められており、その後に第2のステップとして「優先課題を決定」すべきであるとされています。[23] 企業が特定する優先課題（マテリアリティ）では、どのSDGsの目標に対してどのように貢献していくかが示されており、優先課題の中に「SDGsへの理解」を挙げている企業等はほとんどいないのではないかと思います。つまり、行動計画を策定する場合も、通常であれば内部へのインプットは当然の前提として実施をした上で、具体的にどう取り組むかという視点で優先分野を決定して然るべきであるといえるでしょう。

NAPガイダンスでも、優先分野の特定は「人権への負の影響の深刻さ（規模・範囲・是正困難性）」と「政府が及ぼし得る影響力」に基づいて行われるべきであると記載されています。[24]「人権への負の影響の深刻さ」によって優先順位を決定すべきというのは、「ビジネスと人権」の領域における大原則といっても過言ではありません。そして、この大原則に従えば、「理解促進と意識向上」にとどまらず、日本社会における構造的な人権課題（例えば、「ジェンダー平等」や「（技能実習生を含めた）外国人労働者」の問題等）を優先分野として設定し、具体的な行動計画を策定すべきだったと思われます。なお、先立って前年に策定されたタイのNAPでは、①労働、②コミュニティ、土地、天然資源と環境、③人権擁護者、④クロスボーダー投資と多国籍企業――の4つが優先分野として特定されています。

しかし、日本のNAPの優先分野の大部分が「理解促進と意識向上」にとどまっていることは、裏を返せば、それだけ政府を含めた日本社会において、人権概念が普及していないことを示唆しているといえるかもしれません。企業に対して人権の取り組みを促し、スマートミックスの観点からレベル・プレイング・フィールドを構築していくためには、法規制等を導入するだけでなく、市民社会や顧客、消費者の人権意識を高め、ステークホルダーからの「監視の目」を強化することも重要です。日本でも、近年は「エシカル消費」等の概念が徐々に認知されてきましたが、企業のサステナビリティの取り組みに基づいて製品やサービスを選択する意識は、欧米等と比べるとまだ十分に浸透しているとはいえません。日本政府としては、インセンティブの付与や人権に関する広報・啓発活動を通じて、人権を尊重する企業が市場から評価され、消費者や取引先等のステークホルダーから選ばれるような社会を形成していくことが求められています。

この点、少なくとも社会全体に対する人権意識の向上は、企業として取り組むことが難しい課題ではありますので、日本政府として取り組むべき課題であるとも考えられます。実際に、2020年10月に経団連が実施した企業行動憲章に関するアンケートの中では、企業が人権を尊重する経営を実践するにあたって「政府・公的機関に対する要望」として、「人権に関する国際行動規範に対する国民的理解の促進」が上位に挙げられています（図表73）。日本において「ビジネスと人権」の概念を浸透させていく上で政府が「理解促進と意識向上」に取り組むことには、一定の意義があるといえるでしょう。

具体的な施策テーマ

NAPでは、「第2章　行動計画」の「2　分野別行動計画」の中で、個別具体的なテーマに基づいた施策が整理されており、各施策については、「既存の制度・これまでの取組」と「今後行っていく具体的な措置」が記載されています。また、「今後行っていく具体的な措置」の中では、施策の実施を所管する関係府省庁の名前が記載されており、省庁横断的な人権に関する政策を俯瞰的に確認する上でNAPは有益な資料になっていると思います（図表74）。

一方で、「今後行っていく具体的な措置」の中に、既存の取り組みを「着実に実施していく」

【図表73】 経団連の「ビジネスと人権」に関するアンケート結果

- 2020年のNAP策定前に経団連が会員企業・団体に対して実施したアンケートによれば、「人権を尊重する経営を実践する上での課題」として、「**一社・企業だけでは解決できない複雑な問題がある**」、「政府・公的機関に対する要望」として、「**人権に関する国際行動規範に対する国民的理解の促進**」等の回答が寄せられていた。

【図表Ⅴ-7 人権を尊重する経営を実践する上での課題(複数回答)】 (n=289)

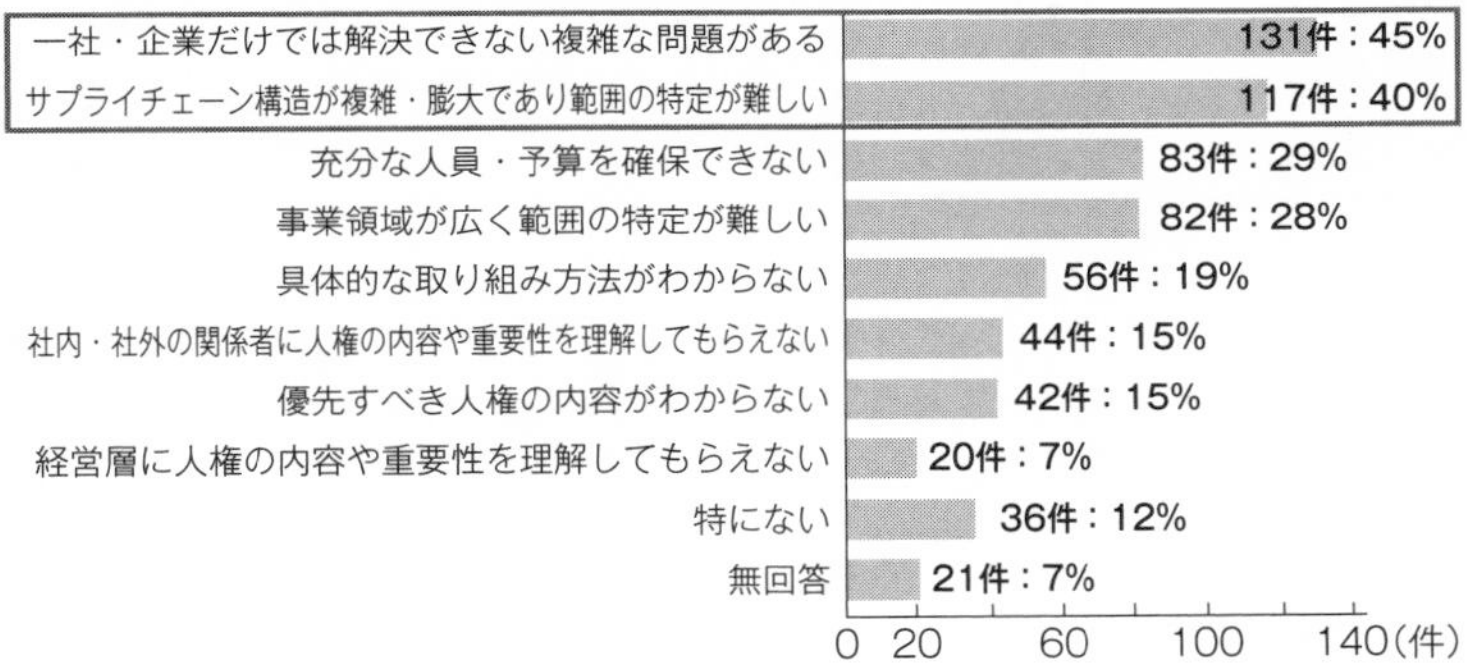

【図表Ⅴ-8 政府・公的機関に対する要望(複数回答)】 (n=289)

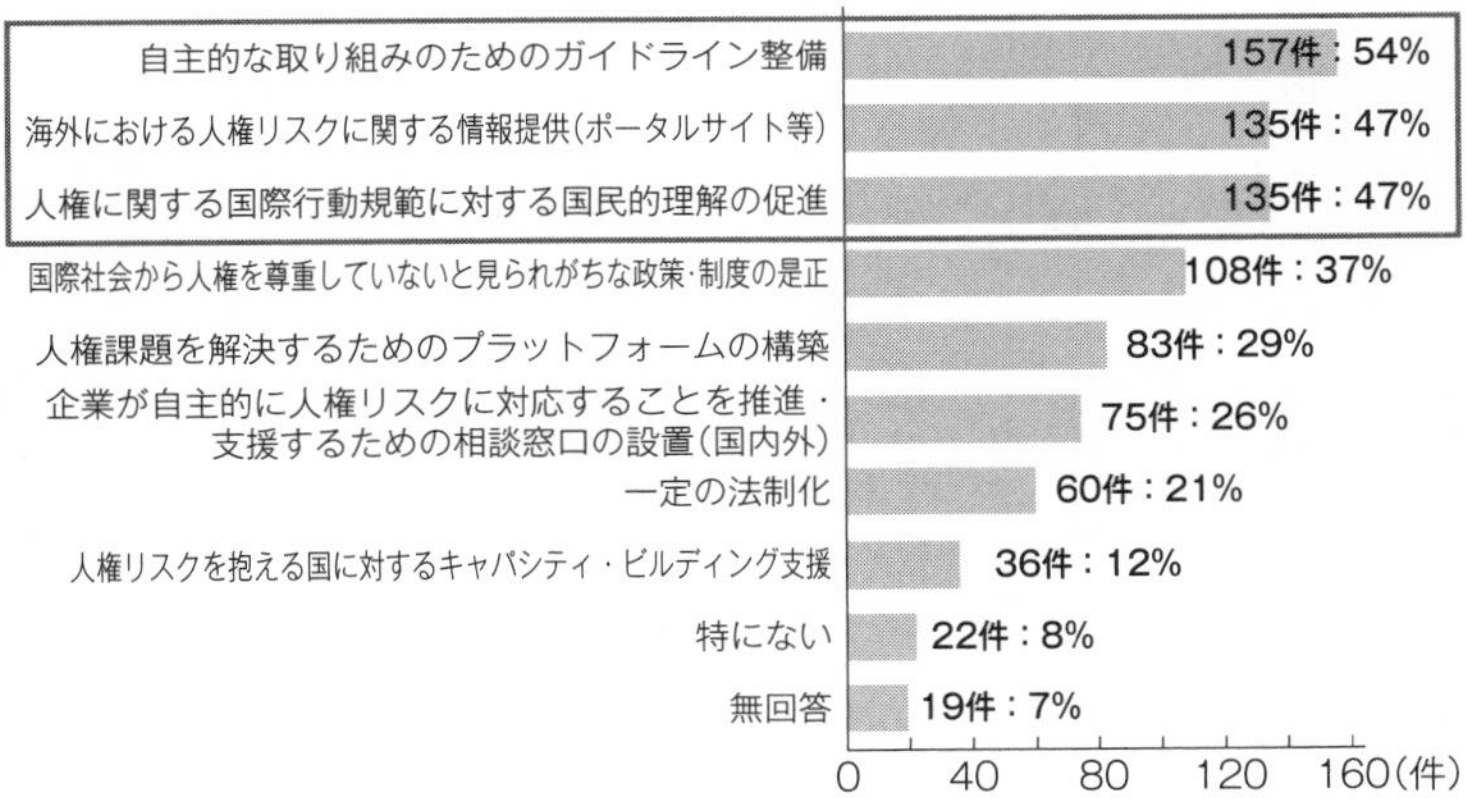

(出所) 経団連 「第2回 企業行動憲章に関するアンケート調査結果―ウィズ・コロナにおける企業行動憲章の実践状況―」(2020年10月13日) より https://www.keidanren.or.jp/policy/2020/098_honbun.pdf

（分野別行動計画）

(3) 人権を尊重する企業の責任を促すための取組

ア．国内外のサプライチェーンにおける取組及び「指導原則」に基づく人権デュー・ディリジェンスの促進

- 業界団体等を通じた日本企業に対する行動計画の周知、人権デュー・ディリジェンスに関する啓発
- 「OECD多国籍企業行動指針」、「ILO宣言」及び「ILO多国籍企業宣言」の周知
- 在外公館や政府関係機関の現地事務所等における海外進出日本企業に対する、行動計画等の周知等
- 「価値協創ガイダンス」の普及
- 女性活躍推進法の着実な実施
- 女環境報告ガイドラインに則した情報開示の促進
- 海外における国際機関の活動への支援

イ．中小企業における「ビジネスと人権」への取組に対する支援

- 「ビジネスと人権」のポータルサイトによる中小企業への情報提供
- 中小企業を対象としたセミナーの実施
- 取引条件・取引慣行改善に係る施策

(4) 救済へのアクセスに関する取組

司法的救済及び非司法的救済

- 民事裁判手続のIT化
- 警察官、検察官等に対する人権研修
- 日本NCP（国別連絡窓口）の活動の周知とその運用改善
- 人権相談の継続
- 人権侵害の予防、被害の救済
- 個別法令等に基づく対応の継続・強化（労働者、障害者、外国人技能実習生を含む外国人労働者、通報者保護）
- 裁判外紛争解決手続の利用促進
- 開発協力・開発金融における相談窓口の継続

(5) その他の取組

- 途上国における法制度整備支援
- 質の高いインフラ投資の推進

（出所）外務省 WEBサイトより　https://www.mofa.go.jp/mofaj/files/100104258.pdf

「引き続き実施していく」という記載が多い点は、少し物足りない印象を受けます。この点、NAPガイダンスでも、現状分析を行い、人権保護義務の履行にあたって既存の政策には何が足りないかを明確にした上で、「現状」と「あるべき姿」を埋めていくための新たな政策がNAPには盛り込まれるべきであるとされています。そして、そのためには、国家と企業が指導原則に基づく取り組みをどこまで実践できているかという観点で、既存の政策

【図表74】 NAP概要

第2章 2. 分野別行動計画

(1) 横断的事項

ア. 労働（ディーセント・ワークの促進等）
- ディーセント・ワークの促進
- ハラスメント対策の強化
- 労働者の権利の保護・尊重（含む外国人労働者、外国人技能実習生等）

イ. 子どもの権利の保護・促進
- 人身取引等を含む児童労働撤廃に関する国際的な取組への貢献
- 児童買春に関する啓発
- 子どもに対する暴力への取組
- スポーツ原則・ビジネス原則の周知
- インターネット利用環境整備
- 「子供の性被害防止プラン」の着実な実施

ウ. 新しい技術の発展に伴う人権
- ヘイトスピーチを含むインターネット上の名誉毀損等への対応
- AIの利用と人権やプライバシーの保護に関する議論の推進

エ. 消費者の権利・役割
- エシカル消費の普及・啓発
- 消費者志向経営の推進
- 消費者教育の推進

オ. 法の下の平等（障害者，女性，性的指向・性自認等）
- ユニバーサルデザイン等の推進
- 障害者雇用の促進
- 女性活躍の推進
- 性的指向・性自認への理解・受容の促進
- 雇用分野における平等な取扱い
- 公衆の使用の目的とする場所での平等な取扱い

カ. 外国人材の受入れ・共生
- 共生社会実現に向けた外国人材の受入れ環境整備の充実・推進

(2) 人権を保護する国家の義務に関する取組

ア. 公共調達
- 「ビジネスと人権」関連の調達ルールの徹底

イ. 開発協力・開発金融
- 開発協力・開発金融分野における環境社会配慮に係る取組の効果的な実施

ウ. 国際場裡における「ビジネスと人権」の推進・拡大
- 国際社会における「指導原則」の履行促進に努力
- 人権対話による「ビジネスと人権」の取組の推進
- 国際機関等のフォーラムにおける経済活動と社会課題の関係に関する議論への貢献
- 労働者など幅広い層の人々が恩恵を受けるEPA及び投資協定の締結に努力
- 日EU・EPAに基づく市民社会との共同対話

エ. 人権教育・啓発
- 公務員に対する「ビジネスと人権」の周知・研修
- 「人権教育・啓発に関する基本計画」に基づく人権教育・啓発活動の実施
- 民間企業と連携・協力した人権啓発活動の実施
- 中小企業向けの啓発セミナーの継続
- 人権尊重を含む社会的課題に取り組む企業の表彰
- 教育機関等に対する、行動計画等の周知
- 行動計画の周知等における国際機関との協力

と指導原則の要求とのギャップを分析すること（ギャップ分析）が必要です。

日本では、NAP策定におけるベースライン調査の中で既存政策と指導原則等との紐付けを行っていますが、そこから踏み込んで、「既存の政策には何が足りないか」というギャップ分析までは十分に行われていません。この点は、NAP策定の過程でステークホルダーからも指摘されており、前述のステークホルダー共通要請事項の中でも「ギャップ分析の実施」が要請されています。なお、ギャップ分析については、NAPの改定プロセスの中で実施をしているスイスの事例等もありますので、今後、日本でもNAPを改定していく議論において、ギャップ分析を実施していくことが求められてくるでしょう。

政府から企業に対する期待

日本政府が企業に対して期待する事項は、「第3章　政府から企業への期待表明」の中で示されています。具体的に何を要求しているかですが、端的にいえば、指導原則で企業に求められている3つの取り組みと同様です。つまり、企業に対しては人権方針の策定、人権DDのプロセスの導入（ステークホルダーとの対話の実施を含む）、効果的な苦情処理メカニズムの構築が期待されています（図表75）。

この3つの取り組みが期待されたことは、企業にとってどういう意味をもっているのでしょうか。もちろん、将来的な人権DDの義務化に向けた法制度の導入への布石といったことも考えら

【図表75】 NAPにおける政府から企業への期待表明

第３章　政府から企業への期待表明

1 本行動計画では、政府が関係者の理解と協力の下に行う取組について記載したが、国内外において責任ある企業活動を推進していく上で、企業からの理解と協力を得ることは、特に重要と考えているところ、本項に企業への期待を表明する。

2 政府は、その規模、業種等にかかわらず、日本企業が、国際的に認められた人権及び「ＩＬＯ宣言」に述べられている基本的権利に関する原則を尊重し、「指導原則」その他の関連する国際的なスタンダードを踏まえ、人権デュー・ディリジェンスのプロセスを導入すること、また、サプライチェーンにおけるものを含むステークホルダーとの対話を行うことを期待する。さらに、日本企業が効果的な苦情処理の仕組みを通じて、問題解決を図ることを期待する。[3]

1　人権方針の作成　　指導原則 16

企業は、人権を尊重する責任を果たすというコミットメントを企業方針として発信することを求められている。

2　人権デュー・ディリジェンスの実施　　指導原則 17 ～ 21

企業は、人権への影響を特定し、予防し、軽減し、そしてどのように対処するかについて説明するために、人権への悪影響の評価、調査結果への対処、対応の追跡調査、対処方法に関する情報発信を実施することを求められている。この一連の流れのことを「人権デュー・ディリジェンス」と呼んでいる。

3　救済メカニズムの構築　　指導原則 22

人権への悪影響を引き起こしたり、又は助長を確認した場合、企業は正当な手続を通じた救済を提供する、又はそれに協力することを求められている。

（出所）外務省「ビジネスと人権」に関する行動計画（2020-2025）より
https://www.mofa.go.jp/mofaj/files/100104121.pdf

れますが、現段階では、まだそこまで踏み込んだ議論の進展はみられません。指導原則で要請されている事項が再確認されたに過ぎないことから、既に取り組みを進めている企業としては、「今さら何の意味があるのか」と思われるかもしれません。

しかし、NAPを上手く活用すれば、指導原則に対する理解が不十分な経営層や取引先等に対して、人権DDをはじめとする人権の取り組みを求めていくことができるかもしれません。「国連の枠組みでこういった文書がある」と指導原則を紹介しても、どこか遠い世界での出来事であり、自社には関係ないと考える経営層や取引先はいると思いますが、そうした人々との対話の中で、日本政府からの要請としてNAPの記載を紹介することができれば、反応も少し変わってくると考えられるためです。もちろん、NAPにも法的拘束力があるわけではありませんが、NAPに基づいて各国で法整備や人権DDの義務化等が進んでいる他国の現状等も説明することができれば、もはや他人事として切り捨てることはできないと感じる人も多いのではないかと思います。

もうひとつNAPが対話のきっかけとして有用である理由として、SDGsと人権の関係性を日本政府が明確にしたことが挙げられます。SDGsと人権の関係性は、第1章でも解説した通りですが、SDGsの認知度に比して、その実現に人権尊重は不可欠であるという点については十分に理解されていないと筆者は感じています。この点、日本政府がNAPの策定をSDGsの実現に向けた取り組みの一環として位置付け、「SDGsの実現と人権の保護・促進は、相互に補強し合い、表裏一体の関係にある」と明記したことは大きなインパクトがあります。SDGsの実現に向けた企業の取り組みのひとつとして、人権DD等の実施を位置付けることができれば、ビジネスと人権に関するステークホルダーからの理解度も向上していくのではないかと考えられます。

(3) NAPの実施に向けて

これまでにみてきたように、NAPには様々な課題が指摘されており、決して完全な政策文書とはいえません。他方で、ビジネスと人権の領域において、国内ではどのような法律や政策があり、どのような国際文書やガイダンスが参照され得るかという点の情報は、NAPを通じて確認ができます。サステナビリティの取り組みの中で人権に関する取り組みをどのように位置付けるのかを考える上では、企業にとっても参考になる文書ではないかと思います。

日本政府は、2021年の9月から10月にかけて、「日本企業のサプライチェーンにおける人権に関する取組状況のアンケート調査」を実施しました。本調査は、日本企業のビジネスと人権への取り組み状況に関する政府としての初の調査で、行動計画のフォローアップの一環として、企業の現状を把握することを目的に行われたものです。結果は図表76の通りで、アンケート回答企業の7割が人権方針を策定しており、5割が人権DDを実施済であることが示されています。本アンケートは上場企業等を対象としたものであり、アンケートに回答した企業の多くは、既に

人権に関するアンケート結果

人権デュー・ディリジェンスの実施状況

- 人権デュー・ディリジェンスを実施している企業は5割強。
- 人権デュー・ディリジェンスを実施している企業のうち、間接仕入先まで実施している企業は約25%、販売先・顧客まで実施している企業は約10 ～ 16%。

● 人権デュー・ディリジェンスの実施状況　N=760

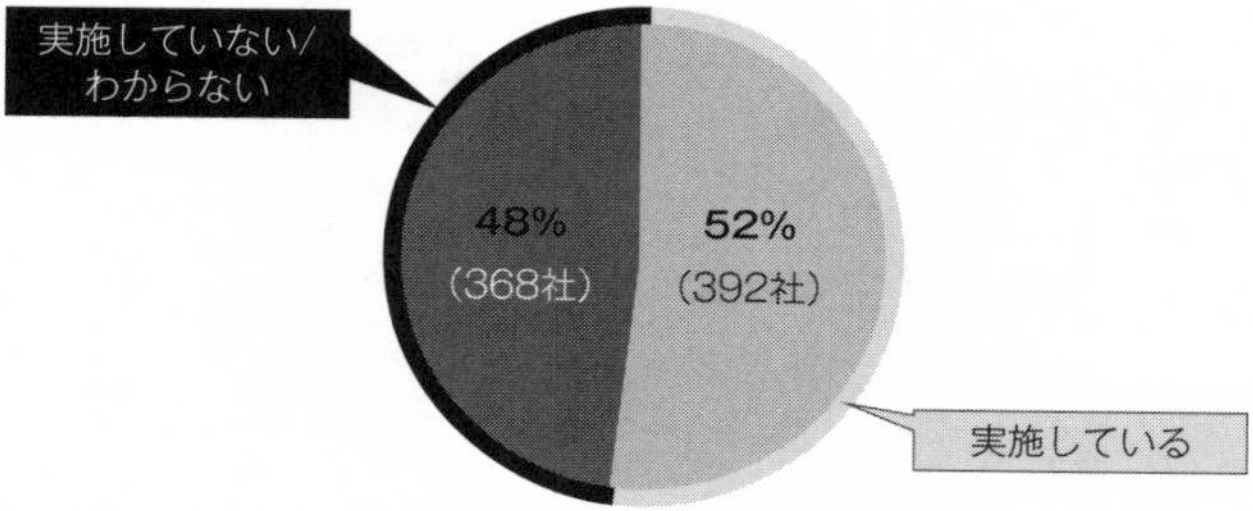

● 現在行っている人権デュー・ディリジェンスの実施対象は、どこまでとしていますか。(複数回答可)

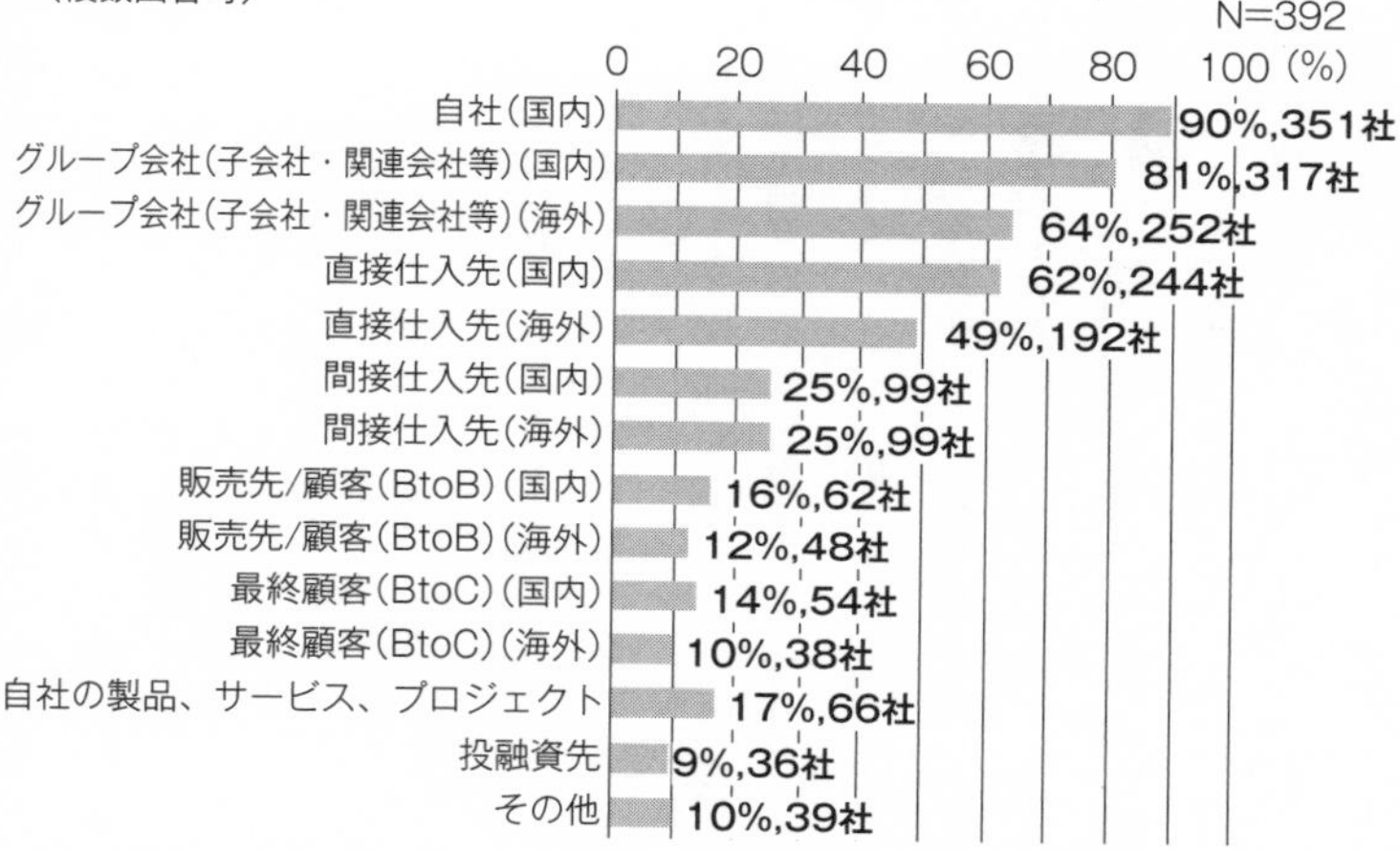

(出所) 経済産業省・外務省「日本企業のサプライチェーンにおける人権に関する取組状況のアンケート調査」集計結果 (2021年11月) より
https://www.meti.go.jp/press/2021/11/20211130001/20211130001-1.pdf

【図表76】 日本政府によるビジネスと

人権方針の策定

- 人権方針を策定している企業は約７割。
- 人権方針を策定している企業のうち、９割弱が企業の最上層レベルによる承認を受けており、６割弱が内外の専門家から情報提供を受けている。

- 人権尊重に関して、人権方針を策定、または企業方針、経営理念、経営戦略などに明文化していますか。また、それらを公表していますか。

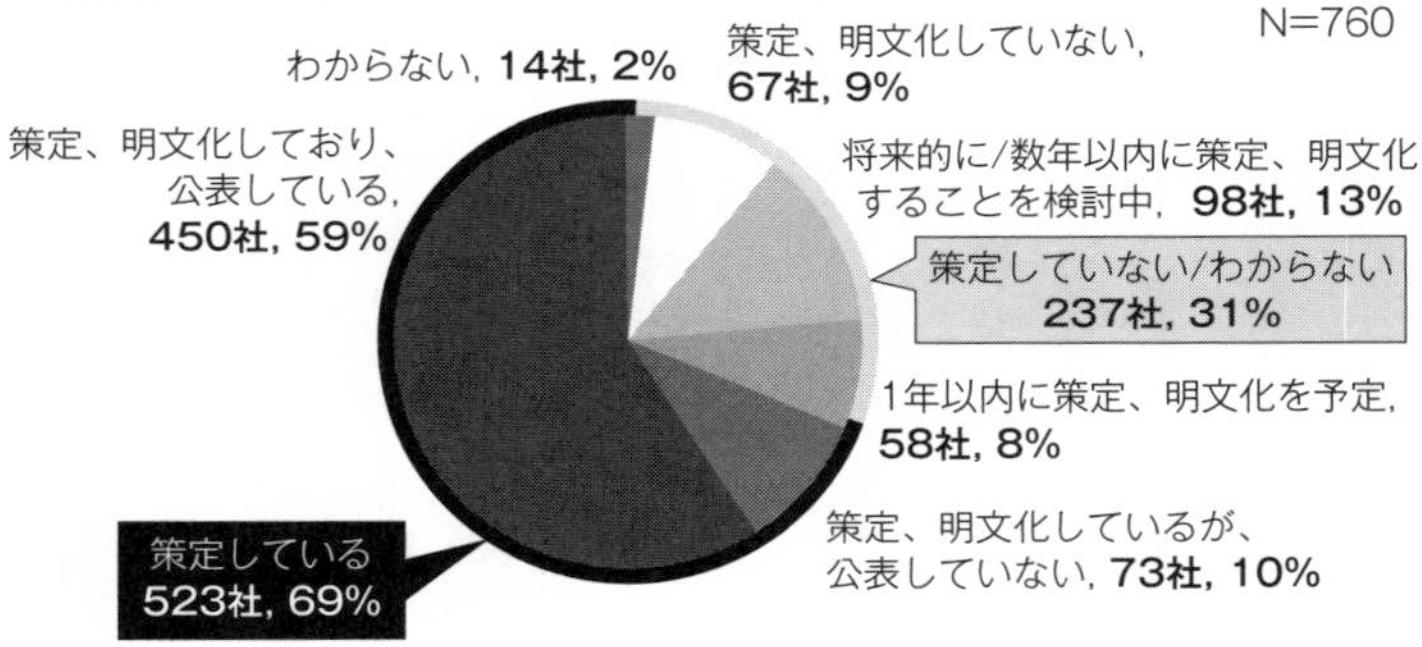

- 人権方針の策定に関し、国連「ビジネスと人権に関する指導原則」で求められている下記要件について、満たしている要件をすべて選択してください。（複数回答可）

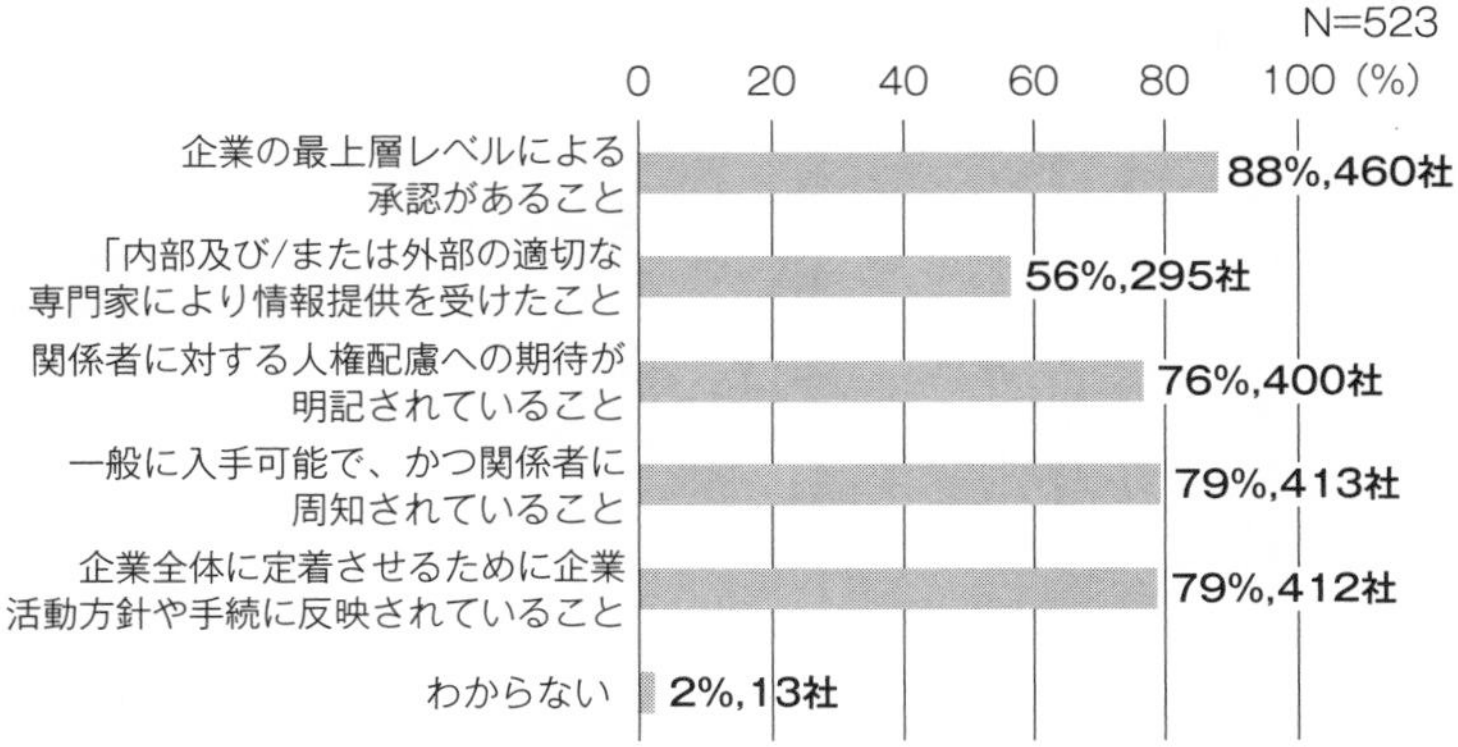

取り組みを進めている大企業であったことから、この割合を数値通りに受け取ることは得策ではありませんが、日本政府として企業の現状把握に取り組んだ点は評価できるのではないかと思います。

また、本調査では、「政府・公的機関に対する要望」として、①ガイドラインの整備・好事例の共有や、②企業への情報提供及び支援が求められていたこともあり、「サプライチェーンにおける人権尊重のためのガイドライン検討会」が経産省主導で設立され、2022年9月には、「責任あるサプライチェーン等における人権尊重のためのガイドライン」が策定されました。[25] なお、策定に先立って8月に行われた意見募集（パブリック・コメント）では、131の団体・事業者・個人から、700以上のコメントが寄せられており、本ガイドラインへの関心の高さが伺えます。[26] 今後は、このベースライン調査の結果等を踏まえて、いかに企業の取り組みを政府として支援していくかが問われています。

いずれにしても、NAPは政府の行動計画であるため、その中で示された行動をいかに実践していくかという観点が最も重要です。今後はより一層、ステークホルダーと協調しつつ、実効性のあるモニタリング体制を構築しながら、適切にPDCAのサイクルを回していくことが政府には求められます。日本が策定したNAPの真価は、今後の実践フェーズにおいて明らかになるといえるでしょう。

5　ビジネスと人権に関する次の10年のロードマップ

２０２１年の11月29日～12月１日に開催された第10回国連「ビジネスと人権フォーラム」の中で、「ＵＮＧＰｓ 10＋　ビジネスと人権の次の10年に向けたロードマップ」が発表されました（ＵＮＧＰｓとは、UN Guiding Principles の略語で、指導原則のこと）[27]。指導原則が人権理事会において全会一致で支持されてからちょうど10年の節目を迎えたことに伴い、国連ビジネスと人権作業部会では、これまでの10年の振り返りを行いました[28]。ロードマップは、その振り返り結果に基づいて、指導原則のさらなる推進のために作成されたもので、次の10年において指導原則のより完全な実現を目指すために重要となる行動分野を定めています。

２０１５年に策定されたＳＤＧｓに関する議論でも、２０２０年～２０３０年の10年間は「行動の10年」といわれていますが、「ビジネスと人権」の領域においても、次の10年は「実践」が重要であるとされています。本ロードマップの中では「次の10年に向けて今必要なことは、野心を高め、実施のペースを上げ、一貫性を向上させ、より大きなインパクトを生み出すことである」と示されています。日本のＮＡＰでもＳＤＧｓの実現と人権の保護・促進が表裏一体であるとされていましたが、今後は、ＳＤＧｓの達成を目指すためにも、より一層、指導原則に基づく取り組みを加速させていくことが必要になると考えられます。

本ロードマップで示されている8つの行動分野は次の通りです。

□行動分野1：グローバルな課題に対応する羅針盤として国連ビジネスと人権に関する指導原則を活用

【目標1・1】指導原則の3つの柱（国の人権保護義務、企業の人権尊重責任、救済へのアクセス）の適用によって、企業の人権尊重を公正な移行及び持続可能な開発戦略の中核的な要素とすること

【目標1・2】構造的な課題に取り組むための協働を促進すること

【目標1・3】人権尊重を通してデジタルトランスフォーメーションを最適化すること

【目標1・4】基準策定における一貫性と整合性を確保すること

□行動分野2：国の人権保護義務

【目標2・1】政府の施策の有効性を高めるために政策の一貫性を向上すること

【目標2・2】義務化の潮流をつかみ、スマートミックスを促進すること

□行動分野3：企業の人権尊重責任

【目標3・1】企業の取り組みを拡大し、人権尊重のコミットメントを実践につなげること

【目標3・2】人権デュー・ディリジェンスを企業のガバナンス及び事業モデルに組み込むこと
【目標3・3】人権尊重と矛盾する事業慣行に立ち向かうこと
□行動分野4：救済へのアクセス
【目標4】救済へのアクセスの確保を実践に移すこと
□行動分野5：ステークホルダーエンゲージメントの拡大と向上
【目標5】保護・尊重・救済を強化するための有意義なステークホルダーエンゲージメントの実施を確実にすること
□行動分野6：変化を加速するための影響力行使の拡大と向上
【目標6・1】金融セクターのＥＳＧの潮流をつかみ、「Ｓ」を指導原則と整合させること
【目標6・2】行政機関や金融機関に加えビジネス界の「形成者」に対して影響を行使すること
□行動分野7：進捗の追跡評価の拡大と向上

【目標7・1】体系的な学習やモニタリングを通じて国の行動と説明責任を促進すること
【目標7・2】企業が与える影響とパフォーマンスの追跡評価を進歩させること

□行動分野8：国際的な協働と実践への支援の拡大と向上
【目標8・1】国連システムへの指導原則の統合におけるギャップを埋めること
【目標8・2】指導原則の理解・実践の加速・拡大に向けた能力構築と連携を強化すること
【目標8・3】地域における人権尊重を高める競争を促進すること

行動分野には、それぞれに対応する目標が設定されており、国家や企業が何を目指すべきかが示されています。なお、本書で紹介するロードマップの日本語訳は、グローバル・コンパクト・ネットワーク・ジャパンのWEBサイトに公表されているものから引用させていただいています。[29] 本書では項目のみ記載していますが、ロードマップの本文では、それぞれの目標ごとに企業を含めた各アクターが実践すべき内容が記載されていますので、関心のある方は是非、本文を読んでみて下さい。グローバル・コンパクト・ネットワーク・ジャパンのWEBサイトでは、本文も含めて日本語仮訳が掲載されています。

特に企業にとって重要といえる行動分野は、やはり「行動分野3：企業の人権尊重責任」でしょうか。行動分野3の【目標3・1】では、次の10年で必要な成果として「グローバル2000

の企業がすべて、指導原則に沿って人権の尊重にコミットすること」や「人権デュー・ディリジェンスと苦情処理の実施に関する企業実績の格付とベンチマーキングが、ほとんどの業種または主要な全業種をカバー」し、「非上場企業もその対象に含めること」等が挙げられています。また、【目標3・2】達成のために企業がすべきこととして、「人権の専門知識を有する人材を取締役として積極的に採用すること」等が紹介されています。本ロードマップは、企業の人権尊重責任のあるべき姿が提示されていますので、これから取り組みを始める企業や、取り組みをより高度化していきたい企業にとって、非常に参考になる資料といえるでしょう。

▼注

1　OHCHR WEBサイト "About the mandate　Working Group on Business and Human Rights" (https://www.ohchr.org/en/special-procedures/wg-business/about-mandate　2022年8月5日閲覧)

2　UN Working Group on Business and Human Rights, "Guidance on National Action Plans on Business and Human Rights" (November 2016), p.3 (https://www.ohchr.org/sites/default/files/Documents/Issues/Business/UNWG_NAPGuidance.pdf　2022年8月5日閲覧)

3　外務省「2015 G7エルマウ・サミット首脳宣言（仮訳）」（平成27年6月8日）(https://www.mofa.go.jp/mofaj/ecm/ec/page4_001244.html　2022年8月5日閲覧)

4　外務省「G20 ハンブルク・サミット（平成29年7月7日〜8日）」（平成29年7月9日）(https://www.mofa.go.jp/mofaj/ecm/ec/page2_000143.html　2022年8月5日閲覧)

5 ＮＡＰの策定国は、ＯＨＣＨＲのＷＥＢサイトもしくはデンマーク人権研究所（ＤＩＨＲ）が運営するGlobal NAP のＷＥＢサイト内で確認できる。
ＯＨＣＨＲ ＷＥＢサイト "National action plans on business and human rights Working Group on Business and Human Rights" (https://www.ohchr.org/en/special-procedures/wg-business/national-action-plans-business-and-human-rights　２０２２年８月５日閲覧)
National Action Plans on Business and Human Rights (https://globalnaps.org/　２０２２年８月５日閲覧)

6 UN Working Group on Business and Human Rights, "Guidance on National Action Plans on Business and Human Rights" (November 2016), p.3～13 (https://www.ohchr.org/sites/default/files/Documents/Issues/Business/UNWG_NAPGuidance.pdf　２０２２年８月５日閲覧)

7 ＥＵ域内でＤＤの義務化が議論された際にパブリックコンサルテーションに参加した企業の７割が、「ＤＤ義務化に向けた議論が必要である」と回答している。
European Commission website "Corporate sustainability due diligence Fostering sustainability in corporate governance and management systems." (https://ec.europa.eu/info/business-economy-euro/doing-business-eu/corporate-sustainability-due-diligence_en　２０２２年８月５日閲覧)

8 the German Federal Cabinet, "National Action Plan Implementation of the UN Guiding Principles on Business and Human Rights 2016 – 2020" (September 2017), p.10 (https://globalnaps.org/wp-content/uploads/2018/04/germany-national-action-plan-business-and-human-rights.pdf　２０２２年８月５日閲覧)

9 Business and Human Rights Resource Centre "German ministers push for supply chain law against exploitation" (15 July 2020) (https://www.business-humanrights.org/en/latest-news/german-ministers-push-for-supply-chain-law-against-exploitation/　２０２２年８月５日閲覧)

10 各国の法律は、各国政府のＷＥＢサイトのほか、ＩＬＯ「欧州における人権デューデリジェンス義務化の最新動向について」（２０２１年５月12日）(https://www.ilo.org/tokyo/information/terminology/

WCMS_791223/lang--ja/index.htm　２０２２年８月５日閲覧）
独立行政法人日本貿易振興機構（ＪＥＴＲＯ）「『サプライチェーンと人権』に関する 政策と企業への適用・対応事例（改訂 第６版）」（２０２２年７月）（https://www.jetro.go.jp/ext_images/world/scm_hrm/report210609_r6.pdf　２０２２年８月５日閲覧）

11 UK Home Office (2020), "Transparency in supply chains consultation (accessible version)" (Updated 15 October 2021)（https://www.gov.uk/government/consultations/transparency-in-supply-chains-consultation/transparency-in-supply-chains-consultation-accessible-version　２０２２年８月５日閲覧）

12 Shift, Letter from John G. Ruggie. (9 March 2021)（https://shiftproject.org/wp-content/uploads/2021/03/Shift_John-Ruggie_Letter_German-DD.pdf　２０２２年８月５日閲覧）

13 European Union, "indicative, non-exhaustive list of conflict-affected and high-risk areas under Regulation (EU) 2017/821"（https://www.cahraslist.net/　２０２２年８月５日閲覧）

14 ＪＥＩＴＡ「責任ある鉱物調達」（https://home.jeita.or.jp/mineral　２０２２年８月５日閲覧）

15 United States Trade Representative, "2021 Trade Policy Agenda and 2020 Annual Report OF THE PRESIDENT OF THE UNITED STATES ON THE TRADE AGREEMENTS PROGRAM", (March 2021) p.4 (https://ustr.gov/sites/default/files/files/reports/2021/2021%20Trade%20Agenda/Online%20PDF%202021%20Trade%20Policy%20Agenda%20and%202020%20Annual%20Report.pdf　２０２２年８月５日閲覧）

16 米国の人権規制については、ＪＥＴＲＯ調査レポート「グローバル・バリューチェーン上の人権侵害に関連する米国規制と人権デューディリジェンスによる実務的対応（２０２２年６月）」に詳しい内容が掲載されている（https://www.jetro.go.jp/world/reports/2022/01/f196c58fb11ba14d.html　２０２２年８月５日閲覧）

17 ILO "INDICATORS OF FORCED LABOUR" (https://www.ilo.org/wcmsp5/groups/public/--ed_norm/--declaration/documents/publication/wcms_203832.pdf　２０２２年８月５日閲覧）

18 ＪＥＴＲＯ「ウイグル強制労働防止法（ＵＦＬＰＡ）「輸入者向けの運用ガイダンス（暫定仮訳）」（２０２２年６月）」（最終更新日２０２２年６月24日）（https://www.jetro.go.jp/world/reports/2022/01/3c9bf03ec2b7dd3a.html　２０２２年８月５日閲覧）

19 共同通信「首相、人権侵害法見送りへ　対中外交に選択の余地」（２０２１年11月16日）（ＪＳＴ）（https://nordot.app/833299863761453056　２０２２年８月５日閲覧）

20 US Department of Labor "2020 List of Goods Produced by Child Labor or Forced Labor (2020)"（https://www.dol.gov/sites/dolgov/files/ILAB/child_labor_reports/tda2019/2020_TVPRA_List_Online_Final.pdf　２０２２年８月５日閲覧）

21 在ジュネーブ国際機関日本政府代表部「第５回国連ビジネスと人権フォーラム、ビジネスと人権に関する指導原則に係る国別行動計画セッション、志野光子大使ステートメント（平成28年11月16日）」（https://www.geneve-mission.emb-japan.go.jp/itpr_ja/statements_rights_20161116.html）

22 外務省「ビジネスと人権に関するベースラインスタディ」（令和元年８月13日）（https://www.mofa.go.jp/mofaj/fp/hr_ha/page22_003272.htm　２０２２年８月５日閲覧）

23 ＧＲＩ、ＵＮＧＣ、ＷＢＣＳＤ「ＳＤＧコンパス ＳＤＧｓの企業行動指針―ＳＤＧｓを企業はどう活用するか―」（２０１６年）（https://sdgcompass.org/wp-content/uploads/2016/04/SDG_Compass_Japanese.pdf　２０２２年８月５日閲覧）

24 UN Working Group on Business and Human Rights, "Guidance on National Action Plans on Business and Human Rights"（November 2016）, p.8（https://www.ohchr.org/sites/default/files/Documents/Issues/Business/UNWG_NAPGuidance.pdf　２０２２年８月５日閲覧）

25 ビジネスと人権に関する行動計画の実施に係る関係府省庁施策推進・連絡会議「責任あるサプライチェーン等における人権尊重のためのガイドライン」（令和４年９月）（https://www.meti.go.jp/press/2022/09/20220913003/20220913003.html　２０２２年１０月６日閲覧）

26 経済産業省ＷＥＢサイト「日本政府は「責任あるサプライチェーン等における人権尊重のためのガイドラ

イン」を策定しました」(https://www.meti.go.jp/press/2022/09/20220913003/20220913003.html　２０２２年10月６日閲覧)

27 UN Working Group on Business and Human Rights,"Raising the Ambition - Increasing the Pace UNGPs 10+ A ROADMAP FOR THE NEXT DECADE OF BUSINESS AND HUMAN RIGHTS"(November 2021)(https://www.ohchr.org/sites/default/files/2021-12/ungps10plusroadmap.pdf　２０２２年８月５日閲覧)

28 UN Working Group on Business and Human Rights,"Guiding Principles On Business And Human Rights At 10: Taking stock of the first decade, A/HRC/47/39, Report of the Working Group on the issue of human rights and transnational corporations and other business enterprises"(June 2021)(https://www.ohchr.org/sites/default/files/Documents/Issues/Business/UNGPs10/Stocktaking-reader-friendly.pdf　２０２２年８月５日閲覧)

29 ビジネスと人権に関する国連作業部会、グローバル・コンパクト・ネットワーク・ジャパン「ＵＮＧＰｓ10＋ビジネスと人権の次の10年に向けたロードマップ（仮訳）」(November 2021)(https://www.ungcjn.org/library/files/ungps10plusroadmap_jp.pdf　２０２２年８月５日閲覧)

おわりに　今後の課題と日本企業への示唆

本書の最後に、今後、この領域に対して日本企業としてどのように取り組んでいくべきか、筆者の私見を述べておきたいと思います。

まず、最も重要なことは、指導原則への理解を深めることです。これまでにみてきたように、企業の人権尊重責任や人権DDの実施は、法的義務や取引規制という形で、ビジネスにおけるルールとして定着しつつあります。しかし、そういった規制やルールの背景には、国家として人権保護義務を果たし、企業の人権尊重責任の取り組みを加速させるねらいがあります。また、SDGsやESG、サステナビリティといった要請から人権に向き合う場合も、企業に求められるふるまいは、原則として指導原則に根差したものです。

「ビジネスと人権」を取り巻く動きは刻一刻と変化していますが、突き詰めて考えていけば、すべては「指導原則の要請事項をいかに遵守するか」に帰結するといえるでしょう。したがって、法規制への対応やESG評価の向上等といった「枝葉」だけをみて対症療法を行うのではなく、すべての根幹である指導原則の理解を深め、着実に取り組みを実施していくことが重要であると考えます。

特に昨今では、取引先や投資家等からの要請に応える趣旨から、指導原則の表面だけをなぞって取り組みを行う企業の事例が散見されます。例えば、人権方針ひとつをとっても、日本政府のアンケートが示す通り、策定する企業自体は増えてきていますが、その中身をみてみると、個社の独自性が全く反映されておらず、ただ他社の方針をトレースして、指導原則の要請事項を満たすためだけに作ったと思われるものが多いと感じています。

指導原則で求められていることは、「方針の作成」ではなく、方針の声明を通して、「人権尊重責任を果たすというコミットメントを示すこと」です。会社名を入れ替えるだけで、あらゆる企業に適用し得る人権方針では、企業としてのコミットメントを十分に示すことはできません。自社の言葉で人権尊重の重要性を伝え、企業理念や経営ビジョンの実現と人権尊重との関係性を示し、その他の開示情報との一貫性をいかに担保するかという視点が重要です。その意味では、企業の価値創造ストーリーを展開する統合報告書の中でも、人権に関する開示の充実が図られていくべきではないかと思います。

同様に、調査票等を活用したサプライヤー調査の実施をもって、人権ＤＤを実施していると考えている日本企業も多いのではないかと感じています。サプライヤーの実態把握調査やその結果に基づく是正要請だけでは、潜在的なリスクに十分に対応することはできませんし、現場を訪れてステークホルダーと直接対話することをおろそかにしてしまうと、人権課題への対応の優先順位付けを見誤る可能性もあります。これまで述べてきたように、人権ＤＤとは本来、人権課題の評価や特定、特定された課題に対する予防・軽減措置の実施、実施した措置に関する有効性評価、情報開示やエンゲージメントを通じた継続的改善という一連のPDCAサイクル全般をいかに回していくかを意味しています。そして、人権課題の評価及び特定に関しては、ライツホルダー視点での深刻性評価が求められています。日本政府のアンケート調査では、5割超の企業が人権DDを実施していると回答していますが、果たして指導原則の内容に沿った人権DDができている企業がどれだけ存在しているのかは疑問です。

今後10年のロードマップでも示されていたように、今後は指導原則の内容を適切に理解し、それを実践することが求められてくるのではないかと考えています。NAPの中で「ビジネスと人権」に関する理解促進・意識向上が優先分野として挙げられていましたが、政府や企業、社会全体で指導原則の内容が普及することによって、企業を監視する目もどんどん厳しくなってくることが想定されます。それに伴って、企業の取り組みも、指導原則の内容をより反映した形で洗練され、高度化していくでしょう。そうなったときに、指導原則の理解が不十分であるために表面上の対応にとどまっている企業は、市場からもステークホルダーからも評価されなくなると筆者は考えています。企業は指導原則の内容を改めて確認し、自社の取り組みの方向性と指導原則が目指すべき方向性の一貫性を確認しておきましょう。

また、リソースの問題等から、グローバルサプライチェーン全般に影響力を及ぼすことが難しい中小企業に関しては、まずは仮説的に、自社にとって最も身近で、かつ最も影響を与え得る存在である自社労働者の権利の保障から考えていただくことを推奨します。本書で示した国際労働基準の担保や技能実習生の問題等は、「ビジネスと人権」の領域においても、非常に重要な問題です。労働者の権利を尊重し、誰もが働きやすい職場を作っていくことは、「誰一人取り残さない」ＳＤＧｓの理念にも直結する重要な施策であるといえるでしょう。

労働基準法の遵守といったコンプライアンスの観点からの企業責任を超えて、国際的に認められた人権が尊重される職場を作ることは、ハラスメントの発生やメンタルヘルス不調による生産性の低下を予防するだけでなく、労働者一人ひとりが自身の能力を最大限発揮できる環境を作っていくことにもつながります。誰もが働きやすい環境であれば、多種多様な人材も集まってきますし、多様性を持った人材が、人権侵害のおそれもなく、心身ともに充実した状態で業務に励むことができれば、イノベーションの創出等も期待することができます。「人権への取り組み」という観点ではリソースを割くことを躊躇してしまう経営者の方でも、「働きやすい職場環境作り」に関する施策の実施であれば、前向きに検討できるのではないでしょうか。まずは労働環境の整備から着手し、それをきっかけとして、経営上の課題として「ビジネスと人権」に取り組む土壌を形成していくことをご検討いただければと思います。

「ビジネスと人権」に関する企業の取り組みは、まだ発展途上であり、欧米の多国籍企業であっても、完璧に指導原則の要請事項を実践、体現できている企業は存在しないのではないでしょうか。そもそも、サプライチェーン上の人権リスクを完全にゼロにすることは不可能といえます。その中で、自社として「ビジネスと人権」の課題にどう向き合うことができるのかを真摯に考えられることこそが、これからの企業経営にとって重要であるといえます。本書が読者の皆さんにとって、「ビジネスと人権」という課題を考えるためのきっかけとなりましたら幸いです。

櫻井洋介（さくらい・ようすけ）

三菱UFJリサーチ＆コンサルティング（MURC）　サステナビリティ戦略部シニアマネージャー。社会保険労務士。

早稲田大学法学部卒。英エセックス大学ロースクール国際人権法専攻修了、一橋大学院博士課程修了（労働法専攻）。博士（経営法）。

国際協力系シンクタンクやJETRO、監査法人等を経て2019年にMURC入社。「ビジネスと人権」に関するコンサルティングを数多く手掛けるほか、日本政府の「ビジネスと人権」に関する行動計画策定事業の事務局を務める。

人権尊重の経営

SDGs時代の新たなリスクへの対応

2022年11月18日　　1版1刷

著　者　櫻井洋介

発行者　國分正哉
発　行　株式会社日経BP
日本経済新聞出版
発　売　株式会社日経BPマーケティング
〒105-8308　東京都港区虎ノ門4-3-12
装　幀　夏来　怜
DTP　マーリンクレイン
印刷・製本　三松堂
ISBN978-4-296-11517-4